beck'sche
reihe

b

Moscheen in Deutschland sind meist in Hinterhöfen oder Gewerbegebieten versteckt. Seit einigen Jahren werden aber auch repräsentative Moscheen gebaut. Heftige Konflikte sind die Folge. Was für die einen religiöse Heimat und Ausdruck eines neuen Selbstbewusstseins ist, macht den anderen Angst. Dieses Buch will zur Versachlichung der Debatte beitragen und Lösungswege aufzeigen. Bärbel Beinhauer-Köhler blickt auf die mehr als 200-jährige Geschichte von Moscheen in Deutschland zurück. Sie erläutert die Funktion von Bauelementen und beschreibt das Alltagsleben in Moscheen. Der muslimische Architekt Alen Jasarevic erzählt von seinen Erfahrungen mit einem Moscheebau in Bayern. Claus Leggewie schließlich betrachtet die jüngsten Konflikte genauer: Worum geht es den Beteiligten wirklich? Was sollte bei Moscheebauten beachtet werden, um einen Kampf der Kulturen in unseren Städten zu vermeiden? Moscheen sind zur Nagelprobe für die Integration von Muslimen geworden. Wer sich für den Islam in Deutschland interessiert, sollte zu diesem Buch greifen.

Bärbel Beinhauer-Köhler ist Professorin für Religionswissenschaft an der Universität Frankfurt am Main.
Claus Leggewie leitet seit 2007 das Kulturwissenschaftliche Institut Essen und ist Professor für Politikwissenschaft an der Universität Gießen.
Alen Jasarevic, Architekt, wurde durch seinen modernen Moscheebau im bayerischen Penzberg bekannt.

Bärbel Beinhauer-Köhler
Claus Leggewie

Moscheen
in Deutschland

Religiöse Heimat
und gesellschaftliche
Herausforderung

Mit einem Essay von
Alen Jasarevic
und einem Foto-Essay von
Mirko Krizanovic

Ein Projekt der
Herbert Quandt-Stiftung

Verlag C. H. Beck

Mit 46 Abbildungen

Gefördert durch die
HERBERT QUANDT-STIFTUNG

Originalausgabe

© Verlag C. H. Beck oHG, München 2009
Satz: Fotosatz Reinhard Amann, Aichstetten
Druck und Bindung: fgb · freiburger graphische betriebe, Freiburg
Umschlaggestaltung: malsyteufel, willich
Umschlagabbildung: Das Islamische Forum in Penzberg,
© Wilfried Dechau, Stuttgart
Printed in Germany
ISBN 978 3 406 58423 7

www.beck.de

Inhalt

Vorwort

Vom Rand- zum Megathema, aus den Hinterhöfen an repräsentative Orte: Moscheebau und Moscheebaukonflikte beschäftigen die deutsche Öffentlichkeit ungewöhnlich intensiv. Die Herbert Quandt-Stiftung, die sich seit mehr als zehn Jahren im «Trialog der Kulturen» engagiert, nimmt sich des Themas schon länger an und will gerade auch mit diesem Buch zur Versachlichung der Diskussion, zur Prävention und zur Konfliktregelung beitragen.

Bundesinnenminister Wolfgang Schäuble hat kürzlich verdeutlicht, dass der Islam zu einem Teil Deutschlands geworden ist. Spätestens damit wurde klar, dass den Muslimen angemessene Gotteshäuser zustehen. Es ist kaum verwunderlich, dass islamische Gemeinden, die diesen Wunsch nun mit größerem Selbstbewusstsein in der Öffentlichkeit vertreten, auch Widerspruch ernten, weil dieses Anliegen vielen Menschen noch unvertraut ist. Und nicht nur dies: Längst ist die Frage nach muslimischen Gebetsorten zu einem Thema europäischer Innenpolitik geworden. In Italien, Spanien oder der Schweiz wird es ebenso engagiert diskutiert wie hierzulande. Doch dabei soll es nicht bleiben. Die deutsche Gesellschaft wird sich ebenso wie unsere Nachbarn schrittweise an diesen nun sichtbareren Islam gewöhnen müssen.

Dieses Buch möchte dazu einen Beitrag leisten: Es will *erstens* über Geschichte, Funktion und Architektur der Moscheen in Deutschland und im Orient informieren, *zweitens* in die Alltagsreligiosität der Muslime in Deutschland einführen, *drittens* die aktuellen Moscheebaukonflikte analysieren und *viertens* Wege zu einer Konfliktregelung und zur einvernehmlichen Realisierung von Moscheebauvorhaben aufzeigen.

Moscheen können – davon ist die Herbert Quandt-Stiftung überzeugt – durch eine moderne und innovative Architektur ihr Umfeld städtebaulich bereichern. So verständlich der Wunsch der islamischen Gemeinden ist, sich an den Vorbildern ihrer Heimat zu orientieren – die Zukunft sollte neuen Bauformen gehören, die einem europäischen Islam entsprechen. Es freut uns deshalb, dass wir den bosnisch-stämmigen, muslimischen Architekten Alen Jasarevic aus Augsburg für einen Essay über sein beispielgebendes Islamisches Forum im bayerischen Penzberg gewinnen konnten. Auch den anderen Autoren des Bandes fühlen wir uns eng verbunden. Der Darmstädter Fotograf Mirko Krizanovic hat bereits verschiedene Publikationen der Stiftung bereichert. Mit dem Direktor des Kulturwissenschaftlichen Instituts in Essen, Claus Leggewie, realisierte die Stiftung 2002 die Publikation *Der Weg zur Moschee. Eine Handreichung für die Praxis*, die Fallbeispiele aus Hessen analysierte. Die an der Goethe-Universität Frankfurt lehrende Islamwissenschaftlerin Bärbel Beinhauer-Köhler ist Jury-Mitglied des Wettbewerbs der Herbert Quandt-Stiftung «Schulen im Trialog – Europäische Identität und kultureller Pluralismus».

Die Herausbildung eines pluralistischen europäischen Selbstverständnisses ist eine beständige Aufgabe; der lebendige Austausch mit anderen Kulturen und Religionen fällt nicht vom Himmel. Er muss gelernt und verinnerlicht werden. Dazu bedarf es der Begegnung zwischen den Menschen. Die Herbert Quandt-Stiftung will dazu anregen, nicht über, sondern *mit* den Moscheegemeinden ins Gespräch zu kommen. Sie hofft, dass Moscheen sich ihrerseits zu Orten gesellschaftlichen Dialogs entwickeln und damit zu informierter Öffentlichkeit und politischer Kultur beitragen.

Bad Homburg, im Januar 2009
Albrecht Graf von Kalnein/Roland Löffler

Moscheen in Deutschland und im islamischen Orient

Von Bärbel Beinhauer-Köhler

> Wer sich selbst und andre kennt
> Wird auch hier erkennen:
> Orient und Occident
> Sind nicht mehr zu trennen.
>
> Johann Wolfgang von Goethe[1]

1
Geschichte der Moscheen in Deutschland

Es handelt sich nicht um eine schöngeistige Reminiszenz an die Tradition der Aufklärung und des Toleranzgedankens, wenn ein Buch zu Moscheen in Deutschland mit einem Goethe-Zitat begonnen wird. Das Zitat steht vielmehr stellvertretend für eine These und zeigt, dass der Islam in Deutschland oder in Europa kein Phänomen der jüngeren Vergangenheit darstellt. Ebenso wenig ist es historisch haltbar, den christlichen Kirchenbauten Deutschlands die Moschee als Verkörperung außereuropäischer Traditionen gegenüberzustellen. Der Islam hat im Gegenteil in Deutschland und seinen Nachbarländern eine lange Geschichte: beispielsweise durch politische Ereignisse wie die osmanische Belagerung Wiens 1683, die Rezeption beliebter kultureller Formen, angefangen von der «Türkenmode» um 1700 bis hin zur Lektüre von *Tausend-undeiner Nacht* – in diesem Kontext schrieb nicht zuletzt auch Goethe –, oder die stadtgeschichtlichen Spuren osmanischer Gesandter am preußischen Hof in Potsdam um 1800.

Im Folgenden gilt es deshalb, die jüngeren Diskussionen um Moscheebauten vor Ort in einen größeren historischen Rahmen zu stellen.

Europas Moscheen

Wir nähern uns dem Thema von der europäischen Peripherie aus. In den Grenzregionen zwischen der christlichen und der islamischen Welt, in Spanien und auf Sizilien, standen erste Moscheen schon im Mittelalter. Bis heute stellt beispielsweise die «Große Moschee in Cordoba», die *Mezquita* (abgeleitet aus dem arabischen *masjid* für «Moschee»), einen markanten Punkt im Stadtbild dar, wenn auch ihr Minarett zu einem Glockenturm umgestaltet und in das Innere nach der Reconquista eine Kathedrale eingebaut wurde.[2] Schon näher an der heutigen Bundesrepublik befindet sich das Einflussgebiet der Habsburger, die über Jahrhunderte hinweg mit den Osmanen um die Vorherrschaft in Südosteuropa rangen. Zwischen 1541 und 1686, als sich die Stadt Budapest unter türkischer Herrschaft befand, wurden rund 80 Moscheen errichtet: teils als Umwandlung von Kirchen, die nach der Rückeroberung wieder überwiegend als christliche Gotteshäuser geweiht wurden. Aus diesem Grund weist das Budapester Stadtbild kaum Spuren von Moscheen auf, während profane Bauten wie zum Beispiel Badehäuser erhalten blieben. Die Länder des ehemaligen Jugoslawien sowie Griechenland wiederum, die in der Vergangenheit zum Osmanischen Reich gehörten, blicken mit ihren muslimischen Bevölkerungsteilen auf eine lange, noch heute sichtbare Moscheebautradition zurück.

Dies heißt nicht, dass man im nördlichen Europa keinerlei Vorstellung von Moscheen hatte. Diese wurden jedoch jahrhundertelang vor allem durch das in Kreisen Gebildeter beliebte Genre der Reisebeschreibung bestimmt. Stellvertretend soll an dieser Stelle Lady Mary Montagu (1689–1762) zitiert werden, die Gattin eines britischen Gesandten in Konstantinopel. Ihr Reisebereicht, der 1784 ins Deutsche übersetzt wurde, fand reichlich Anklang und könnte auch dem oben zitierten Goethe vorgelegen haben. Lady Montagu schreibt im Mai 1717 aus Adrianopel (Edirne) im sogenannten «europäischen» Teil der Türkei über die Sultan-Selim-Moschee, die um 1570 von dem berühmten Baumeister Sinan für Selim II. errichtet wurde:

«Die Moschee liegt vorteilhaft mitten in der Stadt in dem höchstgelegenen Teil und sieht herrlich aus... Das Ganze der Moschee bildet einen einzigen ungeheuren Dom. Ich verstehe so wenig von der Baukunst, daß ich mich nicht getraue, von den Proportionen zu sprechen. Mir schien sie sehr ebenmäßig und, das ist gewiß, erstaunlich hoch, sie kam mir als das herrlichste Gebäude vor, das ich je gesehen hatte. Sie hat zwei Reihen marmorner Galerien auf Säulen mit marmornen Balustraden, auch das Pflaster ist Marmor, mit persischen Teppichen bedeckt. Meines Bedünkens trägt viel zu ihrer Verschönerung bei, daß sie nicht in Kirchenstühle abgeteilt und mit Sesseln und Bänken wie unsere Kirchen vollgestopft ist; auch die Säulen (sie sind meistens aus rotem und weißem Marmor) sind nicht von den kleinen, buntscheckigen Bildsäulen und Malereien entstellt, die den römisch-katholischen Kirchen das Ansehen von Spielzeugbuden geben... In der Mitte hängt eine ungeheuer große Lampe aus vergoldetem Silber, außerdem waren, wie ich glaube, zum wenigsten noch zweitausend kleinere da. Es muß herrlich aussehen, wenn sie alle brennen, doch dies geschieht bei Nacht, wenn keine Frau eingelassen wird. Unter der großen Lampe ist eine große Kanzel aus geschnitztem und vergoldetem Holz und daneben ein Brunnen zum Waschen, welches, wie Sie wissen, ein wesentlicher Teil ihrer Andachtsübung ist. In einem Winkel ist eine kleine Galerie für den Großherrn, mit einem vergoldeten Gitter abgeschlossen. An dem oberen Ende ist eine große Nische, einem Altar ähnlich zwei Stufen erhöht, mit Goldbrokat belegt, davor zwei silberne Leuchter von Mannshöhe mit weißen Wachskerzen, so dick wie der Leib eines Mannes.»[3]

Das Zitat ist in vielerlei Hinsicht aufschlussreich: Lady Montagu schildert eines der gelungensten Beispiele von Moscheearchitektur im Orient, das bis heute, nicht zuletzt für entsprechende Projekte in Deutschland, die sich häufig am «Sinan-Stil» orientieren, wegweisend ist. Zudem nimmt sie uns mit auf einen Rundgang durch den Innenraum mit seiner weiten Kuppel, den marmornen Säulen, den beeindruckenden Leuchtern und beschreibt die elementaren Bestandteile: die Gebetsnische, die Teppiche, die Vorrichtungen für die Waschungen. Schließlich erklimmt sie sogar ein Minarett und berichtet vom Personal der Moschee. Interessant ist auch ihr ästhetisches Empfinden. Sie ist von dem Bauwerk und seinen Proportionen sowie seinem Schmuck berührt und zieht Vergleiche mit den ihr bekannten Kirchen. Das Zitat wurde nicht zuletzt deshalb ausgewählt, weil heutige Muslime aus Deutschland ihr Empfinden beim Besuch alter Sinan-Moscheen in der Türkei ganz ähnlich schildern. Um auf Goethe und die Eingangsthese zurückzukommen: Die Moschee scheint nach den bisherigen Betrachtungen tatsächlich nicht für sich allein im islamischen Kulturraum verortet, sondern ist Gegenstand vielfältiger und sich zum Teil überlagernder Zuschreibungen.

Ein preußischer Gebetsraum und Moscheeattrappen

Hatte vermutlich früher schon das persönliche Schicksal einzelne Muslime nach Nordeuropa verschlagen, sei es als Händler, als Reisende, wie zum Beispiel den Türken Evliya Çelebi (1611–1683), oder als Kriegsgefangene, so änderte sich die Situation im 18. Jahrhundert in Preußen.[4] Die erste größere, historisch greifbare Gruppe von Muslimen, ungefähr zwanzig tatarische Kriegsgefangene, gelangte 1731 an den Hof des preußischen Königs Friedrich Wilhelm I., und zwar als Geschenk des Herzogs von Kurland, dem sie im Krieg zwischen Russland und der Türkei zugefallen waren. Es handelte sich um Gardesoldaten, die fortan in der Überlieferung mit den preußischen «Langen Kerls» assoziiert wurden. Sie erhielten im «königlichen Waisenhaus» ein Zimmer zum Beten zugewiesen, wobei das übliche Freitagsgebet allerdings per Dekret auf den Sonntag verlegt wurde. Die Gruppe scheint auch nur vorübergehend in Potsdam geweilt zu haben, bevor sie dann dank königlichen Großmuts wieder in ihre Heimatregion entlassen wurde.

1798 entstand in Berlin der erste islamische Friedhof Deutschlands, der 1866 an den Columbiadamm verlegt wurde. Der langjährige Friedhofspfleger Hafiz Schükri wurde 1924 hier bestattet. Sein Wohnhaus auf dem Friedhofsgelände wurde in den achtziger Jahren in eine kleine Moschee umgewandelt, der 2004 mit der Sehitlik-(Ehrenfriedhofs-)Moschee die größte Moschee Berlins folgte.

Insgesamt war die Atmosphäre am preußischen Hof seit dem 18. Jahrhundert dem Islam respektive den Türken gegenüber sehr aufgeschlossen. Eine politische und diplomatische Entspannung nach den Türkenkriegen führte zunächst zum Austausch von Grußbotschaften – belegt ist zum Beispiel der Glückwunsch des Sultans Mustafa II. anlässlich der Krönung Friedrichs I. zum König im Jahr 1701 – und schließlich zur Aufnahme vollumfänglicher diplomatischer Beziehungen. Im November 1763 erschien dann der erste osmanische Gesandte, Ahmed Resmi Efendi, mit einem eindrucksvollen Gefolge in Berlin. Bald stellte sich die Frage nach der Bestattung der Mitglieder der türkischen Gesandtschaft. So ordnete Friedrich Wilhelm III. im Jahr 1798 nach dem Tod von Ahmed Resmi Efendis Nachfolger an, diesen nach islamischem Ritus zu bestatten. Aus einer eigens dafür vorgesehenen königlichen Boden-Schenkung entstand der erste islamische Friedhof in Berlin-Tempelhof, der später nach Neukölln verlegt wurde.

Auch die Bevölkerung begegnete diesen ersten Muslimen in Potsdam und Berlin sehr offen, vielleicht weil es sich um eine überschaubare Gruppe oder aber um Vertreter der osmanischen Oberschicht handelte. Die «exotische» Gesandtschaft stieß auf großes Interesse und wurde bei ihrem Einzug bejubelt.

In Kreisen Gebildeter wirkte zudem der Faktor der aufgeklärten religiösen Toleranz. Von Friedrich II. (1712–1786) ist ein Ausspruch erhalten, der sich zwar auf einen Konflikt zwischen Protestanten und Katholiken bezog, in dem aber der Islam erwähnt wurde: «Alle Religionen seind gleich und guht, wan nuhr die leute, so sie profesieren, erliche Leute seindt; und wen türken und heiden kähmen und wolten das Lande pöblieren [bevölkern], so wollen wier sie Mosqueen und Kirchen bauen.»[5]

Bemerkungen wie diese waren bevölkerungspolitisch motiviert, da Preußen durch die Aufnahme diverser religiöser Minderheiten einen politischen und militärischen Aufstieg erlebte. Friedrich II. stand mit dieser Aussage zudem ganz im Kontext aufgeklärten Denkens, das im deutschsprachigen Kulturraum eine Blüte erfuhr. Gotthold Ephraim Lessing (1729–1781) verfasste die *Ringparabel* und besaß – rund hundert Jahre nach dem Dreißigjährigen Krieg – den Mut, die Frage nach der absoluten religiösen Wahrheit der drei großen monotheistischen Religionen, Judentum, Christentum und Islam, offenzulassen. Mozarts (1756–1791) *Entführung aus dem Serail* ist nur ein bekannteres Beispiel für diverse Musik- und Theaterstücke, die Motive aus dem Orient aufgriffen und darin immer wieder für die Idee der Toleranz warben.

Die Oper ist einerseits ein Spiegel der gedanklichen Reflexionen einer aufgeklärten Oberschicht, die strukturelle Ähnlichkeiten in den Religionen sah und eine eigene Ethik des Gewaltverzichts und der Toleranz entwickelte. Parallel dazu verflocht man bewusst kulturelle Formen. Mozart rezipierte für diese Oper sowie andere Stücke türkische Marschmusik der Janitscharen-Corps. Und Goethe war, wie andere seiner Zeitgenossen, ein genauer Kenner der orientalischen Literaturgeschichte, deren Motive er im *West-Östlichen Diwan* verarbeitete.

Kulturgeschichtlich vermischt sich diese intellektuell und religionsphilosophisch begründete Toleranz gegenüber dem Islam mit der populäreren «Türkenmode», einer breiten Begeisterung für den Orient, die sich bis in den privaten Bereich der Kleidung oder Wohndekoration erstreckte und etwa an Dekors oder Figurinen des Meissener Porzellans erkennbar ist. Man las Antoine Gallands Übersetzung von *Tausendundeiner Nacht* (1704) und erträumte sich den Orient als ferne Phantasiewelt. Mit einem Schwerpunkt im 19. Jahrhundert entstanden die Gemälde der sogenannten «Orientalisten» wie des Franzosen Jean Auguste Dominique Ingres (1780–1867), der in seinen Werken oft üppige Haremsszenen darstellte. Bemerkenswert ist, dass Ingres selbst den Orient nie bereiste, sich jedoch bei seinen Ausschmückungen von den – an sich eher sachlichen – Schilderungen der bereits zitierten Lady Montagu inspirieren ließ, die als Frau Zutritt zu den entsprechenden Bereichen osmanischer Haushalte besaß.[6]

Gemeinhin wird diese romantisierende Bewegung als verzerrte und eklektizistische Wahrnehmung aufgefasst, die den Orient in seinem Wesen verkenne. In diesem Zusammenhang mag es aufschlussreich sein, dass sich im Orient spiegelbildlich ein ähnliches Phänomen beobachten lässt. Auch die Oberschichten islamischer Länder rezipierten nach Gutdünken, was ihnen an Europa gefiel: Mal war es die Kunst der Portraitmalerei, die bei den indischen Moghulen nach portugiesischem Vorbild in einem eigenen Stil weiterentwickelt wurde, mal waren es die holländischen Tulpen, die die osmanischen Sultane als besondere Liebhaberei in großem Umfang importierten. Im 19. Jahrhundert war man vor allem an moderner Technik interessiert, nicht zuletzt auf militärischem Gebiet, auf dem man sich zunehmend unterlegen gezeigt hatte. Über diese partielle Übernahme nützlicher und schöner Errungenschaften der westlichen Kultur hinaus zeichnete sich in diversen islamisch geprägten Ländern aber auch eine breite Aufgeschlossenheit für europäische Ideen der Aufklärung und der Moderne ab.[7]

In diesem Kontext der vielfältigen und nicht immer oberflächlichen Begegnungen des islamischen und des europäisch-christlichen kulturellen Raumes können auch Abbildungen von Moscheen gestellt werden. Im 19. Jahrhundert übernahmen unter anderem Türken die Malereitradition der «Orientalisten». Osman Hamdi Bey (1842–1910) war der Sohn eines Großwesirs, studierte zunächst Jura in Paris und wandte sich dort der bildenden Kunst zu, die er später in die Türkei vermittelte. Namentlich die damals blühende Kunstrichtung, die orientalische Szenen und Interieurs zum Thema hatte, interessierte ihn. So ist von ihm ein Ölgemälde mit dem Titel «Koranleser» erhalten, das das Innere einer Moschee mit einem in den Koran vertieften Leser in einer Nische zeigt.[8] Er kniet auf einem Teppich, links von ihm ein kleiner Bücherschrank, vor ihm das Koranlesepult (*rahle* oder *kursi*). Hinter ihm schmücken Kalligraphien die Wand. Diese oder ähnliche Gemälde stellten in der islamisch geprägten Kunst eine völlige Neuerung dar. Üblich waren kalligraphische Dekorationen oder ornamentale florale Muster, die Miniaturmalerei zeigte zwar anthropomorphe Formen, jedoch auf eine ganz eigene Art stilisiert. Hier nun wurden perspektivisch Räume gezeigt und Individuen naturnah abgebildet. Farbe und Komposition erzeugten eine ganz eigene, der Malerei der europäischen «Orientalisten» nahe Atmosphäre.

Im Zuge dieses kulturellen Wechselspiels zwischen «Orient» und «Okzident» entstanden in Deutschland erste moscheeartige Bauten. Um echte Moscheen handelte es sich jedoch nicht, dienten sie im Inneren doch anderen Zwecken. Das älteste Beispiel finden wir im Schwetzinger Schlosspark in Baden-Württemberg. Hier errichtete man – vergleichbar den chinesischen Pavillons oder antikisierenden Tempelchen, die die Landschaftsparks im englischen Stil schmückten – ein orientalisches Gebäude in der Gestalt einer Moschee. Um 1780 wurde es von dem lothringischen Architekten Nicolas de Pigage (1723–1796) für den ansässigen Kurfürsten konzipiert. Das im barocken Stil gestaltete Gebäude, das von einer Kuppel gekrönt und von zwei Minaretten flankiert wird, weist im Inneren einen Hauptraum auf, an den sich, einem Kreuzgang ähnlich, Wandelgänge anschließen. In ihrer primären Funktion war die «Moschee» wie die anderen Teile des Parks eine Stätte des Lustwandelns mit der Möglichkeit, sich durch die kulturhistorischen Reminiszenzen geistig-seelisch inspirieren zu lassen. Die den Bau verzierenden arabisch-sprachigen Verse sind nicht, wie in Moscheen üblich, dem Koran entnommen, sondern zeigen Sätze der Weisheit, die wieder den Hauch der in bürgerlichen

Das Gemälde «Der Koranleser» von Osman Hamdi Bey (1842–1910) lässt den Betrachter im Stil des europäischen Orientalismus in das Innere einer Moschee blicken.

Der Kurfürst von der Pfalz, Karl Theodor, ließ sich 1782 in seiner Sommerresidenz Schwetzingen von Nicolas de Pigage eine «Moschee» errichten, die freilich nicht religiösen, sondern ästhetischen und kontemplativen Zwecken diente.

und adligen Kreisen gepflegten religiösen Toleranz atmen. Als Moschee selbst wurde dieses Gebäude nur in Ausnahmefällen genutzt. Allerdings ist es bei kulturinteressierten Muslimen in Deutschland heute ein bekanntes Ausflugsziel.

Während beim Beispiel Schwetzingen noch moscheeverwandte Optionen der Raumnutzung im Sinne der Kontemplation bestehen, ist das nächste Beispiel im Grunde eine Attrappe, belegt aber, dass in den Augen der Betrachter des 19. Jahrhunderts eine Moschee eine attraktive Architekturform darstellte. In Potsdam errichtete der Architekt Ludwig Persius (1803–1845) zwischen 1841 und 1843 ein Pumpwerk zur Wasserversorgung der Parks von Sanssouci in Gestalt einer kleinen Kuppelmoschee mit einem Minarett. Im Inneren steht eine Dampfmaschine, das Minarett dient als Schornstein. Das spätklassizistische Bauwerk, das mit seinen Querborten an mamlukische Architektur erinnert, ist von der Terrasse von Sanssouci aus sichtbar und entstand auf Wunsch von Friedrich Wilhelm IV.

Eine der stärksten Dampf-
maschinen Preußens ver-
sorgte die Wasserspiele
im Park von Sanssouci
mit Havelwasser. Der
Hofarchitekt Ludwig Per-
sius gestaltete um 1842
das Pumpwerk für König
Friedrich Wilhelm IV. als
malerische Moschee.

Um die Wende zum 20. Jahrhundert entwickelte sich im Zuge
des Neoklassizismus vor allem in Italien der sogenannte neo-
maurische Architekturstil, in dem in Rom und im vorwiegend
von Europäern bewohnten Kairoer Stadtteil Heliopolis verschiedene Gebäude errichtet wurden. In diesem Kontext scheint auch
die «Yenidze» zu stehen, eine Tabakfabrik mit dem Äußeren einer
Moschee, die 1908/09 in Dresden entstand. Der Name der Fabrik ist
identisch mit dem Namen der Tabakmarke, und der in Dresden
verarbeitete Tabak stammte aus einer Stadt in Griechenland, die
damals noch unter osmanischer Herrschaft stand. Da die Dresdner Bauvorschriften jener Zeit vorsahen, Fabrikgebäude möglichst

nicht als solche erkennbar werden zu lassen, wurde verbunden mit Überlegungen zu einer wirksamen Werbung die Idee geboren, die Fabrik als Moschee zu gestalten. Auch hier diente das «Minarett» als Schornstein. In diesem Fall jedoch erregte das auffällige Aussehen des umfangreichen Gebäudekomplexes die Gemüter, und nicht alle Dresdner konnten sich zunächst mit diesem neuen Wahrzeichen ihrer Stadt anfreunden.

Vor dem Hintergrund der oben geäußerten These wechselseitiger kultureller Durchmischung sollte Erwähnung finden, dass im Osmanischen Reich bei Moscheeneubauten des 18. und 19. Jahrhunderts wiederum Elemente des Barock, Neobarock oder Neoklassizismus aufgegriffen wurden, wie zum Beispiel im Falle der Nusretiye Camii in Istanbul aus den Jahren 1822–1826.

Berliner Moscheen zwischen dem Ersten und Zweiten Weltkrieg

Die politische Verbundenheit der Preußen mit den Osmanen, die sich im 18. Jahrhundert abzeichnete, bestand fort bis ins 20. Jahrhundert hinein. Besonders Kaiser Wilhelm II. (1859–1941) konsolidierte mit seinen Reisen nach Istanbul und Jerusalem das enge Verhältnis beider Staaten, was auch im Ersten Weltkrieg zu deren Allianz führte. In dieser Zeit wurden muslimische Kriegsgefangene aus den Ländern der Entente in Zossen und Wünsdorf bei Berlin interniert. Strategisch war damit offenbar der Wunsch verbunden, die Muslime aus den Heeren der Briten, Franzosen und Russen durch gute Behandlung zum Überlaufen zu den muslimischen Osmanen zu bewegen. In Wünsdorf nahm man daher auf die religiösen Bedürfnisse dieser besonderen Gruppe Rücksicht und errichtete eigens zu diesem Zweck im Jahr 1915 eine Moschee, die jedoch nach Kriegsende wieder abgerissen wurde. Bei dieser bald baufälligen Holzkonstruktion handelte es sich um den ersten Moscheebau in Deutschland, der tatsächlich Muslimen als Gebetsstätte diente.[9]

Bis zum Abriss der Moschee kamen auch Muslime aus Berlin zum Gebet ins ca. 40 km südlich gelegene Wünsdorf. Am 4. November 1922 wurde von Muslimen in der Stadt dann die

Der Unternehmer Hugo Zietz ließ seine neue Zigarettenfabrik 1908/09 nach einem Entwurf von M. Hammitzsch in Form einer Moschee bauen, da die Dresdener Innenstadt nicht durch Fabrikarchitektur verunstaltet werden durfte. Den Tabak bezog er aus dem griechischen, damals noch osmanischen, Ort Yenidze, nach dem die «Moschee» benannt wurde.

Islamische Gemeinde zu Berlin e.V. ins Vereinsregister eingetragen. Laut § 7a der Satzung zielte sie ab auf: «Förderung der religiösen Pflichten und Vorschriften sowie Errichtung öffentlichen Gottesdienstes und Religionsunterrichts». Und laut § 7b setzte man sich für die «Förderung der Verbrüderung und Pflege der Solidarität sowie Fürsorge für Bedürftige und Kranke»[10] ein.

Ein eigenes Moscheegebäude gab es nicht, wurde jedoch mit der Vereinsgründung angestrebt. Nachdem bereits im 19. Jahrhundert in christlichen Kreisen zahlreiche Vereine zu sozialen und karitativen Zwecken gegründet worden waren, gliederten sich die Muslime hier formell ein, indem sie das organisatorische Modell des Vereins übernahmen. Diese erste islamische Gemeinde auf Vereinsbasis setzte sich aus Mitgliedern unterschiedlicher Nationalitäten zusammen. Viele von ihnen stammten aus Ost-

Wünsdorf-Zossen   Moschee

Mohammedaner

1915 entstand in Wünsdorf bei Berlin ein Kriegsgefangenenlager für muslimische Soldaten in den Armeen der Entente. Eine große Holzmoschee im sogenannten Halbmondlager sollte möglichen Überläufern die Entscheidung erleichtern.

und Südosteuropa, einem Teil des früheren Osmanischen Reichs, bei einigen von ihnen handelte es sich vermutlich um in Deutschland verbliebene Kriegsgefangene. Ein großer Teil der Gemeinde zählte sich zur Ahmadiyya, einer im nordöstlichen Indien im 19. Jahrhundert aufgekommenen, aus orthodox-islamischer Perspektive häretischen Richtung des Islams. Die soziale Struktur und Kultur des Vereins prägten Akademiker und ausländische Studenten. In Berlin lässt sich diese Phase des muslimischen Lebens in Deutschland am besten rekonstruieren, aber natürlich gab es vereinzelt auch in anderen Städten Muslime. Muhammad Iqbal beispielsweise, der bekannte Modernist und Literat des späteren Pakistan, studierte noch vor dem Ersten Weltkrieg in Heidelberg und München Jura und Philosophie und wurde in München promoviert.

Als zweiter Verein wurde 1924 mit einer ähnlichen Mitgliederstruktur die Gesellschaft für islamische Gottesverehrung gegründet. Ihr gelang im gleichen Jahr die Errichtung einer Moschee

In den Jahren 1923-1925 erbaute ein Zweig der Ahmadiyya-Bewegung in Berlin-Wilmersdorf die erste bis heute genutzte Moschee in Deutschland. Die aus Indien stammende Glaubensgemeinschaft griff dabei auf den Stil der indischen Moghul-Herrscher zurück.

in der Brienner Straße in Wilmersdorf. Dieses Gebetshaus, das auf eine Abspaltung der Ahmadiyya zurückgeht, überstand den Zweiten Weltkrieg und besteht bis heute nahezu in seiner ursprünglichen Form mit einem überkuppelten Hauptgebäude und zwei angrenzenden Minaretten. Der Imam der Moschee, Maulana Sadr ud-Din aus Lahore (gest. 1981), widmete sich aktiv dem Aufbau der Gemeinde und der Verbreitung des Islams in Deutschland, durchaus mit einer missionarischen Intention, wie sie auch der Ahmadiyya bis heute eigen ist. Von 1924 bis 1940 gab die Gemeinde eine eigene deutschsprachige Zeitschrift, die *Moslemische Revue*, heraus.

Für die Zeit der Machtergreifung Hitlers geht die Marburger Orientalistin Ursula Spuler-Stegemann von etwa 1000 Muslimen in Deutschland aus,[11] die sich zusehends auf einzelne Vereine verteilten. Während dieser Periode fanden Hitlers Antisemitismus und ein in arabischen Ländern verbreiteter Antizionismus gedanklich zueinander, als Kristallisationspunkt gilt das Treffen Hitlers mit dem Großmufti von Jerusalem im Jahre 1941. Viele Muslime in den unter Kolonialherrschaft stehenden Ländern erhofften sich vom Großmachtstreben der Deutschen Hilfe. Zudem war das deutsche Militär keineswegs rein deutsch geprägt, speziell die Waffen-SS umfasste unter anderem eine Einheit muslimischer Bosnier.

Jedoch nicht alle Muslime in Deutschland sahen sich durch die nationalsozialistische Politik vertreten. Ein syrischer Student an der Technischen Universität Charlottenburg, Muhammad Nafi Tschelebi (gest. 1933), der unter den Berliner Muslimen eine prominente Persönlichkeit war, hatte 1930 die Deutsche Moslemgemeinde ins Leben gerufen. Dieser Verein war bewusst kosmopolitisch und multireligiös ausgerichtet und zielte kulturvermittelnd auch auf Mitglieder mit christlichem und jüdischem Hintergrund. Letzteres machte den Verein in den Augen der Nationalsozialisten hochgradig suspekt.

In den dreißiger und vierziger Jahren entstanden organisatorische Formen, die bis heute den Islam in Deutschland prägen. Nach dem Zusammenbruch des Osmanischen Reiches 1924 und dem offiziellen Ende des Kalifats wurde in Kairo als Zusammenschluss islamischer Staaten und Organisationen der Islamische Weltkongress gegründet. Von diesem ging die Initiative zu einer islamischen Bildungseinrichtung in Deutschland aus, dem heutigen Zentral-Institut Islam-Archiv-Deutschland in Soest, dessen Vorläufer 1927 in Berlin gegründet wurde.

Die «Hinterhofmoschee»

Nach dem Zweiten Weltkrieg begann ein neues großes Kapitel des Islams in Deutschland. Der wirtschaftliche Aufschwung der Nachkriegszeit sollte durch die Anwerbung ausländischer Arbeitskräfte fortgesetzt werden. Zu Beginn der sechziger Jahre warb man bewusst in der Türkei, aber auch in Nordafrika um sogenannte «Gastarbeiter». Die Bezeichnung verrät, dass an einen vorübergehenden Aufenthalt gedacht war; 1972 sollen noch rund 90 Prozent der Arbeitsmigranten Männer gewesen sein, erst später setzte der Familiennachzug ein.[12] Und nicht wenige der Gekommenen kehrten als Rentner tatsächlich in ihre Heimatländer zurück. Gerade die Bestattungsorte verraten, dass noch jahrzehntelang die emotionale und soziale Verbindung zu den Herkunftsländern eng war, wurden Verstorbene doch gemeinhin, auf Ebene der islamischen Dachverbände organisiert, aus Deutschland ausgeflogen.

Neben der Annahme, sich nur vorübergehend im Gastland aufzuhalten, mögen auch kulturelle Strömungen der sechziger und siebziger Jahre eine Rolle gespielt haben, dass Fragen der Religionsausübung und der Wunsch nach der Errichtung von Moscheen in Deutschland in Kreisen der muslimischen Arbeitnehmer erst überraschend spät aufkamen. Die Türkei pflegte seit Atatürk einen Säkularismus, der keinen Religionsunterricht an Schulen kannte. In den arabischen Heimatländern rang man nach dem Ende der Kolonialherrschaft und seit der Errichtung eigener Nationalstaaten um politische Ideologien zwischen Sozialismus und Kapitalismus; diese Länder verband weniger der Islam als die Idee des Panarabismus. In Deutschland waren Migranten islamischen Glaubens zunächst diesem Trend entsprechend eher gewerkschaftlich organisiert als über Moscheegemeinden. Auch stellte man ihnen in vielen Fabriken für die täglichen Pflichtgebete Räume zur Verfügung, so dass unmittelbare religiöse Bedürfnisse gestillt werden konnten.

Daher gingen die ersten Initiativen zur Bereitstellung von Moscheeräumen für das Freitagsgebet und als soziale Treffpunkte auf einzelne engagierte «Laien»[13] zurück. In diesem Kontext entstanden zahlreiche «Hinterhofmoscheen». Es erwies sich vielerorts

Der Frauengebetsraum in einer Moschee des Verbandes Islamischer Kulturzentren in Bielefeld zeichnet sich durch seine Schlichtheit aus.

als schwierig, Räume zum vorgesehenen Zweck anzumieten, war dies oftmals doch auch eine Kostenfrage. An den Bau eigener Moscheen wurde zunächst ohnehin nicht gedacht. So fanden und finden sich viele «Moscheen» in Industriegebieten oder versteckten Räumlichkeiten in Innenstädten, die für Außenstehende kaum als Gebetsstätten zu erkennen sind. Aufgrund ihres unauffälligen Äußeren, aber auch der Frage nach Nutzungsschwerpunkten in Räumlichkeiten, die häufig zwischen Moschee und Kulturzentrum schwanken, bleibt es bis heute schwierig, genauere Angaben über ihre Anzahl zu machen.[14]

Für diese Form erwies sich ein überregionales Spezifikum von Moscheen als zuträglich: Es handelt sich per se nicht um geweihte Sakralräume nach Art etwa einer katholischen Kirche. Auch in Wohngebieten der islamischen Welt kann eine Moschee in einem Stadtviertel ein kleiner Gebetsraum sein, der sich beispielsweise im Erdgeschoss eines Wohnblocks befindet und von den Anwohnern gemeinschaftlich genutzt wird. In diesen Fällen ist es einzig erforderlich, dass der Raum rituell rein, das heißt sauber ist. Förderlich ist, wenn eine Wand nach Mekka weist. Da dies bei nicht eigens als Moschee konzipierten Räumlichkeiten kaum zu erwarten ist, wird den Betenden durch die Auslegung von

Gebetsteppichen oder das Einziehen einer Wand die Richtung nach Mekka gewiesen.

Mit den «Hinterhofmoscheen» stellte sich die Frage nach der rechtlichen Organisation der Muslime. In Deutschland haben sich im Wechselspiel zwischen Staat und jahrhundertelang ansässigen Religionsgemeinschaften bestimmte institutionelle Formen herausgebildet. Christliche Kirchen sowie der Zentralrat der Juden in Deutschland organisieren sich nach Art. 140 Grundgesetz in Verbindung mit Art. 137 (5) der Weimarer Verfassung auf einer überregionalen Ebene als «Körperschaften öffentlichen Rechts». Dieser Status wäre bis heute auch seitens vieler Muslime erstrebenswert, gliedert doch der bundesdeutsche Staat in der Nachfolge der Weimarer Verfassung bestimmte seiner Rechte und Pflichten in die öffentlich-rechtlichen Körperschaften aus. Dazu würde auch die Betreuung des islamischen Religionsunterrichts auf Länderebene gehören. Dieser Status wurde bisher jedoch nicht erreicht, weshalb sich die Muslime mehrheitlich in privatrechtlichen gemeinnützigen Vereinen organisieren, die als solche jeweils vor Ort anerkannt Vereinssatzungen entwickeln, Spenden entgegennehmen und quittieren dürfen sowie bestimmte steuerliche Vorteile genießen. So entstanden, zwar rechtlich unterschieden, jedoch im Hinblick auf das Gemeindeleben den örtlichen Kirchengemeinden nicht unähnlich, zahlreiche «Moscheevereine».

Diese Vereine differenzierten sich je nach Standort und Anwesenheit von Muslimen vor Ort zunehmend aus. Ihre Mitglieder betonen jedoch immer wieder ihre Offenheit gegenüber jedem Moscheebesucher. Es wird niemand gefragt, ob er Vereinsmitglied ist, bevor er oder sie am Gebet oder an anderen Veranstaltungen teilnimmt. Auch ist häufig nur ein Familienangehöriger, meist der Vater, Vereinsmitglied, während die gesamte Familie am Vereinsleben partizipiert. Dies erschwert zwar Außenstehenden die statistische Erhebung der Anzahl von Moscheevereinsmitgliedern, ist jedoch als Organisationsform den Vereinen völlig freigestellt. Sehr wichtig ist für alle Muslime zudem die Idee der *umma*, der weltweiten, sämtliche Ethnien und innerreligiösen Gruppierungen umfassenden islamischen Gemeinschaft. Insofern können beispielsweise Ägypter eine türkische Moschee besuchen, oder eine Person kann Kontakte zu mehreren Gemeinden aufweisen.

Oftmals sind die Vereine allerdings in ihrer Organisation ethnisch oder national geprägt, ihre Träger sind Türken oder Marokkaner oder Bosnier o. ä. Eine weitere Besonderheit liegt in der innerislamischen Ausrichtung. Die meisten Gemeinden folgen der weltweiten Mehrheit der Muslime und sind Sunniten – nach arabisch *sunna*, dem Brauch und Vorbild des Propheten Muhammad. Dementsprechend gibt es in Deutschland zahlenmäßig sehr viel weniger Schiiten, die schwerpunktmäßig im iranischen Raum verbreitet sind und im frühen Islam eine religiöse Abspaltung (arabisch *shi'a* bedeutet «Partei», «Gruppe») vertraten. Ihre Anhänger kennen neben dem Propheten Muhammad eigene Heilsgestalten der frühislamischen Geschichte und haben daran anknüpfend eigene theologische Ideen entwickelt. Auch wenn in Deutschland, gerade unter Migranten aus dem Iran, rund 40 000 Personen nominell zwölferschiitischen Glaubens sein sollen,[15] so sagt dies nicht viel über ihr religiöses Engagement. Die in der Bundesrepublik lebenden ehemaligen Iraner und ihre Nachkommen zeichnen sich meist durch Distanz zur Religionspolitik ihres Heimatlandes nach der Iranischen Revolution 1978/79 aus und pflegen, wenn überhaupt, eine sehr private Frömmigkeit, ohne sich in Moscheevereinen zu organisieren. Eine Ausnahme bildet das überregional bekannte Islamische Zentrum in Hamburg, das allerdings lange vor der Revolution im Iran entstand.

Eine weitere Gruppe mit einem gewissen Sonderstatus sind die Aleviten. Sie sind eine eigenständige Religionsgemeinschaft mit mystisch-islamischen Wurzeln sowie Glaubenselementen aus anderen Religionen des Orients. Sunniten distanzieren sich gewöhnlich von Aleviten, was deren Zugehörigkeit zum Islam betrifft. Auch die religiöse Praxis der Aleviten besitzt eigenständige Züge, so benötigen sie zum Beispiel keine Moschee, sondern ein sogenanntes *Cemevi*, ein «Versammlungshaus». Sozialgeschichtlich steht die Entwicklung ihres religiösen Lebens in Deutschland jedoch im gleichen Kontext wie diejenige der islamischen Gemeinden. Die Anzahl der Aleviten liegt nach eigenen Angaben zwischen 600 000 und 700 000 Personen, wobei die meisten aus der Osttürkei, aus Syrien oder dem Irak kommen.[16]

Die «Hinterhofmoscheen» waren und sind zwar von außen unauffällig, im Inneren entfaltet sich jedoch oft eine eigene Welt.

Häufig wurden die Räumlichkeiten in liebevoller Kleinarbeit und abendlicher Eigeninitiative von Berufstätigen dekoriert. Nicht selten schmücken arabische Kalligraphien oder auch Darstellungen von Moscheen in Heimatregionen die Wände, von der Aya Sofya in Istanbul zum Beispiel. Für die Nutzer bieten diese Stätten nicht nur eine Möglichkeit, das Gebet zu verrichten. Sie scheinen auch die Funktion eines sozialen Netzwerks und einer zweiten Heimat zu haben. Oft sind es vor allem die älteren Männer der ersten Gastarbeitergeneration, die ganze Tage in den Moscheen bzw. den angeschlossenen Räumlichkeiten verbringen. Zu den meisten Moscheen gehört auch ein Café oder eine Kantine, wo man sich unterhalten, Freunde treffen, Kartenspielen oder gemeinsam fernsehen kann. Mancherorts ist es nicht einfach, diese soziale Struktur und den engen Zusammenhalt an nachfolgende Generationen weiterzugeben. Zu diesem Zweck sind den Moschee-vereinen nicht selten Fußballvereine angeschlossen, und es werden soziale Dienstleistungen wie Hausaufgabenhilfe organisiert.

An dieser Stelle müssen die Sufiorden erwähnt werden, da auch diese sich gewöhnlich in bereits vorhandener Bausubstanz treffen. Bereits seit den ersten Jahrzehnten des 20. Jahrhunderts organisierten sie sich in Deutschland erkennbar, und zwar oftmals in Kreisen von Konvertiten, die aufgrund ausgedehnter Orientreisen oder des Interesses an orientalischen Religionen zur islamischen Mystik fanden. Zu nennen sind hier zum Beispiel der Gründer der Bektashi in Deutschland, Walter Schwidtal, oder sein Nachfolger Rudolf Freiherr Glandek von Sebottendorf, der 1924 sein Werk *Die Praxis der alten türkischen Freimaurerei* publizierte.[17] Offenbar reizte die Affinität der Sufiorden zu Geheimbünden, insofern als die Scheichs ihr Wissen gewöhnlich in einem langen Prozess an die Adepten weitergeben und Mitglieder stufenweise initiiert werden. Nicht selten verfügen diese Gruppen in Deutschland, etwa die Mevlevi oder die iranisch-amerikanischen Pir Oweysi, über ausreichende Mittel, um sich ein ansprechendes Ambiente leisten zu können, so das Haus Schnede in Niedersachsen, das eine Dependance des Ordens der Burhaniya ist, oder das Mevlevihane im brandenburgischen Trebbus. In alten Villen oder Gutshäusern werden Treffen abgehalten, und Interessierte können – gegen Gebühr – Meditations- oder Sufitanz-Kurse besuchen. Attraktiv ist auch der Zweig des Rifaᶜi-Ordens um sein spirituelles Oberhaupt Cemalnur Sargut. Die Türkin tritt in Frankfurt von Zeit zu Zeit in katholischen Gemeindehäusern mit inspirierenden Vorträgen zu Themen wie der mystischen Liebe auf. Zudem trifft sich ihre vorwiegend weibliche und akademisch geprägte Anhängerschaft in Hauskreisen zur Lektüre und Diskussion von Sufiklassikern. Eigene Räumlichkeiten werden dafür nicht benötigt. Damit ist bereits angedeutet, dass sich islamische mystische Orden in der Art und Weise, wie sie zu spiritueller Erfahrung gelangen, erheblich unterscheiden. Die dazu notwendigen Übungen (Sing. *dhikr*) können, je nach Orden, vom Tanz, einer Textmeditation, über offene Diskussionen, bis hin zur Koranrezitation reichen.

Einen eigenen Typus des Sufismus in Deutschland bilden türkisch geprägte Orden, die, organisiert wie Moscheevereine, es oft ablehnen, überhaupt der islamischen Mystik zugeordnet zu werden. Hier lebt eine rational und kognitiv orientierte Form der Frömmigkeit – manifestiert in intensivem Studium religiöser Texte – fort, wie sie für den stummen *dhikr* der Naqshbandi seit alter Zeit typisch ist. Deren Mitglieder waren in der Geschichte vor allem in Zentralasien als Händler erfolgreich sowie zudem politisch aktiv. Da die Nachkommen der Naqshbandi ihren elitären Anspruch, der auch mit einer strengen Gruppensolidarität und Hierarchiebildung einhergeht, derzeit an die Kinder weitergeben, sind sie dem deutschen Verfassungsschutz immer wieder suspekt. Die Entwicklung ihrer Vereine unterscheidet sich nicht von der anderer Gemeinden. Einer ersten Zeit in «Hinterhofmoscheen» folgte eine Phase der Etablierung in eigenen Räumlichkeiten.

Moscheeneubauten

Bereits seit den fünfziger Jahren wurden vereinzelt neue Moscheen gebaut, so die Fazle-Omar-Moschee in Hamburg (1957), die Imam-Ali-Moschee (1960–1965) des Islamischen Zentrums ebenfalls in Hamburg auf Initiative iranischer Kaufleute oder die Bilal-Moschee (1964–1968) in Aachen mit ausgeprägter multinationaler studentischer Trägerschaft. In diesen ersten Nachkriegsmoscheen fand man sehr nuancierte, reizvolle architektonische Lösungen.[18] In den

1957 entstand in Hamburg die Fazle-Omar-Moschee als erster Moscheebau nach dem Zweiten Weltkrieg.

achtziger Jahren wurden dann vor allem in dem sich etablierenden türkischen Gastarbeitermilieu Moscheen errichtet.

Parallel dazu entstanden – mit dem Ziel der Institutionalisierung – überregionale Dachverbände der örtlichen islamischen Vereine, die meist auch europaweit vernetzt sind. In Deutschland prägen zwei Dachverbände das Bild: der «Islamrat der Bundesrepublik Deutschland» und der «Zentralrat der Muslime in Deutschland», beide heute mit Sitz in Köln. Allein die Bezeichnungen weisen auf den Wunsch hin, analog zum «Zentralrat der Juden in Deutschland» als Körperschaft öffentlichen Rechts anerkannt zu werden. Beide Verbände versammeln jeweils eine große Anzahl weiterer Verbände unter ihrem Dach, die ihrerseits wieder Vereine eines Gemeindetyps sowie Vereine mit bestimmter

Ausrichtung, etwa Studentenvereine oder Bildungsinstitute, umfassen. Zum Islamrat, der mehrheitlich konservativer ausgerichtet ist, zählt die vom Verfassungsschutz seit langem beobachtete, jedoch nicht verbotene türkisch geprägte Dachorganisation IGMG (Islamische Gemeinschaft Milli Görüş, das heißt «Nationale Weltsicht»). Der Zentralrat dagegen weist die etwas liberalere große türkische Dachorganisation DITIB (Diyanet Işleri Türk Islam Birliği, «Türkisch-Islamische Union der Anstalt für Religion») als Mitglied auf. Diese Zuordnungen sind jedoch nicht durchgängig aufschlussreich, zumal es immer wieder auch personell, vor allem auf lokaler Ebene, einen engen Austausch zwischen Vereinen unterschiedlichster Couleur gibt und der Zentralrat gleichfalls besonders konservative Unterorganisationen umfasst. IGMG besteht mit einer Vorläuferorganisation seit 1975, DITIB seit 1982; der Islamrat wurde 1986, der Zentralrat 1994 gegründet. IGMG und DITIB, die die Mehrzahl der örtlichen Moscheen vernetzen, stehen in einer gewissen Konkurrenz. Während Letztere eine organisatorische Verbindung zur türkischen staatlichen Religionsbehörde Diyanet aufweist, schon allein weil ihre Gemeinden durch türkisch finanzierte Imame geleitet werden, sind die Milli-Görüş-Vereine oftmals aus einer gewissen Unzufriedenheit mit den religionspolitischen Verhältnissen in der Türkei entstanden. So kritisiert man deren säkularen Status sowie die Praxis, türkischsprachige Imame nach Deutschland zu entsenden, weil diese die Probleme der Migranten kaum sinnvoll aufgreifen können.

Rein statistisch gesehen, vertreten beide türkisch geprägten Dachorganisationen die Mehrheit der in Moscheevereinen eingetragenen Muslime. Ursula Spuler-Stegemann berechnete die Zahl der den DITIB-Vereinen Zugehörigen 1997 auf über 300 000. Dabei legte sie interne Mitgliederzahlen zugrunde und schloss auch Familienmitglieder in ihre Rechnung mit ein. Die Zahl der Mitglieder und Sympathisanten der IGMG dürfte ähnlich hoch liegen.[19] Insgesamt geht man heute von deutlich mehr als 3 Millionen Muslimen in Deutschland überhaupt aus.

Ein weiterer größerer Dachverband ist ATIB, der 1985 noch unter einer anderen Bezeichnung gegründet wurde. ATIB (Avrupa Türk Islam Birliği, «Union der Türkisch-Islamischen Kulturvereine in Europa»), ebenfalls türkisch geprägt und in gewisser Distanz zum dortigen staatlichen Islam stehend, ist jedoch im Gegensatz zur IGMG politisch eher links orientiert und hat gewisse Affinitäten zum Gewerkschaftsmilieu. Der VIKZ (Verband Islamischer Kulturzentren) dagegen, gegründet 1980, versammelt eher konservative Muslime mit türkischem Migrationshintergrund. Seine Mitglieder eint die Tendenz, das gesamte Leben streng nach dem Islam auszurichten. Der VIKZ ist wie die ATIB Mitglied im Zentralrat der Muslime in Deutschland.

Bisher standen vor allem türkisch geprägte Dachverbände im Blick. Daneben sind aber auch verschiedene arabische Verbände entstanden, einer davon, die IGD (Islamische Gemeinschaft in Deutschland), wurde sogar besonders früh, schon im Jahre 1960, gegründet. Sie steht der Muslimbruderschaft nahe, die Mitte des 20. Jahrhunderts in Ägypten als eine breite politisch-religiöse Bewegung aufkam und deren Anhänger soziales Engagement mit einem konservativen bis deutlich politisch engagierten, fundamentalistischen Islam verbinden. In Ägypten sind die Muslimbrüder verboten, in Deutschland stehen sie ebenfalls unter Beobachtung des Verfassungsschutzes. Hier treten sie nicht extremistisch in Erscheinung, mit ihnen sympathisierende Moscheevereine tragen häufig die Bezeichnung «Zentrum», wie zum Beispiel das «Islamische Zentrum» in München. Der soziale Hintergrund der IGD ist tendenziell ein anderer als der der türkisch geprägten Vereine. Ägypter gelangten oftmals als Akademiker nach Deutschland oder studierten hier, weshalb sich unter ihnen unter anderem viele Ärzte befinden.

Die Betrachtung dieser überregionalen Organisationen ist für unser Thema deshalb bedeutsam, weil die verstärkte Institutionalisierung des deutschen Islams über die «Hinterhofmoscheen» hinaus auch mit einer neuen Art der Repräsentation einhergeht. So wurden etwa zeitgleich mit der Gründung von Dachverbänden vermehrt neue Moscheen gebaut. All dies verlief analog zu einer gesellschaftlichen Entwicklung: Die zunächst fast ausschließlich männlichen Gastarbeiter ließen ihre Familien nachkommen, eine erste Generation wuchs in Deutschland auf, und die meisten Familien entschieden sich deshalb, dauerhaft vor Ort zu bleiben.

Damit wurde es in ganz neuem Umfang nötig, das religiöse Leben zu organisieren. Auch zu diesem Zweck gründete man Dachverbände, welche unter anderem Sozialfonds unterhalten, die Rückführung Verstorbener übernehmen, die Pilgerreise nach Mekka und Kulturprogramme organisieren sowie Publikationen, Stipendien für Studierende und anderes mehr finanzieren. Zunehmend sahen sich örtliche Vereine wie Dachverbände in der Lage, ihre Interessen in deutschen Städten und Gemeinden zu vertreten. Das lag nicht zuletzt an der Sprachkompetenz, am Bildungszugang der zweiten Generation sowie an der überregionalen Vernetzung und dem damit verbundenen juristischen Informationsaustausch. Die erste Generation der Gastarbeiter entstammte nämlich mehrheitlich ländlichen Regionen und hatte noch kaum eine Schulbildung genossen.

Seit den achtziger Jahren treten Muslime in Deutschland dagegen selbstbewusster auf. Damit sind auch Probleme verbunden. An wohl kaum einem Ort gehen Moscheeneubauten reibungslos vonstatten.[20] Dennoch gibt es inzwischen zahlreiche Gebetshäuser, die die «Hinterhofmoscheen» ersetzen und für ihre Mitglieder Orte der positiven Identifikation als Muslime darstellen. Für die «Mehrheitsgesellschaft» tritt damit zutage, was statistisch gesehen längst Realität ist: Der Islam ist die zweitgrößte Religionsgemeinschaft im Land, deren Mitglieder, wie diejenigen anderer Gemeinschaften auch, ihre Religion in angemessenen Räumlichkeiten ausüben möchten. In einigen Fällen scheint das gestiegene Selbstbewusstsein die Muslime jedoch überdies dazu zu verleiten, bewusst kulturelle Grenzen zu übertreten, wenn etwa Moscheen Namen wie «Fatih», der «Eroberer», oder «Gazi», der «Glaubenskrieger», verliehen werden.

Die neu errichteten Moscheen bringen darüber hinaus Veränderungen für das Zusammenspiel der Geschlechter in einer islamischen Gemeinde. Traditionell betet man räumlich getrennt, um sich jenseits zwischengeschlechtlicher Interessen ganz auf Gott konzentrieren zu können. In den umfunktionierten Gebäuden, ehemaligen Läden, Büroetagen oder Industriebauten der «Hinterhofmoscheen» lässt sich diese Vorgabe meist nur durch gänzlich getrennte Räumlichkeiten lösen, durch eigene Stockwerke, Treppenaufgänge oder Gebäudetrakte. Dabei wird das

Gebet des Imams mit Hilfe einer Videoübertragung aus dem den Männern vorbehaltenen Hauptraum zu den Frauen eingespielt. Deren Gebet, für das zudem oft die weniger repräsentativen Räume zur Verfügung stehen, muss so durch eine mediale Hürde eine zusätzliche atmosphärische Einbuße erleiden. Diesem Umstand trägt man in den Neubauten häufig Rechnung, indem den Frauen, wie auch aus Kirchen und Synagogen bekannt, auf einer Empore im Hauptgebetsraum ein Bereich zugewiesen wird. Dadurch sind sie unmittelbar anwesend und dennoch gemäß den islamischen Vorgaben separiert. Dies ist ein Faktor unter vielen, der zu einer Veränderung religiöser Observanzen bei Frauen zu führen scheint. Vermehrt nehmen sie einen erkennbar aktiven Part im Leben islamischer Gemeinden ein.[21]

Am Beispiel der Frauen kann generell darauf hingewiesen werden, dass die Gleichsetzung von muslimischen Migranten und Moscheegemeinden eine starke Vereinfachung bedeuten würde. Die Moscheevereine waren ursprünglich stark männlich dominiert. Dies mag mit der verbreiteten Einschätzung zusammenhängen, dass die Teilnahme am Freitagsgebet eine religiöse Pflicht (arabisch *fard*) nur für Männer, nicht aber für Frauen darstellt. Auch das soziale Leben der Frauen spielt sich traditionell weniger in der Moschee ab, sie treffen sich entweder privat oder schaffen derartige Möglichkeiten – in Deutschland zunehmend erkennbar – durch die Gründung von Vereinen zur Bildung und Fortbildung von Frauen.[22] Ebenso sollte nicht vergessen werden, dass in Deutschland vermutlich die Hälfte der nominellen Muslime eher säkular orientiert und nicht am organisierten Islam interessiert ist.

Architektonisch zeigt sich bei den Moscheebauten in vielen deutschen Städten ein weiteres Phänomen, das mit der sich derzeit vollziehenden Integration einhergeht. Aufgrund von Bauvorschriften sind die entstehenden Räume nicht durchgehend als Moschee zu erkennen, aber dennoch um die klassischen visuellen Elemente wie Kuppel und Minarett bemüht. Die beauftragten Architekten können selten islamisch-traditionelle Formen befriedigend einbringen, nicht zuletzt, weil es für Moscheebauten vor Ort keine Tradition gibt. Auch die Erwartungen der jeweiligen Gemeinden, die zu einem an heimatliche Moscheebauten angelehnten Stil tendieren, jedoch keine fundierten architektonischen Kenntnisse mitbringen, sind eher hinderlich. Im Ergebnis entstehen oftmals an einen «türkischen Stil» erinnernde, jedoch selten in Proportionen und Geschlossenheit überzeugende Bauten. Dies gilt auch für die Innendekoration, die mangels islamisch-kunsthandwerklicher Traditionen in Deutschland, wenn sie nicht kostspielig aus der Türkei importiert wird, eher als schlechte Kopie erscheint.

Auch rein technisch gesehen steht der Moscheebau vor Herausforderungen. Die Deutsche Welle sendete 2006 einen Bericht über eine Firma in Gladbeck, die sich auf den Bau von Minaretten spezialisiert hat: «Es war vor allem Unkenntnis deutscher Baufirmen, die Ahmet Akbaba zu diesem Schritt ermutigte. Nachdem Ahmet Akbaba vom türkisch-islamischen Kulturverein im westfälischen Gladbeck vor drei Jahren den Auftrag bekommen hatte, für den Neubau der dortigen Moschee das Minarett zu errichten, suchte er sich sein Team zusammen. In seiner Heimat Türkei fand er einen Minarettbauer, den er nach Deutschland holte. In der Türkei hat der Minarettbau eine große Tradition. Dennoch gibt es dort dafür keine spezielle Ausbildung. Die Kenntnisse werden vielmehr von einer Generation an die nächste weitergegeben. Das alleine reicht aus, um schöne Minarette zu bauen. Aber es reicht nicht aus, um die ganz besonderen deutschen Vorschriften zu erfüllen. Und von diesen gibt es eine ganze Menge.»[23]

Trotz aller Fortschritte: Mit Moscheeneubauten in der islamischen Welt sind diese Gebäude selten zu vergleichen, wenn sie auch ihre Nutzer oftmals nach jahrelangem Kampf mit Stolz erfüllen. Erst sehr langsam entwickelt sich ein eigener Stil deutscher Moscheen.

Es ist nicht nur eine Frage des Stils und der Ästhetik, die Frage der angemessenen baulichen Repräsentation von Muslimen in Deutschland ernsthaft zu verfolgen. An der optischen Erscheinung entzünden sich die Konflikte um Moscheen aus der Perspektive von Nichtmuslimen, die sich an den «fremden» Formen im deutschen Stadtbild stoßen und sich dadurch hochgradig irritiert fühlen. Andererseits kann eine Moschee, die öffentlich erkennbar und in den Augen ihrer Nutzer «schön» ist, auch in hohem Maße zu deren Integration beitragen. Der Dokumentarfilm *Heimvorteil* (2008) von

Jan Gabriel zeigt dies auf eindrucksvolle Weise am Beispiel eines Konflikts um einen Moscheeneubau in Wertheim am Main. «Wenn ich die Möglichkeit bekomme, eine Moschee zu bauen, sehe ich mich akzeptiert, und dann ist das hier meine Heimat», sagt einer der Protagonisten des Films. Die Mitglieder des Moscheevereins scheinen ihre Identität als Deutsche weitgehend davon abhängig zu machen, hier eine Moschee nach ihren Vorstellungen errichten zu dürfen. Bei der derzeitigen breiten öffentlichen Diskussion geht es nicht zuletzt um adäquate Formen von Moscheen in Deutschland.

Eine Lösung der Konflikte könnte die Zeit bringen. Da zunehmend auch junge Muslime Architektur studieren, könnten durch die Kombination von deutschen und orientalischen Bautraditionen ganz neue Lösungen gefunden werden. Ein Beispiel ist der Moscheeneubau im bayerischen Penzberg: ein Kubus mit stilisierter arabischer Kalligraphie, der höchsten Ansprüchen moderner Architektur und Ästhetik genügt. Der Architekt des Gebäudes, Alen Jasarevic, stammt aus Bosnien und studierte in Augsburg. Allerdings ist in solchen Fällen, die die deutsche Öffentlichkeit kaum irritieren können, sicherlich auch eine besondere kulturelle Offenheit der Nutzer vonnöten, die sich ihrerseits im Bau heimisch fühlen sollen.

Immer noch besteht ein starkes optisches Gefälle zwischen Moscheeneubauten in Deutschland, wo man zu überkommenen Formen tendiert, und der Architekturentwicklung in islamischen Ländern, wo man ganz den Standards moderner Architektur folgt oder diese mitsetzt. Als Beispiel mag Algier dienen, wo das deutsche, nichtmuslimische Architekturbüro KSP Engel und Zimmermann aus Frankfurt am Main die neue Moschee entworfen hat.

Auch dies ist ein Aspekt, der die Geschichte der Moscheebauten auszeichnet: Es muss keine Deckung zwischen Glaubenszugehörigkeit der Architekten und dem zu entwerfenden Raum bestehen. Der berühmte osmanische Baumeister Sinan aus dem 16. Jahrhundert war von Geburt her Christ, was seinen Moschee-Entwürfen keinen Abbruch tat. Architekten aus islamischen Ländern wie zum Beispiel die in Großbritannien lebende Zaha Hadid erarbeiten, scheinbar völlig frei von ihren Wurzeln, eine neue dekonstruktivistische Formensprache, die Fixpunkte für Betrachter und Raumnutzer aufheben. Auch hier scheint es irreführend, von kulturellen Blöcken – westlich-moderner Architektur und orientalisch-islamischer Formensprache – auszugehen; Zaha Hadid wuchs in den fünfziger Jahren in Bagdad in einem der ersten Wohnhäuser im Bauhausstil auf. Es scheint, zumindest auf der Ebene des Bauentwurfs, jenseits religiöser Bindungen offenbar vielmehr auf eine intuitive Kreativität anzukommen, die auf der Basis technischen Vermögens Bedürfnisse der Auftraggeber aufgreift und mit einem eigenen Formempfinden kombiniert, das natürlich nicht frei von weltanschaulichen Positionen im Sinne gewollter ästhetischer Positionierungen sein wird.

Während Architekten und Auftraggeber normalerweise ohne Konflikte zueinanderfinden, kommt bei der Betrachtung der Moscheen von außen eine andere Ebene ins Spiel. In jedem Fall berühren öffentliche Gebäude, besonders solche mit sakralem Charakter, existenzielle Dimensionen des Daseins. Symbole und Zeichen können Gefühle von «Heimat» evozieren, den eigenen kulturellen Raum markieren und bis in Glaubensdinge hineinreichen und damit nicht hinterfragbare Wahrheiten zum Ausdruck bringen. Für die einen werden Kuppel und Minarett somit signalisieren, dass sie in Deutschland ihre eigene Religion leben können, womit die Moschee ein Teil der deutschen Heimat wird. Für die anderen können die gleichen Gebäudeteile Verlust von Heimat und irritierend Fremdartiges in der eigenen Stadt bedeuten. Es liegt in der Natur von Migrationsvorgängen, dass ein geographischer Raum durch unterschiedliche dort lebende Nutzer mit verschiedenen Deutungen belegt ist, die – wissenschaftlich formuliert – in einen «auszuhandelnden Diskurs» treten, der sich konkret in Konflikten ausdrückt.[24] Im Falle der Moscheebauten nehmen diese eigentümliche Dimensionen an, während die oft viel auffälligeren und in deutschen Städten ungewöhnlicheren Bauprojekte asiatischer Religionen, so der Hindu-Tempel in Hamm-Uentropp oder die buddhistische Pagode Vien Giac in Hannover, zwar nicht unproblematisch, aber doch keineswegs besonders konfliktträchtig waren.[25]

In Köln-Ehrenfeld soll eine Zentralmoschee der türkischen Dachorganisation DITIB entstehen. Paul Böhm hat dafür einen modernen Bau in klassisch osmanischen Grundformen entworfen (siehe auch die Abbildungen auf Seite 147).

Moscheen als Repräsentationsbauten

Die gesamte Problematik verschärft sich, wenn islamische Gemeinden in Großstädten es sich leisten können, besonders umfangreiche Großbauten zu errichten, wie derzeit in Köln-Ehrenfeld geplant.[26] Auch dieser Entwurf von Paul Böhm, dessen Vater und Großvater bekannte Kirchenarchitekten waren, ist von seiner Ästhetik her sehr gelungen. Böhm entwarf einerseits einen modernen, sich in die Großstadt einfügenden halbtransparenten Baukörper, der im Inneren allen islamischen Maßgaben entspricht. Andererseits erinnert das Gebäude in seinem Profil an eine klassische türkische Kuppelmoschee und ist dabei von seinen Proportionen her ausgewogen und ansprechend. Bei Nichtmuslimen ruft dieser Entwurf jedoch aufgrund seiner Ausmaße teilweise heftige Ablehnung hervor. Es sind schlicht die Größe und der recht zentrale Standort, kombiniert mit den nicht zu leugnenden Reminiszenzen an eine klassische Moschee – Kuppel und hohe Minarette –, die im Stadtbild nicht zu übersehen wären.

Es bleibt, vorerst auf Goethe zurückzukommen und daran zu erinnern, dass die kulturellen Formen im Orient und in Europa sich so fremd nicht sind. So äußerte Paul Böhm, dass der Bau in Köln-Ehrenfeld durch Hinzufügung eines Altars theoretisch mühelos auch als Kirche nutzbar wäre. Wie später zu sehen sein wird, haben Moscheen und Kirchen im Orient eine gemeinsame Architekturgeschichte, und die Beispiele aus der Aufklärung und dem 19. Jahrhundert haben gezeigt, dass in der Vergangenheit ein sehr viel unbefangenerer wechselseitiger Austausch architektonischer und anderer kultureller Formen bestand. Im 18. Jahrhundert war es sowohl in Europa als auch im Orient leicht, ansprechende «exotische» Formen des jeweils Anderen zu rezipieren: In Schwetzingen baute man eine Moschee als Pavillon im Park, und im Osmanischen Reich übernahm man europäische neobarocke Formen für die eigenen Moscheen.

Vielleicht ist diese Art der bereitwilligen Übernahme des Fremden der heutigen Mode vergleichbar, asiatisch anmutendes Mobiliar von der Buddhastatue bis zum Chinaschrank als Dekoration zu verwenden. Der spielerische Umgang mit fremden Kulturen fällt offenbar leichter, wenn keine unmittelbare Notwendigkeit zur umfassenden Auseinandersetzung besteht. Am Thema Moscheebau in Deutschland wird eine Spannung deutlich, die Prozesse der Globalisierung und Transnationalisierung allgemein auszeichnet: Menschen positionieren sich irgendwo zwischen der bereitwilligen Rezeption fremder Kulturgüter und Werte und der Orientierung am Althergebrachten.[27]

2
Moscheen im Orient und
ihre Funktionen

Zum Verständnis des deutschen Moscheebaus kann ein Blick in den islamisch geprägten Kulturraum hilfreich sein. Hier entstand die Moschee als besonderer Typus des Sakralbaus, als Ort eines liturgischen und sozialen Geschehens, welches in Wechselwirkung mit dem Gebäude eine hohe Bedeutung hat.

Nach islamisch-theologischer Deutung sind Moscheen nicht «heilig» oder «geweiht», ebenso wenig wie etwa evangelische Kirchen. Moscheen sind Orte der gemeinschaftlichen und individuellen Hinwendung zu Gott im Gebet oder der persönlichen Kontemplation. Sie stehen gemeinhin diversen weiteren Aktivitäten offen und können sowohl als Vortragsraum als auch als Übernachtungsgelegenheit dienen. Im Orient ist immer wieder zu erleben, dass Moscheen zum Beispiel für eine kleine Verschnaufpause beim Einkaufsbummel genutzt werden oder dass Kinder dort lautstark Fangen spielen. Begründet ist dieses unkomplizierte Verhalten in bekannten Überlieferungen über den Propheten. Dieser soll beispielsweise ein Kind, das während seines Gebets auf ihm herumturnte, jeweils abgesetzt haben, wenn er sich niederbeugte, und wieder auf den Arm genommen haben, wenn er sich aufsetzte. Eine Aura des «Sakralen», wie sie im Christentum über das andächtige Verhalten der Kirchenbesucher entsteht, ist in Moscheen somit weniger zu erschließen.

Nichtsdestoweniger sind auch Moscheen aus einer vergleichenden religionswissenschaftlichen Perspektive sakrale Züge eigen.

Zum Beispiel erzeugen Kalligraphien mit Koranversen eine Präsenz des Göttlichen. In früheren Zeiten wurde dies noch verstärkt, indem man kostbare Kalligraphien mit dem Ruß aus Öllampen schrieb. Im Ruß materialisierte sich gewissermaßen die Präsenz Allahs, dessen gesprochenes Wort im Moscheeraum in Koranrezitationen erklang. Das Hören von Koranrezitationen selbst macht, wie es vielfach beschrieben wurde, kontemplative und meditative Erfahrungen möglich. Besonders während der Freitagspredigt ist es üblich, dem Prediger hochkonzentriert zu lauschen. In solchen Momenten herrscht eine reflektierte und durchaus andächtige Stille. Moscheen eines besonderen Typs sind ferner Graborte verstorbener «Heiliger» *(al-awliyâ²)*, denen in der populären Frömmigkeit eine besondere Segensmacht *(baraka)* zugesprochen wird. Insofern sind die Graborte islamischer Awliyâ² Stätten einer besonderen Sakralität.

Der Gebetsplatz als Basis

Unser deutsches Wort «Moschee» bezieht seine Herkunft etymologisch aus dem arabischen Begriff *masjid*, «Stätte der Niederwerfung». Das Aramäische kennt die gleiche Wurzel *(s-j-d)*, und in der Frühzeit des Islams konnten mit der Bezeichnung *masjid* unterschiedliche Sakralbauten, auch Kirchen und Synagogen, gemeint sein (Sure 22,40). Angesichts der Grundpflicht der Muslime, fünfmal am Tag das Gebet *(salât)* zu verrichten, war es bereits früh notwendig, das dazu erforderliche Umfeld bereitzustellen. Da die Betenden einen rituell reinen, das heißt sauberen Ort für die vorgeschriebenen Prostrationen brauchten, entstanden aus dieser Notwendigkeit heraus die ersten gemeinschaftlich zu nutzenden Gebetsstätten.

Weil es kaum archäologische Zeugnisse für die Frühzeit des Islams (ab 610 n. Chr.) gibt – auf der Arabischen Halbinsel wird gegenüber derartigen Projekten, die nicht zuletzt den laufenden Pilgerbetrieb nach Mekka und Medina unterbrechen müssten, wenig Aufgeschlossenheit gezeigt –, stellen erste islamische Textquellen die wesentlichen Quellen dar, um die Entwicklung von der einfachen Gebetsstätte zur «Moschee» nachzuvollziehen.

Vor allem die islamischen Überlieferungen über den Propheten, die Hadithe, ermöglichen einen differenzierten Zugang. Der Hadithkompilator al-Bukhari (810–870) stellt ganze Kapitel zum komplexen Thema «Gebet» zusammen. Angesprochen werden zahlreiche Aspekte, so zum Beispiel die korrekte Bekleidung, die Frage nach angemessenen Gebetsorten, Gebetszeiten, der Gebetsruf sowie das Freitagsgebet. Zu beachten ist allerdings, dass es sich bei den Hadithtexten häufig um Rückprojektionen späterer Fragestellungen in die Zeit des Propheten handelt.

In der Frühzeit des Islams wurde der Gebetsort informell bestimmt, die Architekturform der Moschee bildete sich erst später heraus. Von Muhammad ist vor allem aus der Anfangszeit seines Wirkens bekannt, dass er sich zum Gebet oder zur Kontemplation in die Einsamkeit zurückzog. Erst mit zunehmender Anhängerschaft stellte sich die Frage nach dem gemeinsamen Gebet, für das zunächst jedoch keine bestimmten Räume zur Verfügung standen. So war und ist es bis heute möglich, eine Gebetsstätte im öffentlichen Raum (sutrat al-musallâ) zu markieren. Auf Feldzügen oder Reisen steckte man dazu zum Beispiel einen Stab in den Boden oder ließ ein Kamel niederknien und richtete sich selbst an dieser Markierung aus, wodurch einerseits der Gebetsplatz und andererseits die Gebetsrichtung gekennzeichnet wurden. Widersprüchliche Überlieferungen gibt es überdies zum angemessenen Gebetsort: Manche lehnten etwa Kirchen oder Synagogen kategorisch ab, während für Ibn ᶜAbbas, einen Prophetengefährten, diese Stätten durchaus in Frage kamen, sofern sich darin keine figuralen Statuen befanden.

Bis heute wird, bei aktueller Fragestellung, auf die Primärquellen Koran und Sunna Bezug genommen. Meist haben sich gängige Mehrheitsmeinungen zur Interpretation dieser Quellen herausgebildet. Das betrifft etwa die Konventionen im Umgang mit Betenden. So gilt es zum Beispiel als Tabu, sich zwischen dem Betenden und der markierten Gebetsrichtung – in der Moschee ist dies die Gebetsnische, der mihrâb – aufzuhalten, da die spirituelle Hinwendung zu Gott dadurch gestört werden könnte.

Dass anfänglich keineswegs ein in sich abgeschlossenes rituelles und architektonisches Konzept für Moscheen vorlag, verrät auch die Änderung der Gebetsrichtung. Zunächst wandte sich der

Prophet etwa 16 Monate lang in Richtung Jerusalem, analog zum Brauch der Juden auf der Arabischen Halbinsel. Inhaltlich sah er sich ohnehin in einer Tradition von Juden und Christen, und auch rituell wurde zunächst nicht streng geschieden. Erst mit der Sure 2,144, «Wir haben gesehen, daß du unschlüssig bist, in welche Himmelsrichtung du dich beim Gebet mit dem Gesicht wenden sollst»,[29] wurde laut Hadith die neue Richtung nach Mekka eingeführt.

Aus der frühislamischen Zeit sind noch Belege vorhanden, dass sich Gruppen von Betenden öffentlich trafen. ʿAiʾsha, die Lieblingsfrau Muhammads und eine berühmte Tradentin von Hadithen, war zugegen und berichtet:

«Eines Morgens hatte Abû Bakr, mein Vater, die Idee, auf dem Platz vor seinem Haus eine Moschee zu errichten. So geschah es dann auch. Dort betete und rezitierte er aus dem Koran. Die Frauen und Kinder der Götzendiener blieben oft bei ihm stehen und schauten ihm verwundert zu. Abû Bakr war ein Mann, der leicht in Tränen ausbrach. Besonders häufig passierte ihm das, wenn er aus dem Koran rezitierte. Die Anführer der ungläubigen Quraiš waren wegen dieser Moschee und Abû Bakrs Frömmigkeit sehr beunruhigt.»[30]

Das Zitat illustriert die Anfangszeit des Islams in seinem polytheistischen Umfeld, und die Beunruhigung der Quraisch entspricht vielleicht in etwa den Irritationen, die Moscheen in deutschen Städten auslösen, wobei es sich im Falle der «Moschee» aus dem Zitat noch keinesfalls um einen geschlossenen Raum handelte, was umso mehr öffentliches Aufsehen erregte.

Immer wieder betonen Muslime, wie wichtig es sei, gemeinsam zu beten. Prinzipiell ist das fünfmalige Gebet als religiöse Pflicht auch allein durchzuführen, aber, wie die Sunna belegt, betete man bereits in der Frühzeit bevorzugt gemeinsam. So heißt es, ein gemeinsames Gebet habe den fünfundzwanzig- oder sogar siebenundzwanzigfachen Wert eines allein verrichteten Gebets. Das soziale und auch liturgische Miteinander der Akteure erscheint also als ein ganz elementarer Bestandteil des Lebens in einer Moschee.

Die Quellen künden ausführlicher vom Wohnhaus des Propheten und dessen eigens für die Gemeinschaft angelegten Vorhof als Moschee. Hier gab es einen überdachten schattigen Bereich

Das Haus Mohammeds in Medina gilt als erste Moschee, an der sich alle weiteren Moscheebauten orientierten. Die phantasievolle Rekonstruktion von J. L. Leacroft zeigt den erhöht sitzenden Propheten mit einigen Zuhörern.

(*zulla* oder *riwâq*) und einen durch eine Mauer nach außen abgegrenzten Platz *(sahn)*:

«Zu Lebzeiten des Gesandten Gottes (S) wurde die Moschee aus luftgetrockneten Ziegeln errichtet. Das Dach bestand aus den Zweigen von Dattelpalmen. Und als Säulen dienten die Stämme dieser Bäume. Abû Bakr nahm keine Veränderungen an dem Bauwerk vor. ʿUmar erweiterte die Moschee, indem er wie zu Lebzeiten des Gesandten Gottes (S) luftgetrocknete Ziegel sowie die Zweige und das Holz von Dattelpalmen verarbeiten ließ. ʿUtmân nahm große Änderungen an der Moschee vor: Ihre Ausdehnung wurde bedeutend erweitert, die Wände und Säulen wurden aus behauenen Steinen und Gips erbaut, das Dach unter Verwendung von Teakholz hergestellt.»[31]

Das Zitat erhellt den Entwicklungsgang der Moschee hin zu elaborierter Gestalt und zur Verwendung haltbarer und wertvoller Materialien. Zunächst jedoch handelte es sich um schlichte Zweckbauten. Von der Prophetenmoschee ist zudem bekannt, dass sie wie spätere Moscheenkomplexe diverse Funktionen innehatte. So diente der Moscheehof zeitweise auch als Lazarett, als Militärlager, zum Aufenthalt Gefangener und immer auch als Treffpunkt für religiös-politische Diskussionen.

Al-Bukharis Sammlung verrät ferner, dass es schon im 9. Jahrhundert geraume Zeit Moscheen mit ihren charakteristischen Einzelelementen,[32] wie wir sie heute kennen, gab. Wichtig war zunächst die Person eines Muezzins (arabisch *mu'adhdhin*). Von einem zweckmäßigerweise erhöhten Ort kündigte der Muezzin die fünf Gebete an. Diese Lösung erforderte zunächst keine besondere bauliche Form – das Minarett scheint erst relativ spät aufgekommen zu sein –, sondern vielmehr eine befähigte Person mit einer schönen Stimme. Hier scheint nichts gegen die Historizität vielfältiger Texthinweise auf einen freigelassenen schwarzen Sklaven namens Bilal zu sprechen, den Muhammad zum ersten Gebetsrufer erkoren haben soll.[33] Der Gebetsruf *(adhân)* hat einen charakteristischen Inhalt. Dem dreimaligen Vers «Allah ist der Größte» folgt mit je einer Wiederholung jedes Halbsatzes das Glaubensbekenntnis: «Ich bekenne, dass es keinen Gott außer Allah gibt» und «Ich bekenne, dass Muhammad der Gesandte Allahs ist». Darauf schließt sich je zweimal an: «Auf zum Gebet», «Auf zum Heil» sowie «Allah ist der Größte» und noch einmal «Es gibt keinen Gott außer Allah». Schiiten fügen noch hinzu: «Auf zu einer guten Tat» sowie «Ich bezeuge, dass ʿAli der Freund Gottes ist».[34]

Ein weiteres zur Moschee gehörendes Grundelement ist ein Brunnen oder eine Sanitäranlage zur rituellen Waschung *(wudû')*. Vor dem täglichen Gebet wird regulär die sogenannte «kleine Waschung» durchgeführt. Dabei handelt es sich um eine festgelegte Abfolge von Reinigungsvorgängen der Extremitäten und des Kopfes. Im Hadith heißt es:

«Er schüttete sich etwas Wasser auf die Hände und wusch sie dreimal. Dann schöpfte er mit der rechten Hand Wasser aus dem Gefäß und spülte sich Mund und Nase aus. Anschließend wusch er sich dreimal das Gesicht und ebenso oft die Hände und Unterarme bis zu den Ellbogen. Mit den feuchten Händen strich er sich darauf über den Kopf. Und dreimal wusch er sich die Füße.»[35]

Die Lebensumstände der frühen Muslime lassen dabei einen gewissen Variantenreichtum erkennen. Wer keinen Zugang zu Wasser hatte, rieb sich mit sauberer Erde oder Sand ab (Sure 5,6), und zwar außerhalb des Gebetsareals. In der Moschee selbst soll man bereits gereinigt erscheinen.

46

Moscheen müssen auch im islamischen Orient keine repräsentativen Großbauten sein. Die hier abgebildete Kleine Gebetsmoschee *(masjid)* liegt in dem Kairiner Stadtviertel ᶜAbbasiya.

Wurde im öffentlichen Raum die Gebetsrichtung durch eine *sutra* angezeigt, so erfolgte deren Kennzeichnung in den Moscheen bald mit Hilfe der *qibla*, einer Wand, die in ihrer ganzen Breite nach Mekka weist. In der Mitte dieser Wand befindet sich der *mihrâb*, die Gebetsnische, in der der *imâm* steht, heute der «Vorbeter», in der Frühzeit des Islams gleichzeitig der «Vorstand» der Gemeinschaft. Zunächst war dies Muhammad selbst, begleitet von anderen Führungspersönlichkeiten wie Abu Bakr, von denen wir bereits gehört hatten. Hinter diesem stellen sich die Betenden in parallelen Reihen auf, wenden sich wie er Richtung Mekka und orientieren sich bei den kollektiv auszuführenden Gebetsbewegungen an ihm.

Die einfache Gebetsmoschee wird darüber hinaus, vor allem im ländlichen Raum, bis heute als Koranschule *(maktab* oder *kuttâb)* genutzt, wo Kinder das Lesen und Schreiben des Arabischen erlernen können. In den Städten entwickelten sich häufig eigene Räumlichkeiten für Koranschulen, die an umfangreichere Moscheekomplexe angeschlossen sind oder denen eigene Stiftungen zugrunde liegen.

Die Tradition der *masjid* als schlichter Gebetsraum lebt durchaus fort. Überall, wo man Räume oder Gebäude für das tägliche fünfmalige Gebet bereitstellt, wird von einer *masjid* gesprochen. Früher enthielten umfangreiche Wohnkomplexe Wohlhabender einen Gebetsraum, so das Bait as-Suhaimi in der Altstadt Kairos aus dem 17. Jahrhundert. Ein solcher Gebetsraum kann sich heute – für die Gemeinschaft nutzbar – in einem Mehrfamilienhaus oder am Flughafen befinden, es kann sich indes auch um eine kleine Moschee in einem Wohngebiet handeln. In Deutschland fungierte der Gebetsraum für die tatarischen Gardesoldaten in Potsdam als *masjid*, ebenso wie die Räume, die in Fabriken für die ersten Gastarbeiter zur Verfügung gestellt wurden.

Die Freitagsmoschee

In mancher Hinsicht wiederholt sich in Deutschland die Entwicklungsgeschichte der Moscheen im Orient. Dort führte das Bedürfnis nach repräsentativeren Bauten bald zur Entwicklung des Typus der Freitagsmoschee *(jâmiʿ)*. Der arabische Terminus lehnt sich inhaltlich an die jüdische Synagoge oder christliche Kirche an. Diese bezeichnen wörtlich übersetzt einen «Ort der Versammlung der Gemeinschaft». In der jüdischen Religionsgeschichte grenzte man sich damit vom im Orient zuvor üblichen Tempelkult mit Opferaltären, wie er noch im Herodianischen Tempel in Jerusalem üblich war, ab. Christen und Muslime führten diese Tradition fort. Die islamischen Normen fordern die Teilnahme am gemeinschaftlichen Gebet einmal in der Woche, am Freitagmittag (Sure 62,9), daher die deutsche Umschreibung «Freitagsmoschee». Bei dieser Gelegenheit wird auch die für diesen Tag vorgesehene Predigt *(khutba)* gehalten. Die Freitagsmoscheen mussten im Gegensatz zu den kleineren Gebetsmoscheen groß genug sein, um sämtliche Muslime vor Ort, zumindest diejenigen männlichen Geschlechts, aufnehmen zu können.

Mit der Entwicklung von Freitagsmoscheen steht auch das Aufkommen von Minaretten in Zusammenhang. In den ersten islamischen Jahrzehnten wandelte man schon vorhandene große Bauten in den eroberten Städten in Freitagsmoscheen um, so zum

Die Omar-Ibn-al-Khattab-Moschee in Berlin-Kreuzberg wurde 2008 vollendet. Ihre vier Minarette überragen geringfügig die umliegenden Dächer.

Beispiel in Damaskus Teile der zentralen Johanneskirche. Dazu gehörten unter anderem Türme, die bis in vorchristliche Zeit zurückdatiert werden. Diese wurden im Islam als Minarette genutzt. Dass das Minarett nicht unmittelbar zum Bautypus der Moschee gehörte, scheint auch die eigentümliche Etymologie von arabisch *manâra*, wörtlich «Leuchtturm», zu bestätigen. Hier könnte unter Umständen der Leuchtturm von Alexandrien Pate gestanden haben, der möglicherweise überregional bekannt war. Es könnte sich auch um eine Übertragung der Wurzel *an-nûr*, «das Licht», auf die Glaubensdimension handeln, mit der Bedeutung des Minaretts als Stätte, von der aus der Islam verkündet wird und gewissermaßen ausstrahlt. Häufig besaßen Minarette, so beispielsweise diejenigen der al-Hakim-Moschee in Kairo vom Beginn des 11. Jahrhunderts, eher den Charakter von Wachtürmen.

Möglicherweise orientierte man sich an Kirchtürmen, die auch in der koptischen Klosterkultur Ägyptens mit der Bezeichnung *qasr*, «Burg», eher als Flucht- und Wehrtürme dienten. In jedem Fall gehört das Minarett nicht von Anfang an zu den charakteristischen Elementen einer Moschee.

Dennoch setzte sich die letztere Wahrnehmung durch, und den Minaretten wurde zunehmend eine öffentlichkeitswirksame Funktion zugeschrieben. Der amerikanische Orientalist und Kunsthistoriker Jonathan Bloom betont ihre Glaubens- und Herrschaftssymbolik und untersucht ihre Errichtung im Zusammenhang mit Repräsentationsbauten.[36] So gab es einige ungewöhnliche und auffällige Formen, zum Beispiel im Falle der Moschee in Samarra, dem Sitz der frühen ᶜAbbasiden (750–1258), ein Minarett in Schneckenform. Die Osmanen wiederum bauten nach der Eroberung Konstantinopels 1453 an die Hagia Sophia ein Holzminarett an, um kenntlich zu machen, dass sie in eine Moschee umfunktioniert wurde. Später bemaß sich der Rang großer Moscheen nach der Anzahl ihrer Minarette. So besitzt die Aya Sofya in Istanbul vier Minarette, die Blaue Moschee sechs, während der Kaᶜba-Bezirk in Mekka von sieben Minaretten umgeben ist. Was die Form der Minarette angeht, so war sie abhängig von Zeit- und Architekturgeschmack und passte sich im Zuge der Ausbreitung des Islams an örtliche Stile an. Beispielsweise sind Minarette alter Moscheen in Peking und Xian in Pagodenform gestaltet[37] oder solche in Mali als Lehmkuben.

Auch die Funktion der Minarette wandelte sich: Während sie zuerst möglicherweise noch als Wachtürme dienten, wurde später von ihren Spitzen zum Gebet gerufen. Je nach Größe oder Bedeutung des Minaretts riefen gleich mehrere Muezzine gleichzeitig. Mit dem steigenden Verkehrslärm moderner Großstädte griffen die Muezzine zu Megaphonen oder übertrugen ihren Gebetsruf über Lautsprecher, die an den Minaretten befestigt waren; schließlich kam der Gebetsruf vielerorts nur noch vom Band. In diesen Fällen dienen die Minarette heute allein zu Repräsentationszwecken. Auch in Deutschland scheint das Bedürfnis nach Minaretten am ehesten auf der Ebene der optischen Repräsentation zu liegen, zumal in den seltensten Fällen ein realer Gebetsruf vom Minarett aus nach außen erschallen darf.

Moscheen können sich sehr stark lokalen Baustilen anpassen. Die Niu-Jie-Moschee in Peking, zu der das hier gezeigte Minarett gehört, wurde 996 gegründet und gilt als äteste Moschee Chinas.

Es ist Pflicht, im Vorfeld des Freitagsgebets die «große Waschung» vorzunehmen. Dabei handelt es sich um eine Reinigung des ganzen Körpers, die vor allem auch den Schambereich umfasst. Abgewaschen werden Spuren des Geschlechtsverkehrs sowie sämtlicher körperlicher Ausscheidungen. Darin liegt ein Grund, warum Frauen vom Gemeinschaftsgebet in den Moscheen zum Teil ausgeschlossen sind. Wenn sie menstruieren, sind sie nicht in der Lage, «rein» im Sinne der «großen Waschung» zu sein. Daher beten sie in dieser Zeit, und nicht selten auch den Rest des Monats, privat.

Schon in der Zeit der von Damaskus aus herrschenden Umaiyaden (661–750), die in starkem Maße byzantinische Baumeister einsetzten und zahlreiche architektonische Formen der Spätantike übernahmen, findet sich die später charakteristische Form von Brunnen in Moscheen. Dabei kam es offenbar zu Diskussionen, ob diese Form islamgemäß sei. Denn wenn die Brunnen in den zentralen Moscheehöfen lagen, gehörten sie eigentlich bereits zum inneren Moscheebereich, was der Regel

Trinkbrunnen der ʿAmr-Moschee in Kairo. Die arabische Aufschrift weist darauf hin, dass dies kein Brunnen für die rituelle Waschung ist.

zuwiderläuft, rituell rein zum Gebet zu erscheinen. In dieser Hinsicht unterschied man streng, ob ein Brunnen zur erlaubten Trinkwasserversorgung oder zur rituellen Waschung diente. Die Debatten belegen einmal mehr, dass es sich bei Moscheen zwar nicht explizit um sakrale Gebäude handelt, im Inneren der Anlagen jedoch die Reglements zunehmen, je näher man der *qibla* und dem *mihrâb* kommt.

Es gibt viele Vermutungen über mögliche architekturgeschichtliche Vorläufer des *mihrâb*,[38] der Gebetsnische. Als solche gelten zum Beispiel die Apsiden christlicher Kirchen des Orients mit dem dortigen Altar oder einem Bischofsthron, die Nischen buddhistischer Tempel, in denen Buddhastatuen standen, sowie die in einem axialen Bau am Endpunkt des Raumes befindlichen Thoraschreine. Synagogen wie auch Kirchen wiesen im Rahmen einer *sacred landscape* nach Osten oder nach Jerusalem als spirituellem Zentrum. Religionsgeschichtlichen Einfluss im weiteren Sinne auf den Islam hatte zudem das vorislamische Ägypten, wo sich eine ausgeprägte Vorliebe für Torsymbole findet. Gräber und Totentempel enthalten angedeutete zweidimensionale Scheintüren, die für die Lebenden einerseits Sinnbild für die Grenze zwischen ihnen und den Toten, andererseits aber auch einen Hinweis auf den einst erfolgenden Durchgang in die jenseitige Sphäre darstellten. Immer wieder thematisieren die altägyptischen Texte den Übergang vom Diesseits zum Jenseits, vom Leben zum Tod. Die reine Form der islamischen Gebetsnische hat also in der spätantiken Architektur des Orients zahlreiche Vorläufer. Der Beginn der Verwendung der Gebetsnische im Islam als architektonisches Element samt der dazugehörigen Bezeichnung ist allerdings wie im Falle des Minaretts nicht eindeutig zu rekonstruieren. Die mündliche Überlieferung will bereits von einem ersten *mihrâb* in derjenigen Moschee wissen, die als einfache Grundform neben Muhammads Wohnhaus bestanden haben soll und später zur prächtigen Grabmoschee des Propheten umfunktioniert wurde. Diese «Gebetsnische des Propheten» *(mihrâb an-nabî)* wird bis in die jüngste Zeit aufgesucht.

Der Terminus *mihrâb* findet sich schon in vorislamischen Texten sowie im Koran, allerdings überwiegend im Kontext palastartiger oder als Wohnraum genutzter profaner Architektur: etwa in Sure 34,12 die Paläste, die Salomons Djinnen errichten, oder in Sure 19,11 das Gemach des Zacharias. Die klassischen Hadithsammlungen weisen demgegenüber nicht auf dieses Bauelement hin. Die Einführung des *mihrâb* in seiner heutigen Bedeutung scheint sich über etwa zwei Jahrhunderte hingezogen zu haben. Für die Zwischenzeit gibt es Hinweise auf einen anfänglichen Variantenreichtum der Ausrichtung, sei es im Zuge der Umwidmung bereits geosteter Kirchen oder in deren Nachahmung. Auch die Funktion der Nische schien zunächst zu variieren, so zeigte sie einen «heiligen» Ort in der Art der Apsis an oder kennzeichnete den Sitzplatz von Gelehrten mit sogar mehreren Nischen in einer Moschee.

Entstanden ist eine Art islamisches «spirituelles Tor», welches nach Mekka weist. Normalerweise handelt es sich dabei um einen durch eine Nische angedeuteten Durchgang oder einen dekorativen Wandschmuck. Die Betenden wenden sich allerdings beim Freitagsgebet nicht direkt zur Gebetsnische hin, sondern richten sich parallel zur umgebenden Wand aus. Ist eine reale Nische vorhanden, dient sie dem Imam, der sich vor ihr positioniert, als Resonanzkörper. In jedem Fall kennzeichnet der *mihrâb* den Standort des Imam. Dennoch scheint die Gebetsnische in besonderem Maße die Hinwendung zu Allah im Gebet zu symbolisieren, wie die weltweite Ausrichtung nach Mekka, aber auch die vielfältigen Übertragungen auf verwandte Kontexte zeigen. Darüber hinaus erscheint die Form des Tores in zweidimensionaler Form auf

Gebetsteppichen. Der *mihrâb* ist nicht zuletzt ein Symbol in der Werbung, angefangen bei der Verpackung des «Mekka-Burger» bis hin zu Logos religiöser Verlage.

Mit der Freitagsmoschee wurde die Kanzel *(minbar)* erforderlich. Bereits Muhammad soll sich bei seiner Predigt auf einen Palmstumpf gesetzt haben, um eine erhöhte Position einzunehmen.[39] Die Hadithe künden indes davon, dass er sich auf die dritte Stufe des *minbar* gesetzt habe, ein Vorbild, dem bis heute gefolgt wird, auch wenn die späteren Kanzeln gewöhnlich weit mehr Stufen aufweisen. Damit versucht man den prinzipiell gleichen Rang aller Gläubigen vor Gott zum Ausdruck zu bringen: Der Prediger steigt nur so weit auf, wie es funktional sinnvoll ist, und erhebt sich darüber hinaus nicht über seine Zuhörer. Er nimmt keine zwischen Allah und Laiengläubigen vermittelnde Stellung ein, ist nicht ordiniert oder gesegnet, sondern übt einzig eine bestimmte Funktion aus.

Dennoch hatte die Kanzel des Propheten anfänglich vermutlich noch eine andere Bedeutung. Sie diente auch als Thron und war damit ein herausgehobenes, keinesfalls in jeder Freitagsmoschee gebräuchliches Objekt. Dafür spricht, dass in den ersten Jahrzehnten des Kalifats die Herrscher diesen einen Sitz Muhammads weiter nutzten und in der Periode der Ausbreitung des Islams diskutiert wurde, ob man in den Provinzen ebenfalls «Kanzeln» aufstellen solle. Der Umaiyade Muᶜawiya (reg. 661–680) soll seinen *minbar* bei einer Reise nach Mekka mit sich geführt haben. Aus der ursprünglichen Funktion des *minbar* erklärt sich zudem die inhaltliche Ausrichtung der Predigten, die immer auch aktuelle, gesellschaftlich relevante oder politische Dimensionen anklingen ließen, was für eine herrschaftliche Predigt nahelag. Diese weltliche Bedeutung zeigt sich bei den späteren Kanzeln noch dazu in ihrem besonderen Äußeren. Häufig sind sie aus kostbaren Hölzern angefertigt und mit Intarsien oder Schnitzereien verziert. Jedoch gilt auch hier, dass es sich nicht um sakrale Elemente handelt. So berichtet ein deutsches Moscheevereinsmitglied über die Führungen von Schulklassen, dass die Kinder regelmäßig auf den *minbar* steigen dürfen. Dabei hat die Kanzel ihren Standort gewöhnlich im bedeutsamen vorderen Bereich des Raumes, rechts von der Gebetsnische.

Die Fatih-Moschee in Pforzheim wurde 1990/92 als erste repräsentative Moschee in Baden-Württemberg erbaut. Gebetsnische und Kanzel sind klassisch gestaltet.

Ein anderer Bestandteil früher Freitagsmoscheen war die *maqsûra*. Dabei handelt es sich um eine Empore, eine Art «Loge», die speziell für das Gebet des Herrschers Raum bot. Über die Ursprünge sind sich die islamischen Quellen nicht einig. Mal heißt es, bereits die ersten Kalifen hätten als Schutz vor Übergriffen Emporen errichten lassen, mal erfährt man, die Umaiyaden hätten diese Form populär gemacht. Im 10. Jahrhundert gab es in der Jerusalemer al-Aqsa-Moschee auch Emporen für Frauen. Diese Praxis wurde allerdings nicht zu allen Zeiten kommentarlos übernommen. Der ᶜAbbaside al-Maʾmun (reg. 813–833), dessen Kalifat durch sein besonderes religionspolitisches Engagement geprägt war, soll – erfolglos – versucht haben, sämtliche Emporen aus den Freitagsmoscheen entfernen zu lassen. Er hielt sie für eine inadäquate Neuerung des ersten Umaiyaden Muᶜawiya.

Zum Interieur einer größeren Moschee gehört ein bestimmtes Mobiliar. Dazu zählt die sogenannte *dakka* oder *dikka*, ein erhöhtes Podest oder Pult für den Muezzin, das dieser während des Freitagsgottesdienstes für weitere Gebetsrufe im Inneren des Gebäudes nutzt. Ursprünglich scheinen die Muezzine dabei gestanden zu haben, später wurden feste Sitze für sie errichtet, heute sind diese Pulte mit moderner Tontechnik ausgestattet. Unter Umständen dient das Pult auch einem liturgischen Respondenten zum Imam oder Prediger. Die Liturgien variieren insgesamt: Vereinte der Prophet noch die Funktion des Imams und Predigers in seiner Person, wurden diese Funktionen mit der Ausdehnung des Kalifats geschieden und in großen Moscheen zudem auch die der Predigt auf dem *minbar* sowie die am Lesepult *(kursî)*. Mit dem arabischen Begriff *kursî* wird darüber hinaus ein kleiner aufklappbarer Koranständer bezeichnet, vor dem man sich, auf dem Teppich sitzend, in religiöse Lektüre vertiefen kann. Im türkischen Sprachgebrauch ist hierfür die Bezeichnung *rahle* üblich.

Mit steigendem Repräsentationsbedürfnis ging man dazu über, kostbare geknüpfte Teppiche auszulegen. Heutzutage verwendet man gerne Meterware mit darauf dargestellten Gebetsnischen, die jeden einzelnen Gebetsplatz anzeigen.

Die Lampen bilden seit alter Zeit einen besonderen Schmuck der Moscheen. Verschiedentlich werden sie zu Trägern religiöser Symbolik, wenn, wie im Mittelalter verbreitet, auf ihren gläsernen Schirmen die Sure 24,35 kalligraphisch festgehalten ist:

«Gott ist das Licht von Himmel und Erde. Sein Licht ist einer Nische (oder: einem Fenster?) zu vergleichen, mit einer Lampe darin. Die Lampe ist in einem Glas, das (so blank) ist, wie wenn es ein funkelnder Stern wäre. Sie brennt (mit Öl) von einem gesegneten Baum, einem Ölbaum, der weder östlich noch westlich ist, und dessen Öl fast schon hell gibt, (noch) ohne daß (überhaupt) Feuer darangekommen ist, – Licht über Licht. Gott führt seinem Licht zu, wen er will.»[40]

Allein für Moscheelampen wurden hohe Beträge ausgegeben. Überhaupt scheint die Beleuchtung eine besondere Bedeutung zu haben. Der andalusische Reisende Ibn Jubair (1145–1217) beispielsweise beschrieb die kostbaren Buntglasfenster der Großen Moschee in Damaskus oder die Kerzen und silbernen Leuchter der

Husainiye-Moschee in Kairo.⁴¹ Vor allem in schiitischen Moschen wird diesem Aspekt bis heute architektonisch viel Aufmerksamkeit gewidmet. Schiiten schmücken die Wände ihrer Moscheen gerne mit Spiegelscherben, die das Licht unzählige Male brechen. Dies entspricht ihrer Vorstellung, nach der den schiitischen Heilsgestalten die Segnung durch einen göttlichen Lichtfunken zugeschrieben wird. Eine explizite Symbolik liegt hier allerdings wohl nicht vor. Ein türkischstämmiger Muslim aus Deutschland äußerte im Beisein der Autorin unter den übergroßen Leuchtern der Blauen Moschee in Istanbul lapidar, er sehe darin neben dem pragmatischen Nutzen keinerlei Bedeutung. Demgegenüber scheint die islamische Welt fasziniert zu sein von den umfangreichen Lichtdekorationen, die an den Moscheen zu Festtagen angebracht werden. Im Ramadan 2007 leuchteten die Umrisse nahezu sämtlicher Moscheen Kairos im Grün von Neonröhren. Eine Gruppe religiöser Festtage heißt überregional *kanâdîl*, «Lichter(feste)», was ebenfalls auf den Brauch hindeutet, während dieser Nächte besonders die Moscheen mit Licht zu schmücken.

Überraschend mag anmuten, dass es in Moscheen auch Elemente gibt, die aus den Sakralbauten anderer Religionen geläufig sind. Vermutlich gelangten sie über die Mischung von Liturgieformen und regionaler religiöser Stile dorthin, ohne theologische Begründung. Wir erinnern uns an die großen Wachskerzen in der Husain-Moschee Kairos, die der Reisende Ibn Jubair erwähnt. In Moscheen des Iran lassen sich Nischen mit Votivkerzen finden. Viele große Bauten, etwa die Sinan-Moscheen in Istanbul, weisen rechts und links vom *mihrâb* übergroße Kerzen auf, heute allerdings zum Teil auch in stilisierter Form mit Elektroanschluss. In China sind zudem Räucherstäbchen gebräuchlich, die in metallenen Räuchergefäßen aufgestellt werden.

In Moscheen erwartet man keine Bilder von Lebewesen. Nicht selten scheinen indes Tafeln mit Kalligraphien einen Ersatz für die anthropomorphe Vergegenwärtigung islamischer Heilsgestalten darzustellen. So finden sich in osmanischen Moscheen, aber auch in solchen mit türkischem Einfluss in Deutschland, häufig acht runde Tafeln im Bereich der zentralen Kuppel oder des Hauptraumes mit den Schriftzügen Allahs, Muhammads, den Namen der ersten vier Nachfolger des Propheten sowie seiner beiden Enkel

Hasan und Husain. Eine ebenfalls beliebte Form ist die *hilya* («Schmuck», «Zier»), eine Kalligraphie, in der eine Überlieferung über das Aussehen Muhammads im Zentrum steht.[42] Von zentraler Bedeutung sind jedoch sicherlich die Schriftzüge, die auf Allah verweisen, auf seine schönen Namen oder auf Verse des Koran. Nicht selten sind zudem stilisierte Abbildungen oder heute auch Fotografien der Moscheekomplexe in Mekka oder Medina, wenn nicht im Hauptraum, dann doch in den Nebenräumen zu sehen. Gerade deutsche Moscheen weisen in diesem Kontext auch bildliche Darstellungen der Moscheen Istanbuls als Reminiszenzen an eine ferne «Heimat» auf. Das «Bild» als Träger imaginierter Welten scheint dabei keine geringe Rolle zu spielen.

Ein abschließender Blick soll auf die über das Gebet hinausgehenden Funktionen der größeren Freitagsmoscheen geworfen werden. In den ersten islamischen Jahrhunderten trafen sich hier die theologisch Interessierten um zu diskutieren, hier hatten die islamischen Wissenschaften ihren Ursprung.

Die Chroniken der Stadt Kairo beispielsweise belegen, dass die großen Freitagsmoscheen wie etwa die des ͨAmr ibn al-ͨÂs (gest. 663), des islamischen Eroberers Ägyptens, lange Jahrhunderte Orte der Rechtsprechung waren. So berichtet der Historiker Qalqashandi über die Tätigkeit des Oberrichters zur Zeit der Fatimiden in Kairo, also zwischen dem 10. und 12. Jahrhundert:

«Am Samstag und Dienstag saß er zusätzlich (zu seinen anderen Aufgaben) in der alten Moschee [ͨAmr ibn al- ͨÂs] in Misr ... Ihm standen ein Teppich und ein Lehnkissen zum Sitzen zur Verfügung sowie ein Tischchen, auf das sein Tintenfaß gestellt wurde. Wenn er in der Gerichtssitzung weilte, saßen um ihn herum rechts und links die Zeugen ... Währenddessen standen vor ihm [dem Qâdî l-Qudât] vier Unterzeichner *(muwaqqiͨûna)*, je zwei einander gegenüber. Und an seiner Tür befanden sich fünf Pförtner *(huğğâb)*, zwei standen vor ihm, zwei vor dem Tor der Loge ... Er [der Richter] erhob sich absolut für niemanden, während er in der Gerichtsverhandlung saß.»[43]

Traditionell war es durchaus möglich, dass der oberste Richter einer Großstadt mit Gefolge nach Art der beschriebenen Inszenierung in einer Hauptmoschee der Stadt Einzug und dort Gericht hielt. Ein eigenes Gerichtsgebäude war nicht erforderlich.

Muslime in einer Moschee in Köln-Ehrenfeld sitzen vor einem Bild der Prophetenmoschee in Medina. Solche Bilder sind in vielen Moscheen verbreitet.

In ähnlicher Weise sind die Moscheen bis heute – auch in Deutschland – Orte der Selbst- und Fremdinszenierung von Theologen und Juristen oder auch Predigern, die dort Vorträge und Predigten halten, ein Publikum um sich scharen und zu Diskussionen zur Verfügung stehen.

Andere islamische Sakralbauten

Zur klassischen Funktion des Gebets kamen bald weitere religiöse Nutzungsmöglichkeiten[44] von Moscheen hinzu. Dabei handelte es sich um vorislamische Formen, welche sich auch in der neuen Religion etablierten. Dies provozierte zwar verschiedentlich die Kritik der theologischen Kreise, tat jedoch der Verbreitung und Bedeutung dieser Formen keinen Abbruch.

Zu dieser Kategorie zählen vor allem Grabmoscheen, bei denen Mausoleen im Zentrum stehen.[45] Hier vermischen sich volksreligiöser Ahnenkult, die Suche nach Vermittlungsorten göttlichen Segens und ein Bedürfnis nach dem Erwerb religiösen Verdienstes für die Stifter solcher Anlagen. Zu diesem Typus gehören sowohl die Grabmoschee des Propheten, das Taj Mahal als auch unzählige Sufischreine.

In Europa sind umfangreichere Grabanlagen allerdings selten; nur in Budapest hat sich aus der Zeit der türkischen Herrschaft das Grab *(türbe)* eines Sufis namens Gül Baba (gest. 1541) erhalten. Es ist heute ein Anziehungspunkt für muslimische Reisegruppen und dient ungarischen Muslimen als Kulturzentrum. Darüber hinaus scheint die Wallfahrtskultur im Zuge der Migration bisher in Nordeuropa nicht Fuß gefasst zu haben, worin eine bisher kaum beachtete einschneidende Veränderung der religiösen Observanzen zutage tritt.

So hält man sich bei der erst in den letzten Jahrzehnten auf-gekommenen Frage nach muslimischen Friedhöfen in Deutschland an die Orthopraxie: Die Bestattungsriten sind schlicht und bestehen neben der Waschung der Verstorbenen aus nicht viel mehr als einem gemeinschaftlichen Gebet in einer Moschee. Die Orte der Beisetzung selbst sollen idealerweise schmucklos sein[46] und gelten ihrerseits nicht als angemessener Ort für das Gebet. All dies dient der Verhinderung einer potenziellen, im vorislamischen Arabien verbreiteten Ahnenverehrung. Denn für Muslime besteht das Gebot, einzig und allein Allah religiöse Verehrung zu schenken. Daher ist es üblich, und hier besteht eine Affinität zu den Stätten des Gebets, die Grabstelen in einer Bogenform zu gestalten, welche an die Gebetsnische erinnert. Häufig zieren diese auch Koranverse. Gedanklich wird damit der Hoffnung Ausdruck gegeben, dass ein Verstorbener sich im Jenseits in der Nähe Gottes befinden möge; dies wird durch die Grablege verstärkt, die möglichst in Richtung Mekka erfolgt, damit die Toten bei der Auferstehung unmittelbar ins Zentrum des Gerichtsgeschehens blicken.

Eine weitere Form der Religiosität, die mit der Bauform der Moschee eine «Symbiose» einging, ist der spirituelle Rückzug, wie er im Orient bereits in Form christlicher Klöster[47] oder in Zentralasien bei buddhistischen Klausen vorgeprägt war. Islamische Einsiedler zogen sich, wie Muhammad zur Zeit seiner ersten Offenbarungserlebnisse die Bergeinsamkeit suchte, zurück in die *zâwîya*, einen «Winkel», der an eine Moschee angrenzen kann. Die sich ab dem 12. Jahrhundert stark verbreitenden Sufiorden errichteten umfangreiche Moscheekomplexe (arabisch *ribât*, türkisch *tekke* oder persisch *khânqâh*). Wichtig sind auch hier die speziellen Lebensformen und spezifischen Rituale im Gebäude. So weist die *tekke* um das Grab Jalal ad-Din Rumis (gest. 1273), des Begründers der sogenannten «Tanzenden Derwische», der Mewlevis, in Konya ihrem zentralen Ritual entsprechend eine *semâkhâne* auf, einen Raum für religiöse Musik und den gemeinschaftlichen Kreistanz. Darüber hinaus befindet sich in diesem komplexen Bau auch ein ganz normaler Gebetsraum nach Art einer *masjid*. Architektonisch gesehen vermischen sich im Bautyp der *tekke* der Sufismus mit dem oben beschriebenen Wallfahrts- und Grabkult.

In Deutschland lassen sich bisher keine neu gebauten Moscheekomplexe von Sufiorden beobachten, zu sehr scheint das Augenmerk zunächst auf der Sicherstellung der üblichen Glaubensformen zu liegen. Noch dazu bietet der Gebetsraum einer Moschee durchaus auch die Möglichkeit zur Durchführung mystischer Rituale. Bei einigen islamischen Vereinen ist eine sufische Orientierung spürbar, ohne dass sich dies in eigenen Bauformen spiegelt, es sei denn, man setzte die internatsähnlichen Unterbringungsmöglichkeiten für Kinder, etwa bei den Suleimanciler, mit einem traditionellen Sufikonvent gleich. Eine bemerkenswerte Variante, die dem Konzept der orientalischen *tekke* nahekommt, bildet das Haus Schnede, ein Seminarhaus der Tariqa Burhaniya in der Lüneburger Heide. Die Jugendstilvilla, die seit ungefähr drei Jahrzehnten im Besitz von Sufiorden ist, bietet sich mit Übernachtungsmöglichkeiten und Veranstaltungsräumen, die mit modernsten Medien ausgestattet sind, durchaus für einen mehrtägigen Rückzug, eine *khalwa,* an, wie sie in manchen Orden üblich ist. Das Haus, dem von außen in keiner Weise anzusehen ist, dass es einem Sufiorden gehört, steht jedoch auch anderen Seminargruppen offen und kann selbst für Familienfeiern gebucht werden. Einem traditionellen Sufikonvent ähnlicher ist ein Gebäudekomplex im brandenburgischen Trebbus in Finsterwalde, wo der Konvertit Abdullah Halis Dornbrach in der Tradition der sogenannten «Tanzenden Derwische», der Mewlevi, lehrt. Adepten können hier bei längerfristigen Aufenthalten die mystischen Traditionen und Rituale sowie den Kreistanz lernen. Das alte Gut mit all seinen Seitengebäuden bietet einen Moscheeraum, eine Bibliothek sowie das «Sufi-Archiv Deutschland», kann aber ebenso von Nichtsufis besucht und gebucht werden.

Moscheekomplexe

Vergleicht man die Architektur orientalischer Städte in der Spätantike mit derjenigen in islamischer Zeit, so fällt eine Reduzierung öffentlicher oder halböffentlicher Gebäude auf. Waren griechische und römische Städte durch den Marktplatz, *agora* oder *forum*, durch Theater, Bäder, Bibliothek und verschiedene Tempel geprägt, so änderte sich das Bild mit der Islamisierung im 7. und 8. Jahrhundert; jetzt übernahm die Moschee Funktionen des öffentlichen und halböffentlichen Raumes.[48] Im Kern barg sie den Gebetsort und diente ebenso als politisches Forum. Bei besonderen Festanlässen nutzte man die Moschee, ähnlich wie früher die Theater, nun aber verstärkt zur Darbietung religiöser Inhalte. In der Moschee traten, nicht ohne Unterhaltungswert, Erzähler religiöser Geschichten auf. Für Interessierte standen Bibliotheken überwiegend islamischer Werke zur Verfügung. Nicht selten war sogar ein *hammâm*, ein öffentliches Bad, an eine Moschee angeschlossen. Weitere Funktionen kamen hinzu, so die des Krankenhauses, wie schon im byzantinischen Reich etwa in Klöster integriert, oder die der höheren Bildungseinrichtung analog zur europäischen Universität. Dementsprechend wurden vor allem in großen Städten Moscheen bald zu umfangreichen Komplexen, zu eigenen Vierteln, in denen jedoch immer das Gebet zentrale Bedeutung hatte.

In Kairo beispielsweise gründete der aiyubidische Sultan Mansur Qalawun (reg. 1279–1290) das sogenannte *bîmâristân qalâwûn*, eine nach ihm benannte Einrichtung. Es war mehrere Jahrhunderte in Betrieb, erweckte immer wieder Bewunderung bei islamischen Reisenden und Chronisten und gibt uns deshalb Aufschluss über das Leben in einem umfangreicheren Moscheekomplex.[49]

Aus dem 15. Jahrhundert berichtet der Stadtchronist al-Maqrizi (1364–1441) über die wohlorganisierte Anlage:

«Das große Mansuri-Krankenhaus: ... Es verfügt über vier Hallen mit Wandbrunnen und in jedem seiner Säle befindet sich ein Springbrunnen, der mit dem Wasser der Wasserleitungen versorgt wird ... Als das Bauwerk vollendet war, stiftete al-Malik al-Mansur dafür Besitztümer im Raum Kairo und anderswo (mit einem Ertrag) in Höhe von zweitausend Dirham in jedem Jahr, und er regelte die Finanzierung des Krankenhauses, des Mausoleums

1 Moschee
2 Mihrâb
3 Madrasa mit vier Iwânen
4 Mausoleum des Sultans Qalawun
5 Mihrâb
6 Sanitär- und ritueller Waschbereich der Moschee
7 Krankenhaus mit Hof und vier Iwânen
8 Bereich für psychisch kranke Männer
9 Bereich für psychisch kranke Frauen

Die Ende des 13. Jahrhunderts entstandene Qalawun-Moschee in Kairo war ein riesiger Komplex mit umfangreichen Anlagen zur Krankenpflege. Aber auch hier stand das Gebet im Vordergrund.

sowie der Madrasa und Waisenschule ... Und er machte die Anlage zu einer Stiftung für den Herrscher und die Beherrschten ebenso wie für den Soldaten und den Befehlshaber, den Großen und den Kleinen, den Freien und den Sklaven, die Männer und die Frauen ... Und er bestimmte einen Platz, an dem der Oberarzt saß und Medizinunterricht erteilte. Die Anzahl der Kranken war nicht begrenzt, sondern er fand einen Weg für jeden, der dorthin wollte, sei er arm oder reich, ebenso wenig wie die Aufenthaltsdauer der Kranken begrenzt war.»[50]

Im Zentrum des detaillierten Berichts stehen bemerkenswerterweise nicht die Moschee, sondern die Kranken und das
Krankenhaus. Dieses entsprach damals modernsten Standards,
verfügte über eine Wasserversorgung in allen Räumen, Lager
für Arzneimittel, Pflegepersonal und eine ganze Hierarchie von
Ärzten. Um die Übertragung von Krankheiten zu verhindern,
waren die Gruppen der Patienten nach Krankheitsbildern in
Räume verteilt. Den sozialen Regeln wurde Rechnung getragen,
indem man die Geschlechter trennte. Besondere Aufmerksamkeit
wurde in diesem Krankenhaus auch geistigen oder psychischen
Erkrankungen gewidmet. Hier gab es, heute noch im Grundriss
erkennbar, kleine Räume, in denen diese Patienten separiert wurden. Vor allem war vorteilhaft, dass die Finanzierung der Anlage
gesichert war und daher Kranke aller gesellschaftlichen Schichten
gleichermaßen unentgeltlich behandelt werden konnten.

Angesichts des damit verbundenen großen finanziellen Auf-
wands kann man nach der Motivation des Stifters fragen. Hatte er
altruistische oder humanitäre Beweggründe? Ein vergleichender
Blick auf andere Anlagen lässt erkennen, dass das Krankenhaus
vielleicht in seinem Umfang und Standard eine Besonderheit
darstellte, keineswegs jedoch in seiner Organisations- und Finanzierungsform. Diese bewegte sich ganz im Rahmen einer frommen Stiftung, arabisch *waqf* oder *habs*, wie sie in der islamischen
Welt zahlreich vorkam und bis in die Neuzeit die Säule jedweder
Infrastruktur darstellte.

Die fromme Stiftung[51] ist im islamischen Recht eine fest
definierte Form: Nötig sind ein Stifter sowie ein Stiftungsgut,
dessen Erträge aus der Landwirtschaft oder aus Mieteinnahmen
der Besteuerung entzogen sind. Der Stiftungszweck sollte, sofern
es sich nicht um eine Familienstiftung handelt, gemeinnützig
sein. Gestiftet wurden beispielsweise auch Bauwerke wie Brü-
cken oder öffentliche Brunnenanlagen. Besonders beliebt waren
Stiftungen, die mit einem frommen, die Religion oder die soziale
Gemeinschaft fördernden Zweck verbunden waren: Moscheen,
Schulen, Madrasen oder wie hier Krankenhäuser. Im vorliegenden
Fall kam die grundlegende Zielrichtung einer *waqf* mehrfach
zum Ausdruck. Neben der speziellen Form des Krankenhauses
waren dem Komplex auch eine Koranschule *(kuttâb)* und eine klei-

ne *madrasa*, eine Lehranstalt für islamische Theologie, ange-schlossen.

Diese Art der frommen Stiftung steht in einem inneren religi-ösen Zusammenhang mit anderen Formen der islamischen Wohl-fahrt, die wie etwa die *zakât*, die jährliche Armenspende, eine Grundpflicht oder wie die *sadaqa*, eine Haltung der praktizierten Nächstenliebe, ein hohes verinnerlichtes Ideal darstellen. Stan-dards der Wohltätigkeit werden in der Sure 9,60 formuliert. Der Sultan Mansur Qalawun dürfte sich dementsprechend in hohem Maße in Deckung mit dem Ethos seiner Religion gewähnt haben und konnte darauf hoffen, durch den Bau religiöses Verdienst vor Gott zu erwerben. Nicht zu unterschätzen ist bei frommen Muslimen der Gedanke an das Jüngste Gericht. Dass dieser nicht unwesentlich war, scheint auch die angeschlossene Qubba zu belegen, das Mausoleum des Sultans. Damit konnte vorausgesetzt werden, dass am Ort seiner Bestattung sowie angrenzend in der Koranschule und Madrasa fortwährend Gebete gesprochen und der Koran rezitiert wurden.

Mit ähnlichen Intentionen entstanden bald unzählige fromme Stiftungen. Diese wurden wie das beschriebene Krankenhaus, einmal in Betrieb, fortwährend durch kleinere Gaben im Sinne der *sadaqa* oder durch neue ergänzende geringfügigere Stiftungen unterstützt. Jemand finanzierte beispielsweise die Mittagsmahlzeit des Personals, das Lampenöl oder Ähnliches. So bestanden die Stiftungen oft über Jahrhunderte fort, indem sie immer wieder erneuert und erweitert wurden. Nach dem gleichen Prinzip erfolgte auch die Versorgung sämtlicher Moscheen. Ein Herrscher ließ nicht nur ein Bauwerk errichten und mit Koranexemplaren ausstatten, er stiftete zudem Besitz, aus dem dauerhaft ein Imam, ein Muez-zin sowie Moscheediener bezahlt werden konnten. Die Aufsicht über den Betrieb wurde einem Verwalter übertragen, oftmals einem örtlichen Juristen oder Richter. Im vorliegenden Fall können wir den Quellen entnehmen, dass der Sultan Ländereien stiftete, die in der Umgebung der Stadt Kairo lagen. Derart gut organisiert und ausgestattet, besaßen die Moscheen und ihre angeschlossenen Einrichtungen eine lange Lebensdauer, für die Ewigkeit bestanden sie jedoch meist nicht. Es lässt sich rekonstruieren, dass bei fast jedem Regierungswechsel Hand an Stiftungsgüter gelegt wurde, ebenso wie auch die bestellten Verwalter, spätestens nach einigen Generationen, sich immer wieder an Stiftungsgut bedienten. Mit den im 20.Jahrhundert entstandenen Nationalstaaten wurde abermals massiv in die Rechts- und Finanzierungsform von Moscheen und ihren oft umfangreichen Begleitinstitutionen eingegriffen. In vielen Ländern gründete man Stiftungsministerien zur Betreuung aller Güter und ihrer Nutznießer, was nicht selten zu Veruntreuungen in größerem Stil führte.

Im Fall des Krankenhauses in Kairo stellt sich die interessante Frage nach einer eventuellen multireligiösen Nutzung des Komplexes. Die Geschichte der Medizin im Orient belegt eindeutig, dass die Ärzte häufig Juden und Christen waren, in deren Familien der Beruf über Generationen weitergegeben wurde. Für die akademisch geprägte Medizin spielte, im Gegensatz zu der traditionellen sogenannten Prophetenmedizin, die Religionszugehörigkeit keine Rolle, die Basis des Wissens bildete die antike Medizin, deren Ahnherren Hippokrates und Galen waren. So waren die Hofärzte der Kalifen und Sultane in vielen Fällen Juden oder Christen.[52] Auch wenn es keinen expliziten Beleg dafür gibt, kann vermutlich auch im Falle des Krankenhauses von Qalawun von solch einer Prägung ausgegangen werden. Stellen wir uns das Leben im Stiftungskomplex vor, so finden wir eine Art soziokulturellen Mikrokosmos, der die damalige Gesellschaft spiegelt: zum einen eine orthodox-islamische Prägung in Koranschule und Madrasa, deren kleiner Gebetsraum Schülern, Studenten und Lehrenden und sicher auch Patienten und Besuchern zum Gebet zur Verfügung stand; zum anderen aber zudem in Form des Mausoleums einen Ort herrschaftlicher Repräsentation und schließlich mit dem Krankenhaus einen halböffentlichen Bereich, in dem sich ein bunter Querschnitt durch die Gesellschaft eingefunden haben wird.

Der Bezeichnung *madrasa,* die auf den abbasidischen Wesir Nizam al-Mulk (1018–1092) zurückgeht, liegt die Wurzel *d-r-s,* «studieren», zugrunde. Eine Madrasa ergänzt als höhere Bildungseinrichtung die vorausgehende Koranschule *maktab* oder *kuttâb.* Schon die Fatimiden in Kairo kannten eine analog organisierte höhere Bildungseinrichtung, die zu jener Zeit noch in den Räumen der

Freitagsmoscheen ihren Platz hatte. Ihnen und der späteren ᶜabbasidischen Madrasa war gemeinsam, dass dort primär islamisches Recht der eigenen Rechtsschule unterrichtet wurde. Damit wurde jeweils das religionspolitische Ziel verfolgt, den großen politischen Gegner zu überwinden: Fatimiden und ᶜAbbasiden rangen nämlich von Kairo und Bagdad aus um die Vorherrschaft über die islamische *umma*. Während die Fatimiden die Siebenerschia repräsentierten, damals die zahlenmäßig stärkste schiitische Richtung, vertraten die ᶜAbbasiden die große Mehrheit der Sunniten. Das Rechtssystem, die Scharia, schien beiden Seiten ein wesentlicher Schlüssel zur Erreichung ihrer Ziele, erstreckt sich das islamische Recht doch von seinem Geltungsrahmen sowohl über den religiösen als auch den weltlichen Bereich. So sah man in der Ausbildung loyaler, in allen Bereichen der Verwaltung einsetzbarer juristisch firmer Beamter eine Voraussetzung zur Festigung der eigenen Herrschaft. In den Freitagsmoscheen der Fatimiden wie in den Madrasen der ᶜAbbasiden stiftete man Lehrstühle und stellte den Studierenden Stipendien zur Verfügung, so dass sich ein umfangreicher Studienbetrieb entwickelte.[53]

Dieser umfasste immer auch die anderen islamischen Wissenschaften, die sich in den vorausgehenden Jahrhunderten herausgebildet hatten. Im Zentrum jeglicher islamischer Gelehrsamkeit steht der Koran, den Kinder zunächst in der Koranschule lesen und rezitieren lernen. Der entscheidende Schlüssel zum eigentlichen Verständnis des Textes ist sodann die Koranexegese, *tafsîr*. Zur stärkeren Vertiefung in die Materie dienen Fächer wie Grammatik, Rhetorik und Lexikologie. Bald zählte auch die *sunna*, der Brauch und das Vorbild des Propheten, nachlesbar in den Hadithen, den Erzählungen über ihn, zur höheren islamischen Bildung. So entstand die Hadithwissenschaft: Es galt, die Überlieferungen einmal zu memorieren und zum anderen zu beurteilen; denn die Traditionsstränge wurden schnell sehr umfangreich und vielschichtig. Auch für das islamische Recht (*fiqh*) bilden Koran und Sunna neben anderen Rechtsfindungskriterien die Grundlage. Gleichermaßen spielen beide eine Rolle in der Dogmatik (*kalâm*), wo es nach den Maßgaben der Ratio um die Entwicklung und Begründung von Glaubenssätzen geht.

Vor der Gründung erster Madrasen wurde weiterführende «akademische» Bildung in auf den Unterricht spezialisierten Moscheen nach den auch später gültigen Methoden vermittelt: Professoren, die ein System von Prüfungen zur Lehrbefähigung durchlaufen hatten, bildeten Unterrichtszirkel, Kreise von um sie sitzenden Schülern (Pl. *halaqât*). Normalerweise dauerte die Ausbildung in einer höheren Bildungseinrichtung mehrere Jahre. Sie erstreckte sich, im Vergleich mit unserem Schulsystem, über weiterführende Schulen und die Universität, bis hin zur Erlangung einer eigenen Lehrbefugnis. Diesbezügliche Moscheen oder Madrasen dienten auch als gemeinsamer Lebensraum, wo Lehrende und Schüler Wohnungen oder Schlafgelegenheiten besaßen. Im Falle der al-Azhar in Kairo ist heute noch zu bestimmen, in welchen Bereichen der weitläufigen Hallen sich Studierende aus verschiedenen Erdteilen – Türkei, Maghreb, Ostafrika usw. – zum Schlafen niederlegten.

Auch wenn in Deutschland vorerst weder speziell islamische Krankenhäuser noch Universitäten geplant sind, ist es sinnvoll, diese und andere multifunktionale Moscheekomplexe im Orient näher zu betrachten, da eine Zunahme derartiger Anlagen zu beobachten ist. Zwar wird die Form der islamischen Stiftung *(waqf)* in Deutschland bisher kaum genutzt, vermutlich, weil noch nicht lange von einem dauerhaften Verbleib der Muslime im Land ausgegangen wird und auch die nötigen Stiftungsvermögen fehlen. Jedoch weisen manche Moscheen in Großstädten oder die Zentralen von Dachverbänden eine vergleichbare Struktur auf. Um eine Freitagsmoschee gruppieren sich Unterrichts- und Vortragsräume, Bibliotheken, ebenso wie Küchen, Restaurants, Cafés und Läden. Zudem ist es hierzulande üblich, separate Bereiche für Nutzerinnen bereitzustellen. Manche mögen mit Moscheekomplexen eine «Parallelgesellschaft» assoziieren, jedoch scheint, wie bei den Vorläufern im Orient, ein guter Teil der Anlagen einerseits die Binnendifferenzierung des Islams sowie andererseits die sogenannte Mehrheitsgesellschaft zu spiegeln, sei es in Form von dort abgehaltenen Dialogveranstaltungen, von öffentlichen Vorträgen bis hin zu Kindergärten, die im Rahmen städtischer Vorgaben ein Kontingent nichtmuslimischer Kinder aufnehmen.

Folgende Bauformen kamen bisher zur Sprache: Zunächst entstand der Typus der «Hofmoschee», die bei entsprechendem Ausbau des überdachten Bereichs um die Gebetsnische auch zur «Hallenmoschee» werden kann. Ein Beispiel ist die Prophetenmoschee in Medina (siehe Seite 45).

Im Osmanischen Reich wurde die byzantinische Kreuzkuppelkirche unter anderem durch den Meister der «Kuppelmoschee» stilbildend weiterentwickelt. Sinan (um 1491–1578) stammte aus der Gegend um Kayseri und wurde als Junge in die *devširme*, die sogenannte «Knabenlese», aufgenommen. Systematisch ausgewählte Kinder christlicher Familien erhielten im Palastareal eine strenge Ausbildung mit elitärem Anspruch, in der Hoffnung, sie, einmal ihrem sozialen Umfeld entrissen und dem Palast zugeordnet, zu besonders loyalen Gefolgsleuten des Sultans heranzuziehen und ihnen staatstragende Funktionen zu übertragen. Sinan gelangte zu den Janitscharen-Corps, wurde dort zunächst Kriegsingenieur und im Jahr 1538 Chefarchitekt. Ihm werden rund 350 Bauten zugeschrieben. Als Höhepunkt desjenigen Moscheetyps, bei dem sich von einer Hauptkuppel über dem zentralen Gebetsraum ausgehend kaskadenartig kleinere Halb- und Ganzkuppeln anschließen, gilt die von ihm konzipierte Süleymaniye-Moschee in Istanbul.[54]

Im Zusammenhang mit der Madrasa sollte die im iranischen Raum beliebte «Iwan-Moschee» erwähnt werden. Von einem Innenhof aus zweigen vier zum Hof hin offene Hallen mit bogenförmigem Überdach *(iwân)* ab. Aufgrund des Schattens, den diese spenden, dienten sie oft als Sitzplatz für die Unterrichtskreise. Die Tatsache, dass die Zahl der Iwane derjenigen der Rechtsschulen entspricht, hielt lange Zeit die Vermutung aufrecht, dass pro Iwan eine Rechtsschule ihren Unterrichtsort besaß. Dies ist jedoch nicht zutreffend, da man sich in den iranischen Unterrichtsmoscheen gewöhnlich ebenso auf die örtliche Rechtsschule konzentrierte wie anderswo. Ein Blick auf das Krankenhaus des Qalawun zeigt dort das gleiche Iwan-Schema, das sich bereits im vorislamischen Sasanidenpalast in Seleukeia-Ktesiphon, in der Nähe des späteren Bagdad, belegen lässt und auf Bauten unterschiedlichster Funktion übertragen wurde. Dies belegt neben vielen anderen Beispielen, dass die aufgezeigten architektonischen Grundformen der

Moscheen kaum etwas über ihre Spezialfunktionen verraten, sondern viel mehr über die stilistischen Vorlieben ihrer Begründer.

Für die Diskussionen um Moscheeformen in Deutschland bedeutet das, dass oftmals der Migrationshintergrund für die Wahl des Moscheetyps bestimmend ist, so bevorzugen Türken etwa die Kuppelmoschee. Jedoch eröffnen die Vielfalt der Formen und die Ausprägung lokaler Baustile auch einen gewissen Spielraum für Adaptionen an die hiesige Architektur sowie für moderne Architektur überhaupt.

Berühmte Moscheen

Einige Moscheen sind Muslimen in aller Welt bekannt, sie wecken in hohem Maße identifikatorische Assoziationen und prägen die Vorstellungswelt. Zahlreiche Abbildungen dieser Moscheen zieren als Poster Wände und werden nicht zuletzt zu Werbezwecken instrumentalisiert. Im Kontext unserer Betrachtung unterscheiden sie sich jedoch funktional erheblich, sowohl von den oben aufgezeigten Moscheetypen als auch voneinander.

An erster Stelle steht die Moschee in Mekka. Jeder Muslim möchte, um den religiösen Pflichten zu genügen, einmal im Leben den Hajj, die Pilgerfahrt nach Mekka, vollziehen. Deutsche Muslime bilden hier keine Ausnahme. Die Anlage, die in ihren Dimensionen alle anderen Moscheen überragt, besitzt, wie bereits erwähnt, als einzige sieben Minarette, weist aber in ihrer Nutzung eine Besonderheit auf. Zunächst ist ihr Hof der Kern des Geschehens. Anstelle einer *qibla*-Wand und einer Gebetsnische steht hier ein «Kubus», die *ka*c*ba*, welche das spirituelle und räumliche Zentrum der islamischen Welt bildet. Im Sinne einer *sacred landscape* ist sie der Mittelpunkt, um den sich alle anderen Regionen gruppieren und auf den hin sich jede Moschee ausrichtet. Betet man in allen anderen Moscheen längs der *qibla*, richten sich die Betenden hier ringförmig um den Würfelbau aus.

Zudem werden an dieser Stätte besondere Rituale durchgeführt, die ihren Ursprung in der vorislamischen Zeit haben und mit dem frühen Islam 632 von Muhammad übernommen wurden, als er die Stadt erobert hatte und dort die Wallfahrt vollzog. Die Einzelheiten

Populäre Poster wie dieses, das, ergänzt durch die Schriftzüge «Allah» und «Rasul» (Gesandter), die Kaʿba in Mekka, den Koran und die Prophetenmoschee zeigt, tragen zum Zusammenhalt der weltweiten muslimischen Gemeinschaft bei.

sind im Koran in den Suren 2,196–200 sowie 22,26–30 beschrieben und im Hadith dokumentiert und werden bis heute vermutlich ohne nennenswerte Variationen jährlich wiederholt.[55] Der *hajj*, die islamische Pilgerfahrt, sollte zwischen dem 8. und 13. Tag des islamischen Monats Dhu al-hijja unternommen werden. Dieser Monat wandert gemäß dem islamischen Mondkalender sukzessive durch unser Sonnenjahr. Besuchen Gläubige das Heiligtum zu einer anderen Zeit, spricht man von einer ʿumra, einer «kleinen Wallfahrt». Normalerweise ist jeder erwachsene Muslim verpflichtet, einmal im Leben nach Mekka zu pilgern. Da dies jedoch immer mit großem Aufwand und nicht zuletzt auch hohen Kosten verbunden ist, gilt die Regel, sich um die Pilgerfahrt zu bemühen. Zur Not sind aber Ersatzleistungen erlaubt. Iraner etwa pilgern in diesem Sinne gerne an die Gräber ihrer Imame. Oft legen Kinder und Kindeskinder für ihre Eltern oder Großeltern das Geld zusammen, um diesen den Hajj zu ermöglichen. So sind die Pilger häufig in fortgeschrittenem Alter, und die Pilgerfahrt gilt als die Krönung ihres Lebens. In jedem Fall ist damit sehr viel religiöses und soziales Prestige verbunden, das in manchen Regionen durch eine Art lokale Volkskunst, die Verzierung der Hausfassaden, offensichtlich wird, welche, in Jerusalem eher mittels Schablonen, in Ägypten mit Hilfe ausufernder Malereien, Szenen der Pilgerreise darstellen und vor allem die Namen der Pilger nennen.[56]

Im gesamten Ritualkomplex haben sich vorislamische Praktiken erhalten. In diesem Zusammenhang wird verständlich, warum die Orthodoxie es verbietet, Heiligengräber zu berühren und zu küssen. Denn genau einen solchen Berührungskult finden wir in Mekka, und das dortige Ritual einer größtmöglichen körperlichen Annäherung an die in der Ka'ba angenommene Präsenz Gottes beansprucht Exklusivität. Die Pilger umrunden die Ka'ba sieben Mal, berühren und küssen den schwarzen Meteoriten, der in einer Ecke eingemauert ist. Auch dieser Umlauf *(tawâf)*, der nach einem archaischen, weit verbreiteten kultischen Muster abläuft, ist theologisch mit Hinweis auf den Monotheismus andernorts unerwünscht, wird jedoch, vor allem an schiitischen Heiligtümern, dennoch betrieben. Ebenfalls analog zu den Bräuchen an zahlreichen anderen Heiligtümern der Welt trinkt man in Mekka heiliges Wasser, das aus der Quelle Zamzam im Ka'babezirk kommt. Darüber hinaus finden über die Tage verteilt Begehungen der mit Ortslegenden belegten Umgebung statt. Man überwindet mehrfach die Distanz zwischen zwei an den Moscheebezirk angrenzenden Hügeln, as-Safa und al-Marwa, weil die Überlieferung besagt, dass hier die Frau Abrahams, Hagar, nach Wasser für ihren Sohn gesucht habe. Darüber hinaus wird der Berg 'Arafa außerhalb Mekkas aufgesucht, wo Adam und Eva nach ihrer Vertreibung aus dem Paradies angelangt sein sollen. Dort verharrt und betet man über Stunden in der Sonne in Askese. Auf dem Rückweg nach Mekka wird bei Mina in einem Steinkult der Teufel oder das Böse gesteinigt, bevor als Höhepunkt ein kollektives Tieropfer vollzogen wird. Das Datum ist der 10. des Pilgermonats, an dem weltweit das Opferfest gefeiert wird und jeder, der es sich leisten kann, ein Schaf oder ein ähnliches Tier schlachtet, um an die Bereitschaft Abrahams zum Opfer seines Sohnes Isma'il zu erinnern. Dazu gehört auch das Teilen des Fleisches mit Familie, Freunden und Bedürftigen als eine Art sakrales Mahl. In Mekka selbst wird dies heute aufgrund der Pilgermassen möglichst professionell organisiert. Die Tiere werden unmittelbar nach ihrer Schlachtung tiefgekühlt oder weiterverarbeitet, um sie in Regionen mit Bedürftigen zu transportieren.

Zu Beginn des eigentlichen Hajj begeben sich die Pilger in einen besonderen rituellen Zustand, den *ihrâm*, der über die Waschung anlässlich eines normalen Moscheebesuchs weit hinausgeht. Männer schlingen sich ein einfaches weißes Tuch um den Leib, Frauen tragen schlichte Kleidung. Kosmetische Maßnahmen wie Rasuren oder das Nägelschneiden werden verschoben, um den Körper im Ruhezustand zu belassen. Während normale Gottesdienste in Moscheen eher schlicht gehalten sind, erfahren Gläubige hier körperlich und seelisch einen ganzen Satz besonderer ritueller Elemente: Berührungen, Laufen, Stehen, das Erdulden von Hitze, gemeinsames Essen. Dies und die Begegnung mit zahllosen Gläubigen aus allen möglichen Erdteilen lassen den Hajj zu einem herausragenden Erlebnis werden.

Dies mag der Grund sein, warum die Kaʿba auch bei weit entfernt lebenden Muslimen eine hohe symbolische Bedeutung besitzt. Immer wieder wird der Moscheebezirk, gerne mit den Ringen der um den Würfel kreisenden oder betenden Besuchern, abgebildet, ziert Privatwände wie Moscheen und gibt damit der spirituellen und emotionalen Bindung an das geographische Zentrum des Islams Ausdruck. Mekka spielt somit auch für deutsche Muslime eine große Rolle. Wer nicht selbst pilgert, kennt in jeder Saison mindestens einen *hâjj* oder eine *hâjjiya*, die mit einer Reisegruppe nach Arabien reisen und bei ihrer Rückkehr festlich begrüßt werden. Beim überregional gefeierten Opferfest wird die Verbindung nach Mekka rituell und in der Vorstellungswelt hergestellt.

Die Grabmoschee des Propheten Muhammad in Medina, wo dieser lebte und eine erste islamische Gemeinschaft gründete, soll sich auf dem Areal befinden, auf dem einst die erste Moschee an sein Wohnhaus grenzte. Der heutige Bau entspricht am ehesten dem oben vorgestellten Typus der Grabmoscheen, allerdings mit einem Sonderstatus: Medina wird traditionell, wenn möglich, von Mekkapilgern nach dem Hajj im eigentlichen Sinne mit aufgesucht. Dies entspricht einer *ziyâra*, «Besuch», wie die Bezeichnung für sämtliche Wallfahrtskulte zu Grabstätten lautet. Bis ins 20. Jahrhundert hinein war der Besuch von Muhammads Grab durch eine ganze Reihe volksreligiöser Einzelelemente gekennzeichnet, auch wenn diese immer wieder Gegenstand orthodoxer Reflexionen waren. Da Mekka als spirituelles Zentrum des Islams nicht weit entfernt lag, machte man sich Gedanken, ob nicht eine weitreichende Verehrung des Propheten dem Gebot des Monotheismus zuwiderliefe. Besonders das Verhalten am Grab gab zu denken. Im Gegensatz zur Umrundung der Ka'ba und derjenigen weniger prominenter Grabschreine, gibt es einen solchen Brauch in Medina nicht. Das Grab des Propheten liegt zwar in einer Kammer *(hujra)*, wird jedoch nicht vollständig umkreist. Die Besucher setzen den Weg fort zu benachbarten Grabstellen und kehren dann zum Ausgangspunkt zurück. In früheren Zeiten begab man sich zusätzlich zu einer Reihe weiterer markanter Punkte im Moscheebezirk: Muhammads *minbar*, seinem *mihrâb*, ebenso wie dem sogenannten Garten seiner Tochter Fatima, einem eingezäunten Stückchen Land mit Palmen, das an vorislamische Naturheiligtümer erinnert. Der Besuch zahlreicher *baraka*-trächtiger Stätten wurde durch die herrschende Dynastie der Bani Sa'ud Anfang des 20. Jahrhunderts stark eingeschränkt, die einer strengen, in einer Analogie durchaus als «puritanisch» zu bezeichnenden Richtung des Islams folgen, welche sich gegen sämtliche Formen der Heiligenverehrung wendet und einen möglichst ursprünglichen Islam wieder herstellen möchte. Erhalten blieben wenige Elemente des alten Kultes, die auch im Hadith belegt sind, wie etwa das Verharren in einem Moscheebereich neben dem Grab, den man als *rauda*, «Garten», bezeichnet. So soll der Prophet gesagt haben: «Was zwischen meinem Grab, meinem Minbar und meinem Garten liegt, gehört zu den Gärten des Paradieses.»[57] Damit verbunden ist die populäre Vorstellung, Gebete in diesem Teil der Moschee könnten den Betenden zum Eintritt ins Paradies verhelfen.

Mekka und Medina gelten im Islam als «die beiden heiligen Stätten» *(al-haramain)*, die in der allgemeinen Wahrnehmung einen besonderen Stellenwert besitzen. Als dritter herausragender Sakralort kommt Jerusalem hinzu, arabisch *al-quds*, «die Heilige», oder *al-haram ash-sharîf*, «das vornehme Heiligtum», das seinen Ruhm zunächst bereits aus dem Koran bezieht. In Sure 17,1 wird *al-masjid al-aqsâ*, «der am entferntest liegende Gebetsplatz», erwähnt. Es liegt auf der Hand, dass dieser zur Zeit Muhammads noch keine Moschee war. Vielmehr war der Felsenberg – nach einer Periode als archaisches und später jüdisches Heiligtum – durch eine byzantinische Kirche überbaut. Der Terminus *masjid* in Sure 17,1 unterscheidet also nicht zwischen den Gebetsstätten einzelner Religionen, ähnlich wie der Prophet selbst in der Anfangszeit seines Wirkens ebenfalls keine deutliche Unterscheidung zwischen den monotheistischen Religionen seines Umfelds und den von ihm empfangenen Offenbarungen vornahm.

Weiterhin speist sich die Prominenz des Ortes aus der überaus populären Legende von Muhammads Himmelsreise. Der Prophet soll der Überlieferung zufolge eines Nachts vom Engel Gabriel gen Jerusalem abgeholt worden sein. Auf einem fabelartigen Reittier, einem geflügelten Pferd mit Frauenkopf namens Buraq, ritt er von dort direkt in die Himmel, durch sieben Sphären hindurch bis hin in paradiesische Gefilde, wo er sich mit Gott traf. Die Geschichte regte von Beginn an die Phantasie ihrer Hörer an und lebt bis heute in zahllosen Varianten fort, die die Begebenheiten in den Himmels- und im Anschluss auch Höllensphären, ja eine ganze Kosmologie schildern; vermutlich haben sie nicht zuletzt Dante zur *Divina commedia* inspiriert.[58] Die jüdische Tradition kannte schon in vorislamischer Zeit die Vorstellung vom *omphalos*, vom Mittelpunkt der Welt, der auf dem Tempelberg lokalisiert wurde, und man verband mit Jakob das Motiv der Himmelsleiter an der Stätte Beth-El. Der Islam übernahm dann die Vorstellung von der Durchlässigkeit der Sphären hin zu Gott, verortet in dem Heiligtum auf dem Felsenberg.

Palästina und Syrien gehörten zu den ersten Gebieten, in denen sich der Islam ausbreitete. Um die Jahre 688 bis 691 ließ der Umaiyadenkalif ʿAbd al-Malik (reg. 685–705) auf dem Felsen des Berges Moria ein überkuppeltes Sanktuarium errichten: den Felsendom,[59] der bis heute aufgrund seiner eigentümlichen oktogonalen Gestalt und der goldenen Kuppel eine hohe visuelle Kraft ausstrahlt; allein die äußere Hülle entstand, wie sie sich heute präsentiert, erst später. Das blau-grüne Kachelband wurde um 1600 im Auftrag des osmanischen Sultans angebracht, die Vergoldung der Kuppel erfolgte erst in jüngerer Zeit auf Initiative des Königshauses in Jordanien. Dennoch war der Bau von Beginn an ungeheuer imposant; offenbar wirkten byzantinische Bauleute daran mit, stehen die vergoldeten Mosaike, die das Innere überziehen, und der Schmuck der Säulenkapitelle doch in der Tradition der Spätantike.

Aus der Perspektive der Religionswissenschaft besitzt das Heiligtum durchaus Ähnlichkeiten mit der Ka'ba. Bei beiden handelte es sich ursprünglich um Naturheiligtümer, die durch ihre außergewöhnliche Formation als Träger besonderer Kräfte galten. Im Inneren des Felsendoms befinden sich Rinnen, die auf Libationen, vielleicht mit Opferblut, deuten. Diese Spuren im Stein wurden zum Hufabdruck Buraqs umgedeutet. Wie im Falle der Ka'ba gab es auch in Jerusalem volksreligiöse Umrundungen des Heiligtums. In den letzten Jahren konnte die Autorin sie allerdings nicht mehr beobachten, auch hier könnte der orthodoxe Islam die treibende Kraft sein. Der Fels wird jedoch berührt, und die Pilger steigen in sein höhlenartiges Inneres hinab; überdies nimmt man um ihn herum Platz und betet. Wie beim mekkanischen Heiligtum wird auch hier eine Kultorttradition gepflegt: Eine einmal als bedeutsam wahrgenommene sakrale Stätte wird von der nächsten Religion übernommen und umgedeutet. Was die Motive der Umaiyaden angeht, dieses Heiligtum in so aufsehenerregender Weise auszubauen, so scheinen religionspolitische Gründe verantwortlich zu zeichnen. Ihre Hauptstadt war Damaskus und Jerusalem ein religiöses Zentrum in der Nähe, an dem man seinen politischen Anspruch architektonisch markieren konnte. Auch dürfte ihnen daran gelegen gewesen sein, den Repräsentationsbauten, die wenige Jahrhunderte zuvor die byzantinischen Kaiser hatten errichten lassen, besonders der Grabeskirche, etwas entgegenzusetzen. Juden pflegten vor Ort immer noch die Erinnerung an den jüdischen Tempel. So galt es, die Vormachtstellung der Muslime in dieser heilsgeschichtlich für drei Religionen bedeutenden Stadt zu demonstrieren.

Darüber hinaus ließ der Kalif al-Walid (reg. 705–715) zwischen 705 und 709 auf dem Plateau des Berges im Bereich des früheren jüdischen Tempels eine Moschee im klassischen Sinne errichten. Dies schien aus islamisch-theologischer Perspektive geboten, bedenkt man die Affinität des Felsheiligtums zur Ka'ba, deren Vorrang nicht in Frage gestellt werden durfte. Bis heute trägt diese von al-Walid errichtete Moschee den in der Koransure erwähnten Namen «al-Aqsa».

Es ist jedoch vor allem der Felsendom, der heute überregional in der islamischen Welt zur Identitätsstiftung beiträgt. Das Wahrzeichen Jerusalems ist in den Medien und in politischer Propaganda präsent, und es nagt am Selbstwertgefühl der Muslime, dass sein Zugang durch den israelischen Staat reglementiert ist. Jerusalem unterscheidet sich von Mekka und Medina dadurch, dass – bis auf Menschen aus der Region – nur wenige Muslime den Ort je besuchen. Das war nicht immer so: Bevor die Reise nach Mekka per Flugzeug unternommen wurde, führte die von Norden kommende Pilgerroute durch die Stadt, so dass Pilger in größerer Zahl die Heiligtümer besuchten, und auch aus dem heutigen Jordanien kamen Pilger in größerem Ausmaß. Nebenbei war auch die Wahrnehmung christlicher Jerusalempilger jahrhundertelang durch den Felsendom geprägt. Abbildungen der Stadtsilhouette lassen viel eher den überkuppelten Felsendom als die Grabeskirche ins Auge springen.[60] Die Rechnung des Bauherrn ʿAbd al-Malik ging also auf.

Vom Einfluss der Anlage vor Ort abgesehen, trat die religiöse Bedeutung Jerusalems jedoch in den ersten islamischen Jahrhunderten deutlich hinter Mekka und Medina zurück. Dies scheint sich erst in der Zeit der Kreuzzüge geändert zu haben, als der christliche Anspruch auf die Stadt überregional zu einem Bewusstsein für ihre islamische Identität führte, wie der Orientalist Kussai Haj-Yehia anhand arabischer Quellen belegte.[61] Erst seit dieser Zeit ist vor allem der Felsendom ein Bezugspunkt für Muslime auch anderer Regionen.

Das Bild in Deutschland

Aus dem Kreis der beschriebenen Moscheen sind in Deutschland bisher allein die Typen der *masjid* und der *jâmiʿ* vertreten. Die Sonderformen wie die Grabmoschee *(türbe)* oder die *tekke* für mystisch-sufische Zwecke haben sich noch nicht entwickelt. Dies erscheint im bisherigen Stadium auch eher unwahrscheinlich, konzentrieren sich doch die meisten islamischen Vereine mangels vor Ort vorhandener Ausdifferenzierung der Glaubensrichtungen erst einmal auf den orthodoxen Islam und bei Bauvorhaben auf elementare religiöse Bedürfnisse wie das Freitagsgebet. Dies heißt nicht, dass es nicht auch sufisch orientierte Vereine gäbe; diese wirken jedoch in gewöhnlichen Moscheen oder anderen bereits vorhandenen Räumlichkeiten.

Die oben dargelegte Übersicht zeigt auch, dass mit der Migration und einem hier erwachenden Bewusstsein für die eigene islamische Identität volksreligiöse Formen, vor allem solche, die eher von Frauen gepflegt werden wie etwa die Heiligenverehrung, Gelübde oder Wallfahrten zu lokalen Schreinen, verloren zu gehen drohen. Einerseits gibt es keine räumlichen Anknüpfungspunkte, andererseits entsteht in den Moscheevereinen aus einem Bedürfnis nach orthodoxer religiöser Bildung heraus eine Initiative der Frauen zur kognitiven Auseinandersetzung mit dem Islam.

Einzig die Form der erwähnten Stiftungskomplexe scheint eine Art Pendant in Deutschland zu erhalten. Bisherige überregionale Zentren eines Dachverbandes, wie beispielsweise DITIB in Köln, sind, wenn auch keine Stiftung, so doch multifunktionale Einheiten, auf deren Arealen sich neben einer Freitagsmoschee etwa Verwaltungsgebäude, Läden, Unterrichtsräume mit Beständen religiöser Literatur sowie Küchen befinden. Die in Köln geplante neue Freitagsmoschee ist ähnlich konzipiert. An die alte Form der *waqf*, die sich auch aus Mieteinnahmen finanziert, erinnert die Praxis vieler Moscheen, Restaurants oder Läden mit islamischen Speisevorschriften genügenden Produkten zu betreiben. Die Form der Stiftung selbst ist kaum geläufig, einerseits fehlen Stiftungsvermögen, andererseits besteht noch nicht lange das Bewusstsein für eine dauerhafte Ansiedlung in Deutschland.

Die aufgezeigten Bezüge Richtung Mekka und Medina sind auch von Deutschland aus vorhanden. Zu den primären Aufgaben deutscher Moscheevereine gehörte es, für die Organisation der Pilgerfahrten zu sorgen. Reisegruppen starten im Pilgermonat von großen Flughäfen aus entsprechend einem Kontingent, das in Saudi-Arabien festgelegt wird. Im Zuge der Migrationsvorgänge kann eine besondere Verbundenheit aber auch zu ganz anderen Moscheen bestehen. In türkisch geprägten Milieus betrifft das etwa die Blaue Moschee oder die Süleymaniye in Istanbul, für fromme Iraner mögen große Pilgerzentren wie Mashad oder Qom einen hohen Stellenwert besitzen.

Wir wünschen uns von Herzen, dass
unsere Kinder in der Abu-Bakr-Moschee
aufwachsen ... Wir merken, unsere
Töchter und Söhne erleben einen Verfall,
sie brauchen solche Treffs in der Moschee.
Bitte tut was, denn die Jugend von heute wird die
Führerschaft der Moschee morgen übernehmen.

**Auszug aus einem anonymen Eintrag im Gästebuch
der Abu-Bakr-Moschee in Frankfurt am Main[62]**

3
Alltag in der Moschee –
die Moschee im Alltag

Zitate wie dieses geben einen Einblick in die Emotionen von
Mitgliedern islamischer Gemeinden. Die besorgte Mutter wünscht
sich intensiv «ihre» Moschee als Hort einer nur hier vorstellbaren
umfassenden islamischen Erziehung ihrer Kinder und betrachtet
das Gebetshaus als Schutzwall gegen den ethisch-moralischen
Verfall ihrer Umwelt. Gleichzeitig ist sie sich darüber im Klaren,
dass die Umsetzung ihres Wunsches nicht ohne Anstrengung der
Verantwortlichen erfolgen wird.

Sakralbauten oder Kultorte gehören zur Glaubenspraxis und
zum gemeinschaftlichen Leben aller Religionen. Breite islamische
Kreise bemühen sich daher um angemessene Räumlichkeiten in
Deutschland. Die folgenden Ausführungen werden darüber hinaus
zeigen, dass Moscheen Orte des religiösen und sozialen Lebens
sind, das sich für Männer und Frauen, Ältere und Jüngere ganz
unterschiedlich gestaltet. Verschiedene Altersgruppen und Milieus
werden demnach in Moscheen jeweils anderes suchen und erleben.
Dazu kommt, dass bei weitem nicht sämtliche Muslime an
Moscheevereine gebunden sind oder überhaupt regelmäßig dorthin
kommen. In der Betrachtung berücksichtigt werden auch eher
nominelle Muslime mit eigenen Assoziationen zu Moscheen. Ein

Ansatz ist ferner der Islam im Alltag. Das Gebet oder der Moscheebesuch stellen nur einen Ausschnitt dar; Religionen durchdringen nicht sämtliche Lebensbezüge, wenn es auch komplexe Interdependenzen gibt. So können Moscheen in überraschenden Kontexten und Ausformungen auftauchen: etwa auf Werbung im Supermarkt, im Internet oder in der Wohnung. All dies mag Einblicke in die vielfältigen Bedeutungshorizonte und gleichzeitig emotionalen Dimensionen der Moscheen in den Augen ihrer Nutzer geben.

Wo der Imam wohnt

Gehört zur Kirchengemeinde traditionell das der Kirche benachbarte Pfarrhaus, so zeigt sich vor allem bei islamischen Vereinen des DITIB-Dachverbands eine ähnliche Situation. Der Imam[63] oder *hoca* wird für rund fünf Jahre aus der Türkei nach Deutschland entsandt und wohnt nahe der Moschee oder dieser angegliedert in einer Dienstwohnung. Andere Gemeinden wie VIKZ oder IGMG finanzieren ihre Imame aus Spenden. In den allermeisten Fällen ist deren Einkommen sehr gering, und es gehört Idealismus und im Falle der Übersiedlung aus der Türkei auch ein wenig Abenteuerlust zur Ausübung dieses Berufs. Es gibt aber auch Gemeinden, die sich keinen eigenen Imam leisten können und in denen engagierte Mitglieder im Turnus als Prediger auftreten oder aber Gast-Imame eingeladen werden.

Wenn die religiöse Führung einer Moschee im Ausland ausgebildet wurde, kommt es aufgrund kultureller Unterschiede häufig zu einem gespannten Verhältnis zwischen Imamen und Gemeinde. Vor allem Sprachprobleme spielen hier vermehrt eine Rolle: Diejenigen Muslime, die in der dritten oder vierten Generation in Deutschland leben, beherrschen Türkisch oder Arabisch meist nur für den Alltagsgebrauch, sind aber weit davon entfernt, einer differenzierten religiösen Nomenklatur folgen zu können. Noch dazu kann ein Imam aus dem Ausland bei praktischen oder seelsorgerlichen Fragen im Zusammenhang mit der Integration kaum behilflich sein. Seine Gemeinde besitzt darin weitaus mehr Erfahrung. Hieraus leiten sich immer wieder Forderungen nach einer Imamausbildung deutscher Muslime vor Ort ab. Die Spannungen mögen durch die Organisationsform der Gemeinden gefördert werden. Verwaltungstechnisch handelt es sich bei ihnen um Vereine mit Vereinsvorstand, während der Imam primär für religiöse Fragen zuständig ist. Der Vorstand wird unter Umständen in zahlreichen praktischen und organisatorischen Fragen eine eigene Meinung haben und ist mit den Gegebenheiten in Deutschland sowie mit der Gemeindestruktur vertraut. So ist die Abgrenzung der Zuständigkeitsbereiche nicht immer einfach.

Die Freitagspredigten werden unterschiedlich gestaltet. Die aus der Türkei entsandten Imame folgen einer Vorgabe der türkischen Religionsbehörde Diyanet, die wöchentlich überregional das gleiche Predigtthema festsetzt, was nicht unbedingt den Verhältnissen in Deutschland angepasst sein muss. Je nach persönlichem Engagement und rhetorischem Geschick vermag die Predigt Zuhörer mitzureißen oder auch nicht. Außenstehende mag es überraschen, einen Prediger mit aufgeklapptem Notebook auf der Kanzel zu sehen, im Islam bedient man sich durchaus gerne moderner Medien.

Nicht selten bringt der Imam seine in Fragen der Religion kompetente und ehrenvoll als *hoca hanim* titulierte Frau mit, unter Umständen ist sie sogar eine ausgebildete Predigerin, türkisch *vaize*. So werden Gemeinden, die über einen festangestellten Imam verfügen, oft nicht nur von ihm, sondern auch von einer Theologin betreut. Zumeist haben sich die Ehepartner während des Studiums kennengelernt oder sind gleichermaßen religiös engagiert. Auf diese Weise kann das Leben in der Moschee einen den Regeln der Geschlechtertrennung folgenden Lauf nehmen.

Die Moscheen stehen für sämtliche fünf täglichen Pflichtgebete offen. Besucher werden vormittags an einem Wochentag dort jedoch vorwiegend ältere Männer, meist Rentner, antreffen, die reichlich Zeit haben, dieser Pflicht nachzukommen. Gleichzeitig suchen sie aber auch Gesellschaft und verbringen die Stunden zwischen den Gebeten in angeschlossenen Cafés oder Kantinen, beim gemeinsam verfolgten türkischen Satellitenfernsehprogramm oder im Gebetsraum in eine fromme Lektüre vertieft. Zum Mittagsgebet mögen sich weitere Männer einfinden, die in der Nähe arbeiten und in der Mittagspause Zeit für den Gang in die Moschee erübrigen.

Frauen halten sich gewöhnlich nicht zu den täglichen Gebeten in der Moschee auf, sei es aufgrund einer traditionellen Rollenverteilung oder aufgrund einer Berufstätigkeit.[64] Als Hausfrauen und Mütter sind sie tagsüber primär zu Hause in und mit der Familie beschäftigt, aber auch ältere Damen besuchen eher eine Freundin daheim, als dass sie sich mit dieser in der Moschee treffen würden. Analog dazu suchen Männer tendenziell eher die halböffentlichen Räume wie Cafés oder Moscheen auf, um soziale Kontakte zu pflegen. Es hängt von der religiösen Bindung der Frauen ab, wieweit sie zu Hause die täglichen Gebete durchführen. Auch der Tagesablauf lässt dies oft nicht zu, was aus religiöser Sicht jedoch kein Problem darstellt, da die Gebetszyklen auch nachgeholt werden dürfen. Was das religiöse Leben muslimischer Familien angeht, ist eine große individuelle Vielfalt und ein breiter Gestaltungsspielraum festzustellen.

Das Freitagsgebet ist auch in Deutschland der Anlass, zu dem sich die meisten Personen in den Moscheen einfinden. Soweit es der Arbeitsplatz irgendwie zulässt, versuchen die Männer, ihrer religiösen Pflicht nachzukommen. Auch für die Frauen ist ein Gebetsbereich eingerichtet, an dem sie direkt, doch vor Blicken geschützt, oder aber über eine Video-Übertragung aus dem Hauptgebetsraum dem Gottesdienst folgen können. Dass das Bedürfnis der Frauen, bei der Freitagspredigt anwesend zu sein, steigt, zeigen zudem Neubauprojekte mit entsprechenden Räumlichkeiten. Vor einigen Jahren wurde in türkischen Kreisen in Deutschland von weiblicher Seite hervorgehoben, dass Frauen zwar zur Teilnahme am Freitagsgebet religiös nicht verpflichtet, sehr wohl jedoch berechtigt seien. In religiös sehr liberaler Umgebung ist noch ein weiterer Schritt denkbar: In den USA leitete am 18. März 2005 die Professorin für Islamwissenschaften Amina Wadud das Freitagsgebet vor einer gemischtgeschlechtlichen Gruppe.

Klappt es zeitlich nicht schon zur mittäglichen Predigt, so treffen viele Familien am Freitagnachmittag in den Moscheen ein. Hier werden die Räumlichkeiten zu Schauplätzen familiärer Zusammenkünfte und anderer sozialer Ereignisse. In den angeschlossenen Küchen kochen die Frauen, überall wird geplaudert und gegessen, Kinder laufen zwischen Frauen- und Männerbereich hin und her und spielen. Das Geschehen am Freitag dehnt sich Richtung Wochenende aus, wenn sich Zeit für Koranschule, Religionskurse für Erwachsene, die anstehenden Pflichtgebete und nicht zuletzt reichlich Gelegenheit für geselliges Beisammensein findet. An religiösen Feiertagen spielt sich – allerdings mit deutlich mehr Anwesenden – Ähnliches ab. Es ist leicht vorstellbar, wie die Moschee für Migranten in dieser Hinsicht zur «Heimat» werden kann, zu einem Sozialraum, in dem Freundschaften gepflegt werden können und man sich einmal nicht in der Minderheitensituation befindet, sondern entspannt den kulturellen Normen des Heimatlandes folgen kann. Dass all dies mit den Regeln der Religion einhergeht und zu einem gottgefälligen Verhalten zählt, macht diese Treffen umso attraktiver.

Gleichzeitig sind Diasporagemeinden normalerweise nicht homogen. Dafür sorgen etwa die unterschiedlichen «Assimilationsgrade» der Migrantengenerationen, deutsche Konvertiten, Partner aus Mischehen sowie Gäste. Alle zusammen lassen eine bunte Kultur entstehen, die jedoch, was die ausgeprägten Höflichkeitsformen und Geschlechternormen angeht, an denjenigen des Orients – gar nicht unbedingt des Islams – orientiert ist.

Das wichtigste religiöse Fest ist das ʿîd al-adhâ oder auf türkisch *kurban bairam,* das Opferfest, das im Pilgermonat zum Gedenken an Abraham und seinen Sohn Ismaʿil gefeiert wird. Die Feier besteht neben dem Gottesdienst aus einem gemeinsamen Schlachtopfer und ausgiebigem Speisen. Prinzipiell wird das geopferte Fleisch aufgeteilt[65] und an die Armen weitergeben. In den Moscheen findet man zu diesem Anlass teilweise Listen, die öffentlich anzeigen, wer wie viel für Bedürftige gespendet hat. Die jährliche *zakât,* eine «Armenspende» aus dem Vermögen, gehört zu den religiösen Grundpflichten; die *sadaqa,* eine allgemeine Hilfe für Bedürftige, ist zur allseits gepflegten kulturellen Norm geworden. Auch dies prägt das Leben in den Moscheen. Es ist üblich, sich um die anderen zu kümmern, Bekannten Krankenbesuche abzustatten, bei Familienfeiern zu helfen und anderes mehr. Heute organisieren die Moscheevereine oder überregionale islamische Hilfsorganisationen im Pilgermonat die sogenannten *qurbân*-Spenden.

Das zweite große Fest markiert das Ende des Fastenmonats Ramadan, in dessen Verlauf man während des Tages weder Nahrung noch Getränke zu sich nehmen darf. Neben dem täglichen Fastenbrechen *(iftâr)* in dieser Zeit, das ebenfalls festlich unter der Beteiligung vieler Gemeindeglieder, Männer wie Frauen, in den Moscheen begangen wird, feiert man am Ende des Monats das *ʿîd al-fitr*, das in türkischen Kreisen den Namen *şeker bairam*, «Zuckerfest», trägt.

Darüber hinaus gibt es weitere Feste, die teilweise kreativ weiterentwickelt werden, wie etwa der Prophetengeburtstag *(maulid an-nabî)*. Dieser wurde in einer Frankfurter DITIB-Moschee 2007 zu einem Kinderfest gestaltet, für das ein Kinderchor wochenlang seinen Auftritt geprobt hatte und bei dem kleine Rezitatoren und Rezitatorinnen religiöse Gedichte zum Besten gaben. Natürlich waren auch die stolzen Eltern anwesend. Eine in türkischen Kreisen äußerst verbreitete und beliebte Form ist die sogenannte *kermes*, ein Bazar, zu dem vor allem die Frauen Handarbeiten und Kuchen beisteuern, die zu einem guten Zweck verkauft werden, ganz analog zum deutschen Rot-Kreuz-Bazar oder dem einer Kirchengemeinde.

Vom Grundschulalter an lernen Kinder – in Deutschland meist am Wochenende – den Koran auf Arabisch zu lesen. Das Arabische ist für Muslime eine Sakralsprache, die Laien mit anderer Muttersprache – Perser, Türken, Pakistani – selten beherrschen, sofern sie nicht islamische Theologie studiert haben. Jeder lernt jedoch in der Koranschule zumindest elementare Suren kennen und entwickelt ein Gefühl für die Ästhetik der Rezitation, die in Tonhöhe, Modulation und Rhythmus genau vorgegeben ist. Arabische Moscheevereine lehren zudem in Sprachschulen für Kinder auch mittels Schulbüchern die arabische Alltagssprache.

Abhängig von der Tendenz eines Moscheevereins zu einem konservativen Rollenbild und der finanziellen Ausstattung werden die Kinder erst später oder bereits in den Koranschulen nach Geschlechtern getrennt. Besonders die Moscheevereine des Dachverbandes VIKZ sind dafür bekannt, dass sie über einen Hoca nebst Hoca hanim den Unterricht für Jungen und Mädchen getrennt organisieren. Sie streben, soweit dies die deutschen Behörden zulassen, auch die Unterbringung von Kindern in religiösen Internaten an, um diesen eine rein islamische Erziehung angedeihen zu lassen. Den Hintergrund bildet eine mystische Orientierung, die sie veranlasst, das gesamte Leben in allen Einzelheiten dem Vorbild des Propheten zu unterstellen.[66] Der Effekt ist ein ähnlicher wie in evangelikalen oder jüdisch-orthodoxen Gemeinden. Die Mitglieder akzeptieren feste Normen und eine deutliche Sozialkontrolle, wünschen sich aber offenbar den Halt, der damit verbunden ist.

Moscheevereine organisieren ferner, je nach Versorgung mit religiösen Spezialisten, Religionskurse für verschiedene Zielgruppen jenseits der elementaren Koranschule. Dies können erwachsene Männer oder Frauen sein, aber auch Jugendliche. Hier sind jeweils der Imam oder Hoca beziehungsweise eine kompetente weibliche Lehrende die Verantwortlichen. Je nach didaktischem Vermögen werden in diesen Kursen Koran und Hadith inhaltlich vermittelt. Bei Teilnehmender Beobachtung in einer Gruppe junger Frauen einer Frankfurter Innenstadtmoschee, die von einer türkischen Predigerin *(vaize)* geleitet wurde, erwies sich dieser Kurs als eher «lehrerzentriert» und betonte die religiöse Autorität, welche prinzipiell auch sehr gerne angenommen wurde; denn die Anwesenden suchten den Kreis freiwillig auf und kamen teils eigens aus benachbarten Orten wie Darmstadt. Die Inhalte der religiösen Texte wurden anschaulich mittels Modellen und didaktischen Erzählungen vermittelt und manche Begriffe zur Diskussion gestellt. Die Reaktion der jungen Teilnehmerinnen war offenkundig ambivalent. Einerseits waren diese aus der Schulerfahrung wohl eher an ein analytisch-interpretatives Vorgehen bei der Textanalyse gewöhnt, andererseits suchten sie aber eine klare religiöse Anleitung, die sich nicht in hermeneutischen Teilaussagen verliert. Insgesamt war der Verstehensprozess aufgrund der fehlenden gemeinsamen sprachlichen Basis zwischen der türkischen Vaize mit rudimentären Deutschkenntnissen und den in Deutschland aufgewachsenen jungen Frauen ohne Kenntnis türkisch-arabischen religiösen Vokabulars sehr erschwert. Hinzu kam, dass einige der aus Nordafrika und Pakistan stammenden Anwesenden die türkischsprachigen Erläuterungen auch nicht im Ansatz verstanden, so dass die Mitschülerinnen für sie übersetzen mussten.

Trotz der Mühsal, die mit einem solchen Kurs verbunden scheint, suchen immer mehr Frauen aller Altersstufen einen vergleichbaren kognitiven Zugang zum Islam. War es jahrhundertelang zwar nicht verboten, so aber doch auch nicht in größerem Ausmaß üblich, dass sich Frauen über eine Koranschule hinaus über die Grundlagen ihrer Religion informierten, und verhinderte ein bei Musliminnen weit verbreiteter Analphabetismus eine eigenständige religiöse Vertiefung, so ändert sich dieses Bild derzeit in Deutschland markant. Immer mehr Frauen wollen offenbar wissen, was den Islam ausmacht: zur Schärfung ihrer eigenen Identität innerhalb der Mehrheitsgesellschaft sowie als Lebenshilfe in dieser oft schwierigen Situation. Dieser Trend wird dadurch verstärkt, dass in der gesamten islamischen Welt zunehmend auch Frauen akademischen Zugang zum Islam haben und als religiöse Spezialistinnen ihr Wissen weitergeben, was nicht zuletzt innerislamische Diskurse verändert.[67]

In dem erwähnten Religionskurs in Frankfurt war darüber hinaus zu beobachten, wie eine in orientalischen Gesellschaften traditionell übliche soziale Form eine ganz eigene, ansprechende Atmosphäre erzeugte. Alle weiblichen Anwesenden brachten offenbar regelmäßig Speisen zum Unterricht mit, die in der Pause gemeinsam beim lebhaften Gespräch genossen wurden. Da der Unterricht in den Abendstunden stattfand, wurde bei dieser Gelegenheit in den Frauenräumen der Moschee auch das Abendgebet verrichtet. Allerdings zeigte sich hier ein weiteres Spezifikum, das die automatische Teilnahme der Frauen am «üblichen» religiösen Leben verhinderte. Menstruierende beteten nämlich nicht, da ihre rituelle Reinheit in Frage stand. Das Gebet war somit nicht wie bei den Männern ein Erlebnis der ganzen Gruppe.

Das Erleben derartiger Religionskurse hängt sicherlich in hohem Maße von den Lehrenden und ihrer Akzeptanz ab. Eine Studentin, die ehrenamtlich in einer Moschee einen Kurs für junge Mädchen im Pubertätsalter durchgeführt hatte, berichtete von Autoritätsproblemen bei einer sehr lebhaften Gruppe, die sie eher als große Schwester wahrnahm. Julia Gerlach erwähnt einen intellektuell anspruchsvollen Lehrer in Hamburg, der in einem seiner Kurse männliche Jugendliche mit seinem Instrumentarium der Textanalyse nicht zufriedenstellen konnte, da diese aufgrund ihrer kulturellen Desorientierung im Koran einfache Antworten suchten und zu einem islamistischen Weltbild tendierten.[68] An dieser Stelle wird die Verantwortung deutlich, die Lehrende in Moscheen auf sich nehmen, geht es doch darum, junge Menschen, die über das Internet oder Organisationen außerhalb der örtlichen Moscheegemeinde auch mit fundamentalistischem Gedankengut in Berührung kommen, argumentativ von einem liberalen Islam zu überzeugen.

Manche muslimische Jugendliche interessieren sich überhaupt nicht für religiöse Themen, sondern halten sich an die gleichen Mode- und Musikstile und verfolgen die gleichen Medien wie ihre nichtmuslimischen Altersgenossinnen und Altersgenossen. Die Shell-Jugendstudie zeigt zudem, dass selbst religiös orientierte junge Muslime hedonistischen Werten wie Mode und Konsum folgen und umgekehrt ethisch-moralische Werte wie Familie, Freundschaft, Gerechtigkeit unabhängig vom religiösen Engagement bei allen Jugendlichen ähnlich ausgeprägt sind.[69]

Nicht selten werden muslimische Jugendliche erst in der Schule zu Experten ihrer Religion gemacht.[70] Veranlasst durch Fragen ihrer Lehrer oder des Klassenverbandes, informieren sie sich genauer über den Islam, besuchen die Moschee und befragen den Imam. Gleichzeitig bemühen sich die Moscheevereine sehr, junge Leute für sich zu gewinnen. Dieses Engagement wird von Eltern und Vereinsmitgliedern gefördert, gehen diese doch davon aus, dass im Umkreis der Moschee kulturelle Werte des Heimatlandes weitergegeben werden. Daneben ist man zusehends bemüht, schulische Leistungen zu fördern. Personen, die bereits erfolgreich das deutsche Bildungssystem durchlaufen haben, bieten ehrenamtlich in den Räumlichkeiten der Moschee Hausaufgabenhilfe und Deutschkurse an. Viele Gemeinden machen Jugendlichen Freizeitangebote vom Tischkicker bis zum Fußballverein. Dabei wird die Moschee, wie schon im Falle der älteren Männer, für die männlichen Jugendlichen eher zu einem Sozialraum im weiteren Sinne, den sie aber anscheinend auch dringend benötigen. Immer wieder hört man, man bemühe sich, diese Gruppe «von der Straße» zu holen.[71] Aufgrund ihrer an patriarchalen Werten orientierten Erziehung, die einen männlichen «Stolz» kultiviert, gibt es bei ihnen offenbar größere Probleme mit der Schule und der Integration in ein deutsches Umfeld als bei Mädchen.

Die Berührung mit dem Islam muss aber nicht über die Moschee stattfinden. Heute bietet das Internet Foren für junge Muslime, deren Themenspektrum bis hin zur islamisch korrekten Ehe-anbahnung reicht. Unabhängig vom Geschlecht tauschen sich «Brüder» und «Schwestern» international aus und gestalten ihr Muslimsein oft sehr selbständig und durchaus in Abgrenzung zu ihren Eltern.[72] Islamische Begriffe und Werte werden mittels Lektüre von Koran und Hadith, durch Recherche im Internet und auf der Basis von Gesprächen erarbeitet. Der überlieferte Ausspruch des Propheten «Suche Wissen, und sei es in China» wird zum Motto dieser Auseinandersetzung mit dem Islam. Im Gespräch geben junge Frauen an, im Gegensatz zur volksreligiösen Praxis ihrer Mütter den «wahren Islam» kennenlernen zu wollen. Dies wird teilweise auch in überregionalen Vereinen wie der «Muslimischen Jugend in Deutschland» (MJD) realisiert, die Sommercamps und Veranstaltungen zu islamischen Themen organisiert. Da dort die Regeln der Geschlechtertrennung respektiert werden, entsteht ein besonderer Freiraum für junge Menschen, indem sie mehrere Tage unter sich sein und gemeinsam etwas erleben können. Hinzu kommen Initiativen im Stile von «Happenings», so etwa die «Lifemakers», die durch den ägyptisch-stämmigen und heute in Großbritannien lebenden populären Prediger Amr Khalid angeregt wurden. Sie bilden ein lockeres Netzwerk junger Menschen, die sich zu Aktionen wie zum Beispiel Kuchenbacken für Obdachlose treffen. Damit verbunden wird eine Subkultur entwickelt, die den Islam mit Elementen der Popkultur vermischt: von witzigen T-Shirts oder einer aktuellen Mode, die sich einzig durch die Kopftücher, lange Ärmel und Hosen von der gängigen unterscheidet, über Aufkleber und Sticker mit islamischen Motiven bis hin zu Pop-Musik oder Rap mit entsprechenden Texten.[73] Dabei findet durchaus eine Reflexion darüber statt, wie weit dieser «trendige» Pop-Islam nicht auch den Gesetzen des Kommerzes gehorche. Insgesamt scheint es sich jedoch um einen lebendigen, moderaten und selbstkritischen Islam zu handeln. Im Gegensatz dazu wirken die Moscheevereine der älteren Generation eher verstaubt, weshalb inzwischen auch neue Gemeinden entstehen, die von jungen Menschen mit akademischem Hintergrund gegründet werden.

Eine Moschee verfügt über öffentliche Räume, in denen sich Gemeindemitglieder treffen. Dies können Restaurants oder Cafés sein, aber auch Läden mit orientalischen Lebensmitteln oder *halal*-geschlachteten Fleischprodukten, die nicht unbedingt im Sortiment normaler Lebensmittelgeschäfte zu finden sind.

Größere Moscheen haben darüber hinaus eine Bibliothek oder einen Buchladen, wo sich Interessierte Koran- und Hadith-Ausgaben in Arabisch, aber auch in anderen Sprachen besorgen können. Daneben sind Ratgeber zum Islam im Alltag wie auch Werke zu religionspolitischen Themen erhältlich, und zunehmend ist ästhetisch und didaktisch ansprechende Kinderliteratur aus der Türkei im Sortiment. Im Hörsegment gibt es vor allem CDs mit Koranrezitationen und verstärkt Aufnahmen religiöser Kinderlieder. Das Angebot von Predigten auf Video oder DVD sowie ausliegende Broschüren und Zeitschriften können ein Indikator für die Offenheit eines Vereins für islamistisches Gedankengut sein.

Während sich in die Läden und Cafés selten spontan nichtmuslimische Besucher verirren, sind die gesamten Moscheekomplexe immer wieder auch für die Öffentlichkeit zugänglich. Auf Anfrage werden Besucher normalerweise gerne gesehen, viele größere Moscheen pflegen Kontakte nach außen, führen etwa Schulklassen durch ihre Räume oder haben Öffentlichkeits- und Dialogbeauftragte. Spätestens am «Tag der offenen Moschee», seit einigen Jahren am 3. Oktober, wird explizit die Nachbarschaft in die Moschee eingeladen.

Wie Muslime Moscheen sehen

Navid Kermani hat in seinem Buch *Gott ist schön. Das ästhetische Erleben des Koran*[74] auf das Hörerlebnis der Koranrezitation hingewiesen. Dieses spielt für Gläubige eine nicht zu unterschätzende Rolle, beeinflussen die mit Gott assoziierten Klangwelten und der Hörgenuss doch auch das Verständnis von Textinhalten. Was das Geschehen in Moscheen angeht, so handelt es sich um ein Gesamtempfinden, bei dem Hören, Sehen und andere Sinne einbezogen sind. Die Religionswissenschaft befasst sich zunehmend mit dieser komplexen Erfahrungswelt, um Bedeutungsebenen von

Religionen über rein kognitive Zusammenhänge von Lehrinhalten hinaus zu erschließen.

Jedoch ist diese Vorgehensweise im Hinblick auf Moscheen methodisch nicht ganz einfach. Die Kunstwissenschaft hat zwar Thesen zum visuellen Zugang entwickelt, so etwa Dominique Clévenot und Gérard Degeorge mit ihrer «Ästhetik des Schleiers». Die beiden Autoren gehen von herausragenden Beispielen der islamischen Architektur aus, bei denen eine flächendeckende ornamentale Verzierung der Wände Assoziationen der geheimnisvollen Verhüllung des Göttlichen weckt.[75] Man hat jedoch Mühe, diese Aussage bei den einfacheren deutschen Hinterhofmoscheen bestätigt zu finden. Wenn diese auch liebevoll in Eigenarbeit mit arabesken Borten, arabischen Kalligraphien oder einem Wandbild der Aya Sofya geschmückt sind, so fehlen ihnen doch die kunsthandwerklichen Qualitäten orientalischer Moscheen.

Muslime verbinden auf der oft schmerzhaften Suche nach einer islamischen Identität in Deutschland mit Moscheen in hohem Maße existenzielle Ängste und Hoffnungen. Ein Beispiel ist der Film *Das Wunder von Marxloh* (2005), der unlängst im Umfeld eines Neubauprojektes in Duisburg entstand. Für außenstehende Betrachter mag der Film kitschig bis unfreiwillig komisch wirken, erzählt er doch in der Art einer Legende, noch dazu begleitet von einem Sprecher mit einem fast «alttestamentlichen» Erzählduktus, die Geschichte der Gastarbeiter, die sich erst in den grauen Zechen und Industrieanlagen des Ruhrgebiets abarbeiteten, bevor ihre elementarsten menschlichen Bedürfnisse Berücksichtigung fanden, ihre Familien nachkamen und sich ein religiöses Leben entwickelte. Deutschland wird als zunächst fremde Welt geschildert, und so gemahnt es an ein durch Gott erwirktes «Wunder», dass in Marxloh in Zusammenarbeit mit deutschen Freunden und Förderern nach einer endlos scheinenden Planungsphase ein «echtes» Gebetshaus – mit Kuppel und Minarett als Zeichen der alten Heimat – Gestalt angenommen hat. Der Film, der mit der Ansicht der Moschee im Sonnenuntergang schließt, ist in verschiedener Hinsicht ein Dokument des kollektiven Gedächtnisses und auch der Erzählkultur der ersten Gastarbeitergenerationen. Sucht man nach Zeugnissen für eine mit Moscheen verbundene Emotionalität, so wird man in diesem Film fündig: die tiefe und jahrzehntelange Sehnsucht der Erbauer nach einem Ort, der ihrer Kultur und Religion entspricht, sowie die unendliche Erleichterung, diesen in Duisburg begründet zu haben.

Eine empirische Studie, die im Frühjahr 2008 an der Universität Frankfurt begonnen wurde,[76] belegt, wie stark die Besucher eine Moschee primär als gemeinschaftlichen Gebetsort auffassen. Hier spiegelt sich das, was im zweiten Kapitel als Kernfunktion der Moschee beschrieben wurde. Ausführlich und sehr positiv wird geschildert, wie Männer nebeneinandersitzend eine enge Gemeinschaft vor Gott empfänden, wie man sich auf den Freitag freue, wenn man sich in der Moschee mit Freunden und Bekannten treffe, wie es ein persönliches Anliegen sei, nahe der Qibla und dem Mihrâb zu beten. Ein junger Mann stellt «seine» Moschee liebevoll in einer ausführlichen digitalen Bilderfolge vor, die auch Küche und Kantine sowie befreundetes Personal einschließt. Überhaupt wird die Ebene des menschlichen Miteinanders in den Beschreibungen immer wieder in den Vordergrund gerückt.

Nachgeordnet erfolgt eine Reflexion über die Ästhetik von Moscheen. Im Raum Frankfurt werden Neubauten geschätzt, die sich samt Kuppel und Minarett an die klassische osmanische Moscheearchitektur anlehnen. Deren aufwendig gestaltete Elemente empfinden auch die Muslime in Deutschland als «schön»: eine ausgeschmückte Kuppel, ein prachtvoller Leuchter, ein verzierter Mihrâb oder eine prächtige Kanzel. Gleichzeitig wird deutlich, dass eine Auseinandersetzung mit den ästhetischen Möglichkeiten zukünftiger Moscheebauten noch aussteht. Exemplarisch dafür steht eine junge Frau, die nur die Dorfmoschee im Heimatort ihrer Eltern in der Türkei und «ihre» Moscheegemeinde in Deutschland kennt und sich nie die Frage nach einer wünschenswerten Ästhetik eines Gebetshauses gestellt hat. Ein Konvertit verfolgt dagegen aufmerksam Bauprojekte der weltweiten *umma* und vermisst vor Ort augenscheinlich einen Moscheestil, der «deutsche» Bauelemente aufgreift. Bisher sind in Migrantenkreisen vergleichsweise wenige Architekten zu finden, diese sind zum Teil jedoch sehr experimentierfreudig, so etwa Shahid N. Sadiq: «Die moderne Sakralarchitektur stellt zunächst die menschlichen Bedürfnisse in den Mittelpunkt: Bedürfnis nach

Ruhe, Besinnlichkeit, Leere, Gottesnähe, Meditation, Geborgen-
sein, Gemeinsamsein, sich versammeln, Nahrung zu sich nehmen,
sich ausruhen. All das muss uns ein Gotteshaus geben können.
Da diese Bedürfnisse religionsunabhängig sind, müssen folglich
die Gotteshäuser diese Religionsunabhängigkeit im Stadtbild
auch deutlich zeigen.»[77] Ein Moscheeentwurf Sadiqs für Offenbach
zeigt nach außen bewusst keine üblichen Zeichen einer Moschee.

An dieser Stelle wird erneut der Unterschied zwischen Männern
und Frauen im Hinblick auf die Raumnutzung in Moscheen
deutlich. Auch wenn im direkten Gespräch nicht darüber geklagt
wird, sind die Räume der Frauen gewöhnlich kleiner und weniger
ansprechend. Bemerkenswerterweise nannten zwei weibliche
Kontaktpersonen auf die Frage nach den von ihnen besonders
geschätzten Plätzen in der Moschee die Kanzel, weil dort das Wort
Gottes erläutert wird, und den fein geschmückten Mihrâb, obwohl
Frauen sich beim Gebet nicht unmittelbar dort aufhalten.
Allerdings zeichnet sich auch hier eine Veränderung ab. Werden
Moscheeneubauten geplant, so suchen die Gemeinden gemeinsam
mit den Architekten, wie zum Beispiel in Köln oder Penzberg, nach
Lösungen, die beiden Geschlechtern einen Zugang zum großen
Gebetsraum eröffnen. Für die Frauen sind Emporen vorgesehen,
von denen sie ebenfalls unmittelbar – nicht nur über die gängige
Videoübertragung – dem Imam lauschen können. In den Bautraditionen von Kirchen und Synagogen findet sich übrigens
ebenfalls die Lösung der Empore für die räumliche Abgrenzung
von Frauen. Wenn diese gemäß heutiger deutscher Geschlechternormen auch als Segregation erscheint, so ist im Islam das
Gegenteil der Fall. Denn stehen Frauen nur versteckte und kleine
Räume für ihr Gebet oder den Unterricht zur Verfügung, mit
angeschlossener Küche und eigenen sanitären Einrichtungen für
die rituellen Waschungen und womöglich noch den Wohnräumen
einer Predigerin benachbart, so finden sie hier eine abgeschlossene,
fast familiär-häusliche Rückzugssphäre. Die Empore im Hauptgebetsraum lässt sie hingegen Teil des öffentlichen Raumes sein,
was sie überwiegend bevorzugen.

Auch unter Muslimen gibt es Personen, die sich eher nominell zu
ihrer Religion bekennen und nicht regelmäßig Moscheen besuchen.
«Mir geht es so wie wahrscheinlich dir, wenn du in den Orient reist»,

sagt eine Iranerin, die vor zwanzig Jahren zum Studium nach Europa kam. «Besonders alte Moscheen im Iran finde ich zum Teil einfach schön, ich gehe rein, um sie zu besichtigen.» Für den Moscheebesuch als Kunstgenuss bietet auch die klassische arabische Pilgerliteratur manches Zeugnis. So schildert der sunnitische andalusische Reisende Ibn Jubair im 12. Jahrhundert die Husainiye-Moschee in Kairo mit einer gewissen Distanz zum schiitisch und emotional gefärbten religiösen Geschehen, jedoch detailliert in ihren Bauelementen, die ihn in ihrer Pracht stark beeindruckten.[78] Dies heißt, dass Moscheen nicht nur unmittelbar «Heimatorte» ihrer rituellen Nutzer sein müssen, sondern auch durchaus mit einer gewissen Distanz als ästhetischer Raum betrachtet werden können.

Manfred Josuttis hat als Praktischer Theologe untersucht, wie Körper und Seele im Verlauf eines christlichen Gottesdienstes zusammenspielen. Er konnte feststellen, dass die körperlichen Bewegungen und sinnlichen Erfahrungen einen Großteil des Erlebens ausmachen und mit den erlernten Glaubensinhalten zusammenwirken.[79] In dieser Hinsicht bietet der Islam ein kaum untersuchtes Feld. Manche Muslime äußern sich sehr positiv über den Gebetszyklus, der aus einer bestimmten Bewegungsfolge besteht: Stehen, Knien, Berühren des Bodens mit der Stirn sowie weitere kleinere Elemente. Diese Prostrationsfolge wird mehrfach wiederholt, was nicht zuletzt einen gymnastischen Effekt hat, der ähnlich wie beim Yoga vermutlich durchaus auf den Geist wirkt. Das Gebet wird jedenfalls immer wieder als Erfahrung beschrieben, die die innere Ruhe fördere und auch in den täglichen Wiederholungen keinesfalls zur lästigen Pflicht werde.

Besonders in Kreisen von Konvertiten findet sich die Tendenz zu einem stärker emotional gefärbten, mystischen Islam. Eine parallele Entwicklung ist jedoch auch im Orient zu beobachten; ein Beispiel bildet die Bewegung von Cemalnur Sargut in Istanbul, in der – mit einer Affinität zu Esoterik und New Age – sufische Weisheiten neu entdeckt werden. Diese gebildeten und durch das herkömmliche Gemeindeleben unbefriedigten Kreise arbeiten gerne mit alten Texten der islamischen Mystik und suchen, je nach Ordenstradition, auch Grenzerfahrungen und Trancezustände, wie sie zum Beispiel bei den Mevlevi durch die Drehbewegungen hervorgerufen werden können. Herausragende psycho-physische Erfahrungen stellen ein Grundelement aller Religionen dar. Im orthodoxen Islam wie auch im Protestantismus ist für derartige Formen jedoch weniger Raum. So wundert es nicht, wenn im Sufismus ein Feld gefunden wird, solche ganzheitlichen Erfahrungen zu erproben. Wie oben beschrieben, stehen dafür in Deutschland selten spezielle Räume nach Art eines Sufikonvents zur Verfügung, aber im Gebetsraum im Mevlevihane in Trebbus zum Beispiel können Teilnehmer Entsprechendes erleben. In sämtlichen islamisch-mystischen Orden ist der Aspekt der Anleitung durch eine religiöse Autorität von außerordentlicher Wichtigkeit. Normalerweise werden Adepten niemals unkontrolliert ihren Erfahrungen überlassen, sondern stehen im engen Austausch mit einem Schaich oder einer Meisterin.

Im täglichen Leben spielen Moscheen nicht nur in Form konkreter Bauten eine Rolle. So wird in islamischen Kindergärten oder in moscheeeigenen Kindergruppen, ähnlich wie im christlichen Religionsunterricht, gerne gemalt und gezeichnet. Da die Darstellung von Lebewesen allerdings oft abgelehnt wird und das Erlernen arabischer Kalligraphie anspruchsvoll ist, stellt die Moschee ein einfaches und naheliegendes Motiv dar.

Nahezu sämtliche Medien mit religiösem Inhalt bedienen sich spezieller muslimischer Zeichen, so etwa die Zeitschrift des Islamischen Zentrums in Hamburg *al-Fadschr*, deren Logo eine Moschee ziert, oder die Zeitschrift der Ahmadiyya *Der Islam* mit einem Minarett. Auch die Hilfsorganisation «Islamic relief» hat als Logo eine die Erdkugel umspannende Moschee, und sogar im Bereich der kommerziellen Werbung für Nahrungsmittel finden sich Beispiele: von den Milchprodukten «al-Ghazi», «der Eroberer», und «Ömür», «Leben», mit Moscheedekorationen über die Mini-Salami «Molla» bis zum «Mekka-Burger» mit Gebetsnischenlogo. Den Höhepunkt der Werbung mittels Religion stellt sicherlich der «Muezzinwecker» dar, ein Gerät in Moscheeform mit sämtlichen Attributen wie der Kuppel, zwei Minaretten und auf Wunsch auch grüner Außenfarbe. Der Weckruf ist der des Muezzins.[80] Derzeit sind zudem entsprechende Klingeltöne für das Handy sehr beliebt, mit denen sich Gläubige – in Ermangelung eines öffentlich rufenden Muezzins – zum Morgengebet wecken lassen.

Ein siebenjähriges Mädchen aus Darmstadt hat sich selbst und seine Lehrerin vor einer Moschee gemalt.

Nicht zuletzt spiegelt sich Religion im Alltag in Wohnungsgegenständen, wie Inken Mädler in einer Untersuchung unabhängig vom Islam gezeigt hat.[81] Bei Einblicken in Wohnräume von Muslimen wird deutlich, dass es vom Milieu abhängt, wie weit sich dort Reminiszenzen an den Islam und die Moschee finden. Die Wohnräume säkular orientierter Muslime zum Beispiel unterscheiden sich nicht erkennbar von denen von Nichtmuslimen, dazu liefert die europaweite Dokumentation der Fotografin Annette Merrild «Einsichten».[82] Je nach Heimatverbundenheit und Frömmigkeit von Migrantenfamilien oder bewusst gepflegter islamischer Identität bei Akademikern nehmen die mit der Religion in Verbindung stehenden Dekorationsgegenstände jedoch zu. Beliebt sind vor allem Kalligraphien mit dem Glaubensbekenntnis oder den «schönsten Namen» Gottes. Dazu kommen Poster, die Mekka oder Medina als beliebte Pilgerziele zeigen. Bei Personen,

Wenn der Muezzin nicht öffentlich zum Gebet ruft, können sich die Gläubigen auch von einem Muezzin-Wecker in Form einer Moschee zum Morgengebet rufen lassen.

die sich bewusst mit ihrem Glauben auseinandersetzen, weist das Bücherregal entsprechende Schriften auf. Die persönliche Frömmigkeit zeigt sich eben nicht nur in der Moschee, sondern auch zu Hause.

Im Wohnraum erinnert immer auch der Gebetsteppich mit seinem die reale Gebetsnische zweidimensional aufgreifenden Mihrâb an die Moschee. In Erinnerung an die einleitend im ersten Kapitel betonte Verflechtung kultureller Muster soll abschließend an die Verbreitung des gleichen Teppichs in europäischen Haushalten seit der Renaissance erinnert werden. Beispielsweise Hans Holbein der Ältere (1497–1543) zeigt Interieurs, aus denen sich historische Teppichformen des Orients genau rekonstruieren lassen, die bei westlichen Sammlern einschließlich des Gebetsteppichs immer schon beliebt waren.[83] Denkt man in dem Fall an eine Verschiebung der Nutzungszusammenhänge eines Gebetsteppichs, so ist es natürlich auch in islamischen Kreisen hochgradig individuell, was ein Besitzer eines an die Moschee erinnernden Objekts in seiner Wohnung mit diesem verbindet: Hoffnungen, Erinnerungen, die religiöse Identität, Heimatgefühle, Kunstgenuss oder ganz andere private Assoziationen.

Anders!
Das Islamische Forum
in Penzberg

Meine Erfahrungen als Architekt einer Moschee
Von Alen Jasarevic

18. September 2005 – Deutschland wählt zum ersten Mal eine Frau in das Kanzleramt. Am gleichen Tag wird in der kleinen oberbayerischen Stadt Penzberg unter großer öffentlicher Anteilnahme von Seiner Hoheit Emir von Sharjah, Sultan bin Mohammad al-Qasimi, das Islamische Forum eröffnet. Die islamische Gemeinde präsentiert stolz ihr neues Heim in unmittelbarer Nähe zur Innenstadt. Alle sind gekommen: der Bürgermeister, die Stadträte, die Pfarrer der katholischen und evangelischen Gemeinde, der Landrat, Vertreter der Landesregierung, hohe Würdenträger aus Bosnien, der Türkei und dem arabischen Raum. Aber auch zahlreiche Penzberger Bürger applaudieren dem Gebäude und der Gemeinde. Die anfänglichen Zweifel sind großer Begeisterung und Zuspruch gewichen. Sogar das Minarett wird als wertvoller Beitrag zum Stadtbild gefeiert.

In den ersten drei Jahren nach der Eröffnung haben über 15 000 Menschen das Forum besucht. Es wurden viele Kontakte geknüpft und gute Gespräche geführt. Auch Freundschaften sind entstanden. Die kleine islamische Gemeinde hat sich zu einem wichtigen gesellschaftlichen Faktor in Penzberg und seiner Umgebung entwickelt. Ihre Veranstaltungen werden regelmäßig von bekannten Persönlichkeiten aus Politik, Gesellschaft und Kultur besucht. Das alljährliche öffentliche Iftar-Abendessen, bei dem im Fastenmonat

Eine Sonderkonstruktion aus Bruchglas taucht den Moscheeraum in blaues Licht. Die gebogenen Stahlträger, der Mihrâb (Gebetsnische) und der Minbar (Kanzel) sind Neuinterpretationen bekannter islamischer Stilelemente aus dem Moscheebau.

Ramadan nach Sonnenuntergang wieder gegessen werden darf, ist, wie der Bürgermeister Hans Mummert feststellte, zu einem festen Termin in Penzberg geworden. Deutschkurse für die Gemeindemitglieder, eine Kinderkrippe, interreligiöse Mutter-Kind-Gruppen und ein ehrgeiziges Förderprogramm für Grundschüler sind nur einige der zahlreichen Programmpunkte aus dem Bildungsangebot des Islamischen Forums.

Viel hat sich seit der Eröffnung der Moschee in der islamischen Gemeinde verändert. Die Mitglieder des Vorstandes müssen per Satzung mündlich und schriftlich Deutsch beherrschen, die Freitagspredigt wird regelmäßig auf Deutsch gehalten, auch die Umgangssprache der Gemeinde ist Deutsch (bei vielen Mitgliedern muss man wohl eher Bayerisch sagen), der Vizepräsident ist eine Frau, die Mütter übernehmen immer mehr Aufgaben in den Schulen und Kindergärten ihrer Kinder, die Zahl muslimischer Kinder am Gymnasium hat stark zugenommen, die Kontakte zur Kirche und immer mehr auch zur jüdischen Gemeinde wurden gefestigt und intensiviert. Das große gegenseitige Vertrauen und die Freundschaft zwischen Muslimen und Nichtmuslimen ist offensichtlich. Der Bürgermeister, der trotz oder gerade wegen seiner offenen Sympathie mit der Gemeinde bei der letzten Bürgermeisterwahl ein grandioses Ergebnis erzielt hat, formuliert das so: Ich bin natürlich auch der Bürgermeister der muslimischen Penzberger und setze mich auch für ihre Interessen ein.

Welche Rolle kann bei diesem Annäherungsprozess die Architektur spielen? Die islamische Baukunst hat im Laufe der Jahrhunderte großartige Werke hervorgebracht. Das Taj Mahal in Indien , der Felsendom in Jerusalem, die Moscheen und Paläste in Samarkand, die großartigen Moscheen des Sinan in Istanbul oder die Alhambra in Spanien sind in unserem Bewusstsein genauso verankert wie antike oder christliche Bauwerke, etwa das Colosseum in Rom oder die Kathedrale Notre-Dame in Paris. Zwischen Spanien und China, Südosteuropa und Zentralafrika haben muslimische Architekten einen großen Reichtum an Formen geschaffen. Sie haben die Moschee – und nicht nur sie – sehr sensibel an ihr sozia-

Die Fatiha, das «muslimische Vaterunser», schmückt in deutscher und arabischer Schrift die aufgeschlagenen «Buchdeckel» des Portals.

Im Namen Gottes,
des Allerbarmers,
des Barmherzigen.
Lob sei Gott dem Herrn
der Welten.
Dem Allerbarmer,
dem Barmherzigen.
Dem Herrscher am Tage
des Gerichtes.
Dir dienen wir und Dich
bitten wir um Hilfe.
Führe uns auf den rechten
Weg, den Weg derer,
denen Du gnädig bist,
nicht derer, denen Du
zürnst und nicht der
Irregehenden.
Im Namen Gottes,
des Allerbarmers,
des Barmherzigen.
Ihr Menschen!
Wir haben euch aus
Mann und Frau erschaffen
und haben euch zu
Völkern und Stämmen
werden lassen, damit ihr
euch kennenlernt.
Der Edelste vor Gott ist
der Gerechteste
unter euch.
Gott hat das wahre
Wort gesprochen.

les, wirtschaftliches, kulturelles und klimatisches Umfeld angepasst. Dieser architektonische Reichtum ist ein Ausgangspunkt unserer Arbeit.

Jenseits von Kunst und Goldenem Schnitt ist gerade auch die soziale und gesellschaftliche Dimension der Architektur von großer Bedeutung. An der Bewältigung gesellschaftlicher und künstlerischer Herausforderungen entscheidet sich, ob eine Moschee akzeptiert wird und man von einem gelungenen Projekt sprechen kann.

Wir sind der festen Überzeugung, dass sich ein mitteleuropäischer Moscheetyp entwickeln wird, mit dem sich die muslimischen Einwanderer, vor allem der dritten und vierten Generation, wie auch die nichtmuslimischen Bürger leichter identifizieren können als mit Übernahmen von traditionellen Moscheetypen aus der islamischen Welt. Neben der Kirche und dem Rathaus wird sich die Moschee wie auch die Synagoge als selbstverständlicher Bestandteil unserer Städte etablieren.

Wir stehen noch ganz am Anfang dieser Entwicklung. Über Generationen gefestigte Bilder von Moscheen und Vorurteile müssen auf beiden Seiten aufgebrochen werden. Wie sehr wir von Bildern geprägt sind, kann folgendes Beispiel verdeutlichen. Durch das Hinzufügen von lediglich zwei Elementen kann aus der abstrakten Form des Würfels eine Moschee werden:

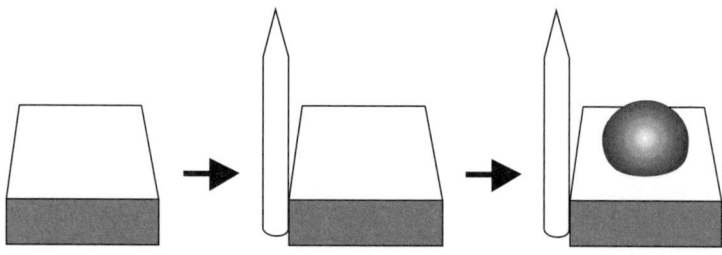

Dieser Illustration folgend, denken wir Mitteleuropäer bei Moscheen sofort an die großen osmanischen Kuppelmoscheen wie die Süleymaniye oder die Blaue Moschee in Istanbul. Nicht anders geht es vielen Muslimen in Deutschland. Die osmanische

Interpretation mit Zentralkuppel und spitzem Minarett gilt als einzig legitimer Typ für einen Moscheebau. Sogar die Moschee-gegner berufen sich auf ihren Protestplakaten auf dieses Bild. Dabei ist dieser Typ nur ein Element im weiten Spektrum der islamischen Architekturvielfalt.

Die erste Moschee war das Wohnhaus des Propheten Mohammed: ein einfaches, teilweise überdachtes Hofgeviert (siehe S. 45). Der Muezzin rief vom Dach des Hauses zum Gebet. Das Minarett und die Kuppel entwickelten sich erst in der Folgezeit unter den ersten Kalifen. Die große Moschee von Damaskus ist ein herausragendes Beispiel dafür. Sie ist wie der Felsendom in Jerusalem, der keine Moschee ist, stark von byzantinischem Einfluss geprägt. Im Laufe der folgenden Jahrhunderte entwickelten sich ganz unterschiedliche Moscheetypen. So erinnert uns ein chinesisches Minarett eher an eine Pagode oder eine schwarzafrikanische Lehmmoschee an einen Ameisenhaufen. Dennoch erfüllen alle Moscheen die gleiche Aufgabe, sie sind Gebetsplätze und Orte der Niederwerfung (arabisch für Moschee) und damit gleichwertig. Eine mitteleuro-päische Moschee mit eigenen Gestaltungsmerkmalen ist daher genauso legitim wie etwa die Hallenmoschee im Maghreb. Um-gekehrt wäre eine traditionelle chinesische Moschee in der Türkei genauso deplatziert wie eine traditionelle osmanische Moschee in Deutschland.

Wenn der Vorstand und die Gemeinde verstanden haben, dass es gerade islamischer Bautradition entspricht, neue Gebäude wie Moscheen sensibel ihrem Umfeld anzupassen, hat sich die langwierige Überzeugungsarbeit gelohnt. Von da an ist die Arbeit an einem neuen Moscheetyp möglich. Das gelingt leichter bei einem jungen, in Deutschland aufgewachsenen Vorstand. Der Bauherr darf nicht mit erhobenem Zeigefinger belehrt werden, sondern muss mit Sensibilität und Respekt von einem modernen Gebäude überzeugt werden. Hilfreich war in unserem Fall der Verweis auf moderne Kirchenbauten (etwa die Herz-Jesu-Kirche in München von den Architekten Markus Allmann, Amandus Sattler und Ludwig Wappner) und moderne Synagogen (zum Beispiel das Jüdische Zentrum in München, gebaut von Andrea Wandel, Andreas Hoefer, Wolfgang Lorch und Nikolaus Hirsch), die wir gemeinsam mit dem Vorstand besucht haben.

Moscheen waren immer Orte der Kommunikation und nicht primär Orte der Repräsentation. Gerade in einer offenen und pluralistischen Gesellschaft ist die kommunikative Aufgabe von grundsätzlicher Bedeutung. Fruchtbare Gespräche gelingen gerade in einer ungezwungenen und vorurteilsfreien Atmosphäre. Gebäude, die auf Traditionen beharren, können dagegen zu Barrieren werden. Der bekannte Augsburger Architekt und Kirchenbaumeister Thomas Wechs fasste diese Überlegungen vor rund fünfzig Jahren so zusammen: *Sachlich, zweckmäßig und brauchbar soll Architektur sein, sie soll den Gesetzen der Schönheit folgen und an die Tradition gebunden sein, soweit sie dem Fortschritt nicht im Wege ist.*

Als mich die islamische Gemeinde Penzberg das erste Mal zu einem Gespräch in ihre Räumlichkeiten einlud, wunderte ich mich über den provisorischen Charakter der Gebetsstätte. Die weitreichenden Wünsche der Mitglieder passten so gar nicht zu dieser Situation. Der umgebaute Kuhstall war eine der typischen Hinterhofmoscheen, die nach wie vor weit verbreitet sind. In ausschließlicher Eigenleistung werden leer stehende Gebäude im Rahmen der finanziellen und technischen Möglichkeiten behelfsmäßig renoviert und umgebaut. Regelmäßig platzen die meist viel zu kleinen Räume aus allen Nähten. Öffentliche Veranstaltungen finden deswegen nur sporadisch oder meist gar nicht statt. Der behelfsmäßige Charakter der Räume überträgt sich mit der Zeit auf die Arbeit der Gemeinde und ihres Vorstandes. Alles ist ein Provisorium.

Doch in Penzberg war alles im Fluss. Der junge, charismatische Imam entwickelte in unserem Gespräch eine mitreißende Vision von der Zukunft der Muslime in Deutschland. Endlich! Eine Gemeinde, die sich und ihre Religion als selbstverständlichen Teil der deutschen Gesellschaft sieht. Schnell stellten wir große Übereinstimmungen fest. Junge, in Deutschland aufgewachsene Muslime mit dem entschiedenen Willen, in Deutschland ihren Lebensmittelpunkt weiter zu festigen, wollen selbstbewusst als Muslime die Gesellschaft bereichern.

Ein Grundstück in der Nähe der Innenstadt hatte die Gemeinde bereits aus Eigenmitteln erworben. Das vom Vorstand aufgestellte Raumprogramm wurde hinterfragt und nach intensiver Diskussion verworfen. Der Raum für die profanen Funktionen wurde

Die Glasfront, der graublaue Teppich und die Betonflächen verleihen dem Raum asketische Ruhe. An Wänden und Decken zieht sich ein geometrisch-abstraktes Ornament als endloses Band über den sandgestrahlten und dadurch weich, fast textil wirkenden Sichtbeton.

auf Kosten der eigentlichen Moschee vergrößert. Eine Bibliothek, ein Restaurant, großflächige Mehrzweck- und Unterrichtsräume ergänzten die religiöse Nutzung des Hauses. Nach einer Exkursion zu vorbildlichen Kirchenbauten wurde ein offenes und freundliches Haus gewünscht, möglichst mit direktem Einblick in den Gebetsraum. Nach diesem intensiven Prozess präsentierte ich zunächst dem Vorstand den Entwurf für das neue Zentrum. Der offene Dialog mit dem Bauherrn und das sehr beschränkte Baubudget halfen dabei, ein Gebäude zu konzipieren, das sich auf das Wesentliche beschränkt.

Das Bild des Mekkapilgers, der ungeachtet seiner Herkunft und Abstammung einheitlich nur in zwei Tücher gekleidet ist, war das Leitmotiv für die Reduktion und Abstraktion des Baukörpers. Zwei rechteckige Riegel wurden L-förmig aneinandergefügt mit einem Foyer als Scharnier. In einem der beiden Flügel ist die zweigeschossige Moschee untergebracht, der andere nimmt die Bibliothek, das Restaurant, Mehrzweckräume und eine Wohnung auf. Das Untergeschoss mit dem Gemeindesaal und weiteren Unterrichtsräumen wird über einen Innenhof großzügig belichtet. Der Haupteingang ist klar zur Stadt hin ausgerichtet, genauso wie die Bibliothek, das Foyer und der von außen teilweise einsehbare Gebetsraum. Das Gebäude ist leicht aus der Straßenflucht herausgedreht; dadurch ergibt sich vor der Moschee zur Straße hin ein öffentlicher Platz, der durch dezente Begrünung und eine aus hauchdünnen Stahlplatten gefügte Lichtskulptur, das Minarett, aufgewertet wird. In die Platzgestaltung konnte auch der öffentliche Gehweg mit einbezogen werden. Die zurückhaltende Gestaltung der Fassaden mit wenigen Öffnungen und die klare Linienführung des Gebäudes bilden ein angenehmes Gegengewicht zum kleinteiligen und heterogenen Umfeld. Gerade wegen der ruhigen und zurückhaltenden Gestaltung sticht die Moschee hervor. Sie wirkt vornehm und selbstverständlich. Das große Fenster der Moschee taucht den Gebetsraum in blaues Licht. An Wänden und Decken zieht sich ein geometrisch-abstraktes Muster als endloses Band über sandgestrahlten und dadurch weich, fast textil wirkenden Sichtbeton. Die aus Glasscherben zusammengesetzte Glasfront und die Reduktion der Materialien verleihen dem Raum asketische Ruhe. Die Beleuchtung sorgt dafür, dass das Gebäude abends zu glühen und zu funkeln scheint. Die Verbindung von moderner Architektur und unaufdringlicher Religiosität schien gelungen.

Der Vorstand war begeistert. Nun galt es, die Gemeinde und die Stadt zu überzeugen. In den kommenden Wochen haben wir alle Stadtratsfraktionen, den Bürgermeister, den Stadtbaumeister und die Kirchen besucht und mit ihnen den Entwurf diskutiert. Die wenigen Kritikpunkte und die vielen Anregungen konnten gut berücksichtigt werden, so dass nach Wochen intensiver (Überzeugungs-)Arbeit ein Entwurf vorlag, der die Belange der Gemeinde und der übrigen Beteiligten beachtete und zugleich eine ambitionierte zeitgemäße Architektur ermöglichte.

Natürlich gab es auch Gegenstimmen. Die Opposition nutzte die Gelegenheit, um sich vom Bürgermeister abzugrenzen. Einige Gemeindemitglieder waren skeptisch gegenüber der modernen Architektur. Nachbarn sorgten sich um ihre Ruhe. Trotzdem blieben die Verantwortlichen standhaft und unterstützten das Vorhaben, so gut sie konnten. Auf Anregung des Bürgermeisters organisierte die islamische Gemeinde eine Pressekonferenz und lud alle Penzberger dazu ein. Das *Penzberger Tagblatt* titelte am folgenden Tag: «Moschee wertet Penzbergs Stadtbild auf». Damit war es geschafft. Die öffentliche Meinung war auf der Seite der Gemeinde. Die anstrengende und langwierige Vorarbeit hatte sich gelohnt. Die folgenden Schritte verliefen reibungslos. Zwar nutzen Teile der Opposition die entscheidende Bauausschuss-Sitzung, um sich gegen das Minarett zu positionieren, aber der Bürgermeister und der Stadtbaumeister sprachen sich klar dafür aus. Eine Moschee ohne Minarett sei keine richtige Moschee, und die Pläne seien schließlich allen Fraktionen im Vorfeld ausführlich präsentiert worden. Nach kurzer Debatte genehmigte der Ausschuss einstimmig das Vorhaben.

Die Bauarbeiten wurden mit einem großen Fest zur Grundsteinlegung begonnen. Im weiteren Baufortschritt folgten das Richtfest und mehrere Tage der offenen Baustelle. Für Stadträte, Nachbarn und Pressevertreter fanden in regelmäßigen Abständen Führungen statt. Diese Feierlichkeiten und Informationsveranstaltungen dienten dazu, die Bevölkerung auf dem Laufenden zu halten und auf eventuelle Irritationen frühzeitig zu reagieren. Außerdem legte der Vorstand fest, dass ausschließlich Firmen aus Penzberg und Umgebung beauftragt und nur einheimische Materialien verbaut werden sollten. Damit wurde schon im Vorfeld die Penzberger Bevölkerung eingebunden und die Identifikation mit dem neuen Gebäude verstärkt.

Neben der wertvollen politischen und moralischen Hilfe war eine finanzielle Unterstützung des Vorhabens seitens der Stadt oder des Landkreises allerdings nicht möglich. Die Baukosten wurden ausschließlich über Spenden finanziert, und es war schnell absehbar, dass die kleine islamische Gemeinde bald an ihre Schmerzgrenze gelangen würde. Um einen Baustopp zu vermeiden, wurde der Kontakt in die Golfstaaten gesucht. Ein Bekannter des Imams stellte eine Verbindung zum Emir von Sharjah, dem drittgrößten Emirat der Vereinigten Arabischen Emirate, her. Schon bald besuchte ein Sekretär des Emirs Penzberg. Als Gast der Gemeinde konnte er sich einen guten Eindruck von dem Bauvorhaben und vor allem von der Gemeinde und ihren Aktivitäten machen. Er verließ Penzberg begeistert und revanchierte sich mit einer Einladung des Emirs. Seine Hoheit Sheikh al-Qasimi, ein hochgebildeter Mann, gilt als großer Förderer der Künste. Alljährlich wählt er unterschiedlichste Projekte auf der ganzen Welt aus, die er unterstützt und an denen er persönlich Anteil nimmt. Sein karitatives Engagement und sein freundliches, einnehmendes Wesen haben ihm weltweit viel Anerkennung und unzählige Ehrungen eingetragen. Sein Einsatz für den Dialog der Kulturen ist vorbildlich. Im Palast des Emirs hatten wir nochmals die Gelegenheit, das Projekt anhand von Plänen und mit einem virtuellen Rundgang durch das Gebäude vorzustellen. Mit einem dezenten Lächeln bedankte er sich für den Vortrag und sicherte uns seine Unterstützung zu. Die sprichwörtliche arabische Gastfreundschaft genossen wir während der anschließenden Audienz in der märchenhaften Residenz.

Nach Deutschland zurückgekehrt, vereinbarte der Vorstand, seiner Strategie des offenen Dialoges folgend, einen Termin mit dem Bürgermeister und allen Fraktionsvorsitzenden. Der Besuch in den Emiraten wurde geschildert und die neue Wendung des Projekts vorgestellt. Dank der hohen Reputation des Emirs wurde die anfängliche Skepsis zerstreut und der Sekretär des Emirs offiziell von der Stadt eingeladen. Nach dem Stadtrat informierte der Vorstand die Presse und damit die Penzberger Öffentlichkeit über die großzügige und uneigennützige Zuwendung des Emirs von Sharjah. Auf den Besuch des Sekretärs folgte ein Gegenbesuch des Stadtrats im Emirat. Die Gastfreundschaft und Bescheidenheit seiner Hoheit hinterließen wiederum bleibenden Eindruck.

Die Bauarbeiten kamen nun wieder in Gang. Mit dem größten Einsatz aller Beteiligten, egal ob muslimisch oder nicht, gelang es uns, die zeitlichen Vorgaben des Sekretärs zu erfüllen. Die Überflutung des Hauses während des Sommerhochwassers kurz vor der Eröffnung konnte vom Technischen Hilfswerk gerade noch verhindert werden. Trotzdem blieb es bei einem Herzschlagfinale. Noch drei Tage vor der feierlichen Eröffnung fehlte die Glasfassade der Moschee, während der Sekretär des Emirs bereits eingetroffen war und das «fertige» Haus vorab besichtigen wollte. Unsere Nervosität konnte ihm nicht entgehen. Die Konstruktion der Glasfassade ist einmalig. Deutschlandweit konnte uns nur ein Erfurter Betrieb eine technische Lösung anbieten. Aber kreative Tüftler neigen leider auch dazu, Terminvorgaben kreativ auszulegen. Zwei Tage vor der Eröffnung konnte die Fassade schließlich eingebaut werden. Ihr Anblick entschädigt für zahlreiche nervenaufreibende Momente.

Das Minarett konnte in einer Fabrik komplett vorgefertigt werden. Einer alten Penzberger Industrietradition folgend, wurde es aus dünnen Stahlplatten zusammengefügt. Da die Gemeinde von Anfang an auf den Gebetsruf verzichtete, wurde der Gebetsruf in arabischer Kalligraphie aus den Platten geschnitten. So ruft das Minarett nicht fünf Mal am Tag zum Gebet, sondern rund um die Uhr, ohne die Nachbarn zu stören.

Während des Schlussspurtes waren auch wir Architekten täglich auf der Baustelle, um die Arbeiten zu koordinieren und zu überwachen. In dieser Zeit fiel mir ein älterer Herr auf, der regelmäßig die Baustelle besuchte. Eines Tages nahm er mich zur Seite und fragte nach dem Minarett, wann es denn komme und ob es in die Umgebung passe. Es stellte sich heraus, dass er genau gegenüber der Moschee wohnte und zusammen mit seiner Frau besorgt war. Ich versicherte ihm, dass ich nach wie vor zu meinem Wort stünde und dass die Gemeinde der Stadt mit dem Minarett ein bemerkenswertes Kunstwerk schenken würde. Auf einem LKW transportiert, kam es schließlich und wurde im Handumdrehen aufgestellt. Alle Handwerker stellten die Arbeit ein und beobachten, gemeinsam mit den vorüberfahrenden Autofahrern das Spektakel. Langsam bildete sich ein Stau auf der Straße. Auch der Nachbar gesellte sich dazu und war sichtlich angenehm überrascht vom Penzberger Minarett. Am folgenden Abend wurde das Licht im Inneren des Turmes eingeschaltet. Der Effekt war wie geplant beeindruckend. Der Nachbar bedankte sich nach der Eröffnung beim Vorstand und erzählte, dass er nun mit seiner Frau abends seinen Kaffee am Fenster mit zurückgezogenen Gardinen trinkt und die schöne Aussicht genießt. Mittlerweile ist das Minarett ein Ziel von Touristen und ein zusätzliches Wahrzeichen der Stadt.

Seit der Eröffnung hat sich die Gemeinde äußerst positiv entwickelt. Das Versprechen, zu unserer Gesellschaft beizutragen, haben die Penzberger Muslime gehalten. Die Moschee ist inzwischen ein selbstverständlicher Bestandteil der Stadt. Durch das Islamische

Forum wurde eine Tür aufgestoßen. Man spürt förmlich das aufgestaute Interesse der Nichtmuslime, den Islam und die Muslime besser kennenzulernen. Ich frage mich häufig, welchen Anteil am Erfolg der islamischen Gemeinde die Architektur tatsächlich hat. Das Haus ist natürlich nur ein Passepartout, ein Rahmen für die Gemeinde, und ohne die Aktivität und Offenheit ihrer Mitglieder wäre auch die schönste Moschee kein Erfolg. Allerdings trägt die Architektur entscheidend dazu bei. Ein ungewöhnliches, kunstvoll, offen und transparent gestaltetes Gebäude verhilft der Gemeinde zu Identität und Selbstbewusstsein.

Rückblickend lässt sich sagen, dass der Vorstand klug und vorausschauend gehandelt hat. Seine offene und kommunikative Art hat das nötige Vertrauen der Stadt geschaffen. Der Bürgermeister und der Stadtrat haben ihrerseits das Anliegen der Gemeinde ernst genommen und sind ihr auf gleicher Augenhöhe begegnet. In entscheidenden Momenten bewiesen alle Beteiligten die nötige Standkraft und Sensibilität, um ein solches Projekt zum Erfolg zu führen. Die Kirchen und die Presse begleiteten das Projekt wohlwollend und halfen mit, die Stimmung in der Stadt stets konstruktiv zu halten. Die Befürchtungen der Bevölkerung wurden von allen ernst genommen und in vielen gemeinsamen Gesprächen entkräftet. Insgesamt wurde ein Projekt realisiert, das Leuchtturm-Qualität besitzt und hoffentlich auch andere Städte und Gemeinden inspiriert. In Deutschland, aber auch in anderen Ländern wie Spanien, den Niederlanden, Dänemark, Ungarn, China und Südkorea hat die Penzberger Moschee bereits Aufmerksamkeit erregt.

Was ist für künftige Vorhaben zu wünschen? Mehr Selbstverständlichkeit! Die Muslime wurden als Gastarbeiter in das Land gerufen. Die erste Generation hat mit harter Arbeit geholfen, Deutschland nach dem Krieg wieder aufzubauen. Mittlerweile lebt bereits eine dritte und vierte Generation von muslimischen Einwanderern im Land und ist nicht mehr bereit, ihre Religion in Hinterhöfen zu praktizieren. Der Wunsch nach öffentlich sichtbaren Moscheen ist ohne Zweifel legitim, unabhängig davon, ob sich eine Gemeinde für eine moderne oder traditionelle Bauweise entscheidet. Jeder Neubau öffnet die Gemeinde und fördert die Kommunikation mit der nichtmuslimischen Bevölkerung.

Abends verändert sich der Charakter des Gebäudes. Das Innere des Forums leuchtet nach außen und funkelt in die Nacht. Das Minarett wirkt wie eine Lichtskulptur.

Herausragende Projekte könnten von der Stadt oder vom Land auch finanziell gefördert werden, um die Vorbildfunktion dieser Gemeinden vor allem in der muslimischen Gemeinschaft zu unterstreichen und eine professionelle Arbeit zu ermöglichen. In Deutschland ausgebildete Imame könnten besser zwischen den Kulturen und Religionen vermitteln als Imame, die in der Türkei oder in anderen islamischen Ländern studiert haben. Die islamischen Gemeinden müssen den längst überfälligen Generationenwechsel vollziehen, ihr Vorhaben offen vertreten und die berechtigten Befürchtungen der Bevölkerung ernst nehmen. Die beauftragten Architekten können mit Mut und viel Kenntnis über die Religion und Kultur ihrer Bauherren innovative und kunstvolle Moscheen realisieren und die wichtige Rolle des Moderators einnehmen. Ich würde mir mehr Politiker vom Schlag des Penzberger Bürgermeisters wünschen: geradlinig und standfest, mit dem Bewusstsein, der Bürgermeister aller Bürger zu sein.

Männerrunde vor der Moschee

Leben in der Moschee

Ein Foto-Essay von Mirko Krizanovic

Als ich im Frühjahr 2003 in der Mimar-Sinan-Moschee in Mör-felden-Walldorf fotografieren wollte, begegneten die Gemeinde-mitglieder meiner respektvollen Neugierde zunächst skeptisch. Sie waren es nicht gewohnt, sich in ihrem vom Türkisch-Islami-schen Kulturverein erbauten und betriebenen und nach dem be-rühmten osmanischen Architekten Mimar Sinan benannten Ge-betshaus fotografieren zu lassen. Umso mehr überraschte mich ihre Offenheit nach nur wenigen Besuchen in der Moschee. Ob beim stillen Gebet oder beim ausgelassenen Frühlings- und Kin-derfest – durch ihre zunehmende Unbefangenheit, auch Herzlich-keit, gewährten die Moscheebesucher mir großzügig Einblicke in das religiöse und gesellschaftliche Leben ihrer Gemeinde.

Mirko Krizanovic, geboren 1959 in Subotica, Jugoslawien, lebt seit 1969 in Deutschland. Seit 1983 arbeitet er als Fotojournalist, zunächst beim Darmstädter Tagblatt, *von 1987 bis 1994 als Redaktionsfotograf der* Frankfurter Allgemeinen Zeitung *und seitdem als freier Fotograf.*

Die Mimar-Sinan-Moschee im Industriegebiet von Mörfelden-Walldorf

Meditation vor dem Freitagsgebet

Freitagsgebet im Großen Gebetsraum der Moschee: Auf der Empore eine Muslima im separaten Bereich für Frauen

Gläubige folgen der Predigt des Imams.

Zum türkischen Fest der Unabhängigkeit und der Kinder am 23. April werden von den Frauen traditionelle Speisen zubereitet und in der Cafeteria der Moschee angeboten.

Warum es Moscheebau-konflikte gibt und wie man sie bearbeiten kann[*]

Von Claus Leggewie

1

Moscheekonflikte als Lehrstücke

Ein Jahrzehnt verschärfter Moscheekonflikte liegt hinter uns. Nachdem die meisten der aktuell rund 2600 Moscheen in Deutschland seit den siebziger Jahren ziemlich geräuschlos entstanden sind, regen sich heute fast überall, wo ein Moscheeverein bauen will (derzeit etwa 200 Fälle), Proteste von Anwohnern und wollen populistische Unternehmer aus der Angst vor dem Islam politisches Kapital schlagen.[1] Die Politisierung der Nachbarschafts-konflikte lag vor allem daran, dass die Moscheen aus unscheinbaren und unansehnlichen Behelfsbauten in Hinterhöfen und Industriegebieten in zentrumsnahe und imposante Repräsentativbauten mit Kuppel und Minarett und von den kleinen und mittleren Gemeinden in die Großstädte gewandert sind, wo die lokale Aufregung nationale Medienresonanz bekommt. Vor allem im Kölner Moscheeprojekt haben die deutschen Ängste vor Überfremdung, Parallelgesellschaft und Terror eine Projektionsfläche gefunden.[2]

Moscheen wirken wie «Schlagbilder» (Aby Warburg): Schlagartig symbolisieren sie eine jahrzehntelange Einwanderungsgeschichte – und deren Versäumnisse. Sie demonstrieren Präsenz und Selbstbewusstsein der muslimischen Immigration in Europa: Wir bauen, weil wir bleiben wollen. Damit geraten Selbstbilder der Mehrheit genau wie Fremdbilder der islamischen Minderheit in Bewegung; zur Debatte stehen der Standort der Muslime in der deutschen Gesellschaft und die Bedeutung, die ihnen die Mehrheitsgesellschaft einräumen will. Es geht also um die kulturelle Hegemonie oder «Leitkultur» in einer Gesellschaft, die aufgrund ihrer ethnischen und religiösen Vielfalt kein kulturelles Zentrum mehr für selbstverständlich und verbindlich erklären kann.

Manchen Einheimischen, die sich in ihrem Viertel nicht mehr heimisch fühlen, erscheint der Bau einer Moschee wie eine «Landnahme», was durch eine unvorsichtige, bisweilen auch provokative Diktion muslimischer Bauherren unterstützt wird, die ihre Häuser zum Beispiel «Eroberer-Moschee» *(Fatih-Camii)* nennen.[3] Seit der Jahrhundertwende und «9/11» nimmt die Zahl derjenigen zu, die in Meinungsumfragen die Präsenz des Islams für eine Bedrohung ihrer Sicherheit halten; laut einer europaweiten Umfrage im Sommer 2007 äußerten sich so zwischen 20 und 40 Prozent der Befragten.[4] Darin mischen sich medial aufgeblähte Ängste vor Terror mit einem «Herr-im-Hause»-Standpunkt und einer generellen Ablehnung von Fremden. Doch auf die islamische Präsenz reagieren nicht nur christliche Kulturkämpfer nervös, die sich einer unerwünschten Missionierung ausgesetzt sehen; pikiert ist auch der säkulare Teil der Gesellschaft, der angesichts dieser in Stein gehauenen Demonstration von Glaubensstärke eine Art Phantomschmerz über seine verblichene Glaubensfähigkeit verspürt. Hinzu kommt ein islamkritischer Feminismus, dem ironischerweise sogar christliche Paschas frönen. Aus diesen heterogenen Quellen nährt sich eine politische Mobilisierung im «Bauch» der Gesellschaft, die andere Themen nicht entfernt erreichen – «der Islam» ist einer der größten Aufreger überhaupt.

Aber gebaut werden die meisten Moscheen doch, selbst energischer Straßenprotest verhindert das selten. Dass dieser Anspruch auch ganz unwidersprochen bleiben kann, belegt die reibungslose Eröffnung der beiden größten Moscheen Deutschlands, der Yavuz-

Die 1995 gebaute Yavuz-Sultan-Selim-Moschee in Mannheim-Jungbusch war bis zur Eröffnung der Moschee in Duisburg-Marxloh im Jahr 2008 die größte Moschee in Deutschland. Sie wurde vor allem für ihr Projekt «Offene Moschee» und ihre Bemühungen um eine interreligiöse Annäherung bekannt. Das Nebeneinander von Minarett und Kirchturm der Liebfrauenkirche ist inzwischen ein klassisches Motiv.

Sultan-Selim-Moschee in Mannheim (1995) und der Merkez-Moschee in Duisburg-Marxloh. Letztere, Ende Oktober 2008 mit «großem Bahnhof» ihrer Bestimmung übergeben, gilt nun europaweit als Vorzeigemodell gelungener religiöser Integration. Der Bau kostete 7,7 Millionen Euro und wurde zur Hälfte aus NRW-Landes- und EU-Mitteln finanziert. Er bietet Platz für 1500 Betende und eine Begegnungsstätte mit Islam-Bibliothek und -Archiv.

Wer eine Moschee bauen und unterhalten will, muss einen kühlen Kopf behalten und sich klarmachen, dass damit weniger abstrakte Prinzipien – das Recht auf freie Religionsausübung und die Existenz einer multireligiösen Gesellschaft – verfochten als vielmehr reale *Bauten* errichtet werden sollen, das heißt: dass Religionsfreiheit eine konkrete Form bekommt. Artikel 4 des Grundgesetzes statuiert die Freiheit des Glaubens und gewährleistet ungestörte Religionsausübung, worauf die deutschen Muslime mit Nachdruck verweisen. Er besagt aber nicht, dass jeder überall alles bauen darf. Eine moderne, gesamteuropäisch angelegte Religionsverfassung, an der die Bürgergesellschaft derzeit ebenso arbeitet wie die Institutionen der Europäischen Union und ihre

Das Wunder von Marxloh:
Am 26. Oktober 2008 wird
in Duisburg-Marxloh die
Merkez-Moschee eröffnet,
ohne dass es zuvor größeren
Streit um den repräsentativen
Bau gegeben hätte.

Staaten und Regionen, fordert vielmehr, dass jeder Bauherr einer Moschee, jede Stadt- und Gemeindeverwaltung, jeder Bürgermeister und jeder Anwohner als Gestalter eines urbanen oder dörflichen Ambientes auftritt – und somit stadtplanerisch wirkt. Eine Moschee muss im umfassenden Sinne «ins Bild passen».

Was unterscheidet Moscheekonflikte soziologisch gesehen von den üblichen Nachbarschaftskonflikten, die überall dort auszubrechen pflegen, wo in einem Wohngebiet größere Zweckbauten entstehen, die zuerst Baulärm und dann Verkehr, Parkplatznot und andere Erschwernisse nach sich ziehen? Dagegen wird meist das bekannte Sankt-Florians-Prinzip zur Geltung gebracht: Natürlich hat keiner etwas dagegen, dass ein Supermarkt oder eine Sporthalle gebaut wird, aber nicht ausgerechnet in der eigenen Nachbarschaft.[5] Von den Vorteilen großer Infrastrukturprojekte – einer Braunkohlengrube, Müllverbrennungsanlage oder ICE-Trasse – profitieren viele, die Nachteile (wie fallende Grundstückspreise und Gesundheitsschäden) müssen wenige tragen. Ihnen kann man Entschädigung zahlen oder womöglich den Neustart andernorts ermöglichen, und auf diese Weise werden auf den ersten Blick

Die Merkez-Moschee in Duisburg-Marxloh bietet 1500 Gläubigen Platz.

unteilbare Konflikte erträglich, teilbar und lösbar. Niemand wird von der «Moschee um die Ecke» so gravierende Nachteile erwarten wie von der Aufhebung eines Nachtflugverbots, aber auch und gerade religiöse Bauten sind vom Sankt-Florians-Prinzip betroffen.

Unlösbar erscheinen Streitigkeiten, bei denen es «ums Ganze» geht – um hehre Prinzipien und den Kern der Identität einer Gruppe. So halten es viele Zeitgenossen mit der Gretchenfrage Religion, selbst in so «durchsäkularisierten Gesellschaften» wie Deutschland, wo nur noch eine Minderheit intensiv gläubig ist und regelmäßig Gotteshäuser besucht. Das zeigt: Moscheekonflikte sind jenseits der Streitigkeiten um Lärm und Parkplätze und jenseits der konkreten Funktion von Sakralbauten hochbrisante symbolische Anerkennungskonflikte. Solche Konflikte – und das ist die ganze Crux religiöser Gefühle und Überzeugungen – scheinen unteilbar zu sein und damit unlösbar. Bei ihnen gilt nicht das «Mehr oder Weniger», das einer materiellen Entschädigung zugrunde liegt, sondern das «Entweder-oder» einer unbeugsamen Überzeugung, die besonders aggressiv wird, wenn sie von dem Gefühl getragen wird, mit dem Rücken zur Wand zu stehen. Unteilbar scheinen Konflikte, wenn nicht nur ein Dissens in der Sache besteht, der in pluralistischen Gemeinwesen üblich und für die Entwicklungsfähigkeit moderner Gesellschaften von zentraler Bedeutung ist,[6] sondern wenn sich die Konfliktgegner nicht einmal über die Prozeduren der Streitschlichtung einig werden können, weil sie die gegnerische Position völlig ablehnen und am liebsten, bisweilen wortwörtlich: ausradiert sähen.

Doch auch solche Konflikte werden teilbar, sobald sie ein Mehr oder Weniger erlauben, eine symbolische Umverteilung, an der womöglich beide Seiten gewinnen. Das galt in der Vergangenheit für christliche Sakralbauten: Ältere können sich noch an Beschwerden von Anrainern gegen donnerndes (oder ganz sachtes) Glockengeläut erinnern, bis der Gesetzgeber die Freiheit der Christenmenschen einschränkte, ihre Botschaft so lautstark zu verkünden, wie sie es gewohnt waren. Daran wurde deutlich: Dieses ist ein Land mit christlicher Tradition und Kultur, aber nicht alle schätzen ihre Ausdrucksformen und manche wollen religiös in Ruhe gelassen werden. Auch ein Kirchen- oder Synagogenkonflikt ist heute durchaus noch vorstellbar,[7] nur werden christliche

Kultstätten kaum noch errichtet, sondern eher geschlossen und nur im Extremfall in eine Moschee umgewidmet. Die westfälische Landeskirche, die 2003 sechs Kirchen zu veräußern beabsichtigte, wollte diese nur jüdischen und christlichen Gemeinden anbieten, da die Konversion in eine Moschee bei aller Gleichursprünglichkeit von Abraham «emotional für beide Seiten zu belastend» sei.[8]

Will man in dieser Polarisierung nicht verharren und ihren womöglich schlimmen Konsequenzen erliegen – auf Moscheen in den Niederlanden, Österreich und Deutschland wurden seit den neunziger Jahren zahlreiche Brandanschläge verübt –, so muss man sich bemühen, unteilbare in teilbare Konflikte zu verwandeln, also aus dem «Entweder-oder» ein «Mehr oder Weniger» zu machen. Der geheime Sinn von Moscheekonflikten könnte folglich darin bestehen, dass sie unterm Strich zur gesellschaftlichen Integration beitragen, weil es einen prästabilisierten Konsens nicht gibt und die Konsensfiktion interreligiöser Dialoge nicht weit trägt.[9] Integration durch Konflikt – so lautet die schwierige Botschaft der Soziologie, für die interkulturelle Konflikte Normalität sind und interkulturelle Verhältnisse nicht erst mit der Einwanderung fremder Religionen beginnen. Jeder friedlich ausgetragene und glücklich ausgestandene Konflikt bringt die Gesellschaft weiter.

Schwierig ist diese Botschaft, weil sie den Beteiligten viel abverlangt. Muslime reklamieren Religionsfreiheit, dafür müssen sie in der Diaspora (und von dort aus in den Kernländern des Islams!) Säkularisierung und Religionspluralismus nicht nur hinnehmen, sondern lernen, dass sie einen Gewinn für die eigene (Glaubens-)Überzeugung bringen. Den nichtmuslimischen Anrainern gebührt Anerkennung, weil sie die ersten sind, die wirklich Toleranz üben müssen, indem sie etwas akzeptieren, mit dem sie offenbar nicht einverstanden sein können. Dafür stellen Moscheen oft einen (auch wirtschaftlichen) Stabilitätsfaktor für bedrohte Nachbarschaften dar, sofern sie sich ihnen nicht nur an Tagen der Offenen Tür öffnen. Moscheen sollten aber nicht mit einem bombastischen Integrationsauftrag überstrapaziert werden, zunächst sind sie Orte des Gebets von Muslimen, also Ausdruck einer (legitimen!) religiösen Parallelgesellschaft im christlich-säkularen Westen. Zugleich sind Muslime angesichts der islamistischen Terroranschläge gut beraten, sich nicht nur rhetorisch von religiös motivierter Gewalt zu distanzieren («Das hat mit dem Islam nichts zu tun!»), sondern eine kritische Selbstinspektion jener Elemente des Islams vorzunehmen, die ebenso einer Revision bedürfen wie Unvereinbarkeiten des Christen- und Judentums mit der Moderne: die Missachtung von Frauen und Homosexuellen, der Dogmatismus einer wörtlichen Textauslegung, das Beharren auf einer religiösen Monopolstellung, das Misstrauen gegen Meinungs- und Kunstfreiheit.[10] Nur dann können Andersgläubige den Islam im Westen als eine spirituelle und kulturelle Bereicherung empfinden, die auch in die islamische Hemisphäre hineinwirken kann, und nur dann kann man die unheilige Allianz von islamischen Fundamentalisten und Islamophoben aufbrechen, die unisono behaupten, der Islam sei prinzipiell nicht reformierbar und nicht in westlich-säkulare Gesellschaften integrierbar.

Formen kommt hier eine große Bedeutung zu. Für den Moscheebau bedeutet das den freiwilligen Verzicht auf Triumphgebärde und Imponiergehabe. Um des lieben Friedens willen kann man die Höhe des Minaretts reduzieren, besser gesagt: Architektur und Baurecht ins Gegebene einpassen und politische Kompromisse schließen, indem man etwa auf den lautsprecherverstärkten Muezzinruf verzichtet. Das sind Beispiele für die Herbeiführung teilbarer Konflikte, in denen es nicht mehr «ums Ganze» geht, sondern um Meter, Dezibel und die Anzahl der Parkplätze. Der Architektur kommt hier, wie das Beispiel des Islamischen Forums in Penzberg gezeigt hat, eine wichtige Rolle zu: Sie soll nicht allein Wohlgefühl bei den Bauherren auslösen, sondern zur Verständigung und Erneuerung der Gesellschaft beitragen. Damit sich das «Alles oder nichts» eines religiös überladenen Territorialkonflikts in einen bescheidenen Gewinn für alle verwandelt, bedarf es auch neutraler Instanzen, die den inhaltlichen Dissens des «Glaubenskampfes» durch Formgebung zivilisieren. «Form geben» neben der Architektur das Recht, der politische Kompromiss und die interkulturelle Mediation. Derartige Vermittlung bewirkt Empathie für die andere Seite, indem sie die Übernahme des gegnerischen Standpunktes einübt und der Radikalität der eigenen Überzeugung die Spitze nimmt. Deutschland ist, wie ein Überblick über exemplarische Moscheekonflikte seit dem Jahr 2000 zeigt, ein Stück vorangekommen, kann aber sicher noch dazulernen.

2
Fallbeispiele

Essen ist unser:
Brennpunkte der Kulturhauptstadt

Seit 20 Jahren logiert in der Essener Helenenstraße eine rund 350 Mitglieder zählende Gemeinde türkischer Muslime; ermuntert vom zentralen Dachverband DITIB[11] will sie sich vergrößern und erwirbt dazu ein 6300 Quadratmeter großes Grundstück samt Lagerhalle einer insolventen Schuhfirma, das an einen Bahndamm grenzt. Dem Architekten erscheint das Objekt geeignet, weil man leicht eine Kuppel darauf setzen kann und sich eine Wendeltreppe bequem zum Minarett umgestalten lässt. Oylar Sagurner, ein eloquenter und freundlicher Herr mit Fliege, übernimmt die Publicity, nachdem der Bauherr die Nachbarschaft lange über seine Absichten und die Dimensionen des Projekts im Unklaren gelassen hat. Das Reizwort «Zentralmoschee» assoziieren viele Anwohner mit Hunderten von Autotüren schlagenden Besuchern. Im Frühjahr 2007 laufen Gerüchte um über eine gewaltige Moschee mit Ladenzentrum plus Jugendtreff und Sporthalle; die aus der Luft gegriffene Zahl von 2000 Moscheebesuchern macht die Runde und verbreitet Angst.

Die üblichen Fragen kommen auf: Warum bauen die Türken dort, wo sie gar nicht wohnen? Und wer hat 1,3 Millionen Euro flüssig? Und warum eine Kuppel, wie hoch wird das Minarett?[12] Vom orientalischen Aussehen will der Architekt, der sich durch säkulare und kommerzielle Großprojekte im Ruhrgebiet einen Namen gemacht hat, nicht lassen, für Experimente hat der Bauherr keinen Sinn. Das Geld stammt im Wesentlichen vom Dachverband der türkischen Sunniten DITIB, der dem Ministerium für religiöse Angelegenheiten in Ankara unterstellt ist und die meisten Imame nach Europa entsendet. Besichtigungstermine und Bürgerversammlungen beseitigen das Misstrauen der Anwohner nicht. Eine bereits länger bestehende Initiative zur Verbesserung der Lebensqualität im Quartier nimmt sich des Themas an und erhebt den Vorwurf der Intransparenz nicht nur gegen den Bauherrn, sondern auch gegen die Stadt, die sich bedeckt hält und offiziell weder für noch gegen die Moschee ist. Die führenden Ratsfraktionen (Essen wird schwarz-grün regiert, die Sozialdemokraten haben ihre einstige Vorherrschaft verloren) haben eine Meinung, halten sich aber zurück; die notwendige Ausnahmegenehmigung für ein islamisches Gemeindezentrum im Gewerbegebiet kann die Verwaltung ohne Ratsbeschluss erteilen oder verweigern. Angebote von dritter Seite, eine Mediation zu organisieren, werden ignoriert, der Oberbürgermeister der Stadt, Wolfgang Reiniger (CDU), hüllt sich in beredtes Schweigen.

Vor allem in *www. derwesten.de,* dem 2007 eingerichteten Online-Forum der *Westdeutschen Allgemeinen Zeitung* (WAZ), und weiteren, vom gleichen Verlag herausgegebenen Regionalzeitungen, werden Verschwörungstheorien gehandelt; im Cyberspace können sich alle in Sachen Islam austoben, die sonst kaum in die Leserbriefspalten der Zeitungen vordringen. Das geht so weit, dass die (nicht gerade zimperliche) Online-Redaktion viele der über 5000 Einträge löschen muss. Wer wissen möchte, was die Volksseele – meist anonym – über Moscheen, Multikulti und (kommunale) Demokratie denkt, mag dieses Forum konsultieren. Nichts «zieht» so sehr wie das Thema Islam, niemand weckt stärkere Aversionen als Muslime; dabei spielt eine Rolle, dass sich auf einer Hauptstraße in Altendorf («Kleinistanbul») arabische Jung-Machos tummeln, die den Alteingesessenen unheimlich sind. Die Print-Redaktionen der lokalen Presse lenken die öffentliche Debatte wieder in zivile Bahnen.

Die «Initiative Altendorf» distanziert sich von rechten Trittbrettfahrern wie den Republikanern, die Flugblätter unter dem (geklauten!) Slogan «Essen ist unser» verteilen, und der NPD, die zu einer (dann nur schwach besuchten) Demonstration im Stadtteil aufruft. Es trägt nicht gerade zur Zuversicht bei, als gemunkelt wird, die bedeutende Logistikfirma Noweda habe wegen der neuen Nachbarn gedroht, den Standort aufzugeben, und wolle auf Investitionen in Millionenhöhe verzichten. Das verstärkt die Befürchtung, die Ansiedlung einer «repräsentativen» Moschee werde unweigerlich die weitere Abwertung des Stadtteils zur Folge

NPD-Anhänger demonstrieren am 31. Januar 2008 gegen einen Moscheebau in Essen.

haben. Der hat eine grandiose Vergangenheit, die mit dem Namen Krupp verbunden ist, aber wenig Perspektiven für die Zukunft. Die katholisch-proletarische Industriegeschichte, die in den Hirtsiefer-Arbeitersiedlungen und im «Altendorfer Dom» Ausdruck gefunden hat, liegt nach dem Strukturwandel danieder. Altendorf schrumpft seither fast so rasant, wie es vor hundert Jahren von den Ruhrbaronen aus dem Boden gestampft wurde, und im Migrationshintergrund eines knappen Viertels seiner 20 000 Bewohner können die Gebliebenen keine echte Bereicherung sehen. Im Essener Rathaus hat man für den Stadtteil «besonderen Erneuerungsbedarf» konstatiert und im Rahmen des NRW-Vorzeigeprojekts «Soziale Stadt» die Begrünung von Innenhöfen und die Aufhübschung von Fassaden veranlasst; man hat Mikroprojekte eingerichtet und diplomierte Moderatoren in den Kiez geschickt, doch die Bereitschaft der Bürger mitzumachen hält sich in Grenzen.

Jetzt haben einige im Moscheebau ein Reizthema gefunden. Dass es eventuell gar nicht nur um den Islam geht, zeigt sich daran, dass eine polonisierte katholische Gemeinde gleichermaßen An-

127

stoß erregt, die um ihre Kirche herum eine Polenmarkt-Atmosphäre entstehen lässt. Es gibt indes auch Moscheebefürworter, die einen vor allem von den Kirchen getragenen «Christlich-muslimischen Feierabend» veranstalten. Im Ruhrgebiet, auch in Essen selbst, existiert bereits eine ganze Reihe zum Teil größerer Moscheen, angeführt von der als Integrationsmodell gehandelten Moschee im vergleichbaren Duisburg-Marxloh. Vor allem der Aufmarsch der NPD provoziert eine Gegendemonstration des «Runden Tisches für Menschenrechte» mit rund 800 Teilnehmern. Weder die Neonazis noch die von ihnen nicht so weit entfernte Ein-Punkt-Bewegung[13] «Pro NRW» kann politisches Kapital aus der Unzufriedenheit schlagen. Die Diskussion konzentriert sich nicht mehr darauf, ob eine Moschee gebaut werden darf, sondern in welcher Größe sie entstehen wird. Parkplätze spielen hier die herausragende Rolle, das Planungsdezernat der Stadt fordert Nachbesserungen und handelt das Projekt salamitaktisch herunter, bis der Dezernatsleiter im August 2008 grünes Licht gibt für einen auf maximal 360 Personen ausgelegten Gebetsraum. Die Höhe des Minaretts wird auf 22 Meter festgelegt, der Muezzinruf soll nicht erschallen, das Ladenlokal ist gestrichen.

Dieser für Moscheebaukonflikte typische Streitgegenstand *Multifunktionalität* – eine Moschee wird nicht als reiner Gebetsraum, sondern auch als Supermarkt, Koranschule, Gaststätte, Freizeitclub und Sportverein konzipiert – hat die bekannten Dilemmata nach sich gezogen: Verlegt sich die Moscheegemeinde ganz aufs Beten, entsteht der Verdacht des Rückzugs in ein religiöses Paralleluniversum, in dem Unverständliches geschieht. Öffnet sie sich hingegen dem Kiez und beansprucht gar, diesen zu beleben, hat das Befürchtungen von Verkehrs- und Lärmbelästigungen, wirtschaftlicher Konkurrenz und erst recht Parallelgesellschaft zur Folge. Selbst wer, wie es Architekt und Gemeindevorsteher vorhaben, gefährdete Jugendliche von der Straße holen will, macht sich verdächtig, diesen vor Ort ein Training als Kampfsportler für Straßengangs oder gar für den Heiligen Krieg anzubieten.

Im Kleinformat kann der «Merkez-Moschee» (Markt-Moschee) genannte Bau nun in Angriff genommen werden. Die Bezirksvertretung, die gegenüber DITIB die Marschroute ausgegeben hat: «Wir helfen nicht, legen aber auch keine Steine in den Weg», erhebt keine Einsprüche gegen die Moschee, deren Fertigstellung für den Winter 2009 geplant ist. Im Online-Forum grummelt es aber weiter: *redneck* bloggt am 22. August 2008 um 16:02: «... und die Landnahme schreitet voran». Auch die Essener Industrie- und Handelskammer und die Firma Noweda karten nach und malen in einer Erklärung lange Verkehrsstaus und den Abzug von Arbeitgebern aus dem künftigen Moschee-Areal an die Wand.

Am Fall Essen-Altendorf kann man trotz seiner ortsspezifischen Konstellationen allgemeine sozialpolitische Hintergründe von Moscheebaukonflikten erkennen. Essen, eine der größten Städte Deutschlands, ist im Rahmen der «Metropole Ruhr», deren Zentrum sie bildet, zur Europäischen Kulturhauptstadt 2010 gekürt worden. Die Stadt und das gesamte Ruhrrevier sind durchzogen von einer zuletzt noch schärfer gewordenen Grenze zwischen dem reichen (bisweilen superreichen) und grünen Süden und dem verarmten Norden, der von Deindustrialisierung betroffen ist und zugleich einen hohen Migrantenanteil aufweist. Hier leben überdurchschnittlich viele Arbeitslose, Alleinerziehende und jugendliche Sozialhilfeempfänger. Das Ruhrgebiet, in dem weiterhin die umsatzstärksten Energie-, Großhandels- und Logistikkonzerne des Landes tätig sind, hält sich seine lange und erfolgreiche Einwanderungsgeschichte zugute und feiert den Übergang von der Industriekultur zur Kulturindustrie. Mitgewachsen ist jedoch auch die religiöse Vielfalt,[14] die sich vor allem in einem größeren Selbstbewusstsein der Muslime zeigt. Die Folgen der letzten Phase der Einwanderung aus dem Mittleren Osten und Osteuropa sind nicht wirklich verdaut, und das Potenzial, das in der zweiten und dritten Generation womöglich steckt, noch nicht gehoben. Auf sie projizieren sich die Ängste und Aversionen derjenigen, die sich als Verlierer des Strukturwandels fühlen und angesichts eigener Orientierungsprobleme von der scheinbar so starken muslimischen Identität irritiert sind. Es mag sein, dass sich in Essen-Altendorf noch länger ein Ressentiment hält, ebenso ist aber denkbar, dass die Moschee – die auch in Duisburg-Marxloh anfangs umkämpft war – Stabilität bringt, wobei anzuerkennen wäre, dass die Muslime sich dort selbst Auswege aus der sozialen Krise gebahnt und auch wirtschaftlich eine gewisse Führungsposition im Stadtteil erarbeitet haben. Das so apostrophierte «Wunder von Marxloh» begründet der katholische Pfarrer von St. Peter, Michael Kemper, so: «Die Notwendigkeit, sich miteinander zu verständigen, liegt 1000 Meter tiefer, im Bergbau. Deutsche und türkische Kumpel haben Seit an Seit gearbeitet. Die mussten sich verstehen, sich aufeinander verlassen können. Das hat sich auf den Stadtteil übertragen.» (*Spiegel-Online*, 26. 10. 2008)

Hinterland: Konflikte in der hessischen Peripherie

Wie Auseinandersetzungen um Moscheeprojekte in kleineren Gemeinden und Städten verlaufen, können drei Beispiele aus der Rhein-Main-Region[15] zeigen:

In *Ortenberg*, einer knapp zehntausend Einwohner starken Gemeinde im Wetteraukreis (Oberhessen), ist die Moschee vergessen. Dort leben relativ wenige Muslime, die nicht aus den Kerngebieten des Islams stammen und auch keinen großen Dachverband hinter sich haben. Sie hatten ihr Vorhaben in die Hände lokaler politischer Honoratioren gelegt, die verbreiteten Vorurteilen gegen den Islam nichts entgegensetzten und der Moschee keinen Quadratmeter «wertvoller Gewerbeflächen» opfern wollten. Die Muslime suchten auch nicht die öffentliche Debatte, fanden im Ort nur wenige Unterstützer und gaben ihr Vorhaben nach kurzer Zeit auf. Die Moschee kam also nicht ins Dorf, die Muslime gehen andernorts beten, ihre Sprecher und Fürsprecher sind abgewandert.

Ortenberg ist überall, aber es gibt natürlich auch kleinere Gemeinden, in denen es reibungslos gelungen ist, eine größere islamische Gebetsstätte zu errichten. Ein Beispiel dafür ist *Mörfelden-Walldorf* in Südhessen. «Die unterstützte Moschee» kann man dieses Vorhaben nennen, weil der Türkisch-Islamische Kulturverein als Bauherr in der nahe am Frankfurter Flughafen gelegenen «Durchfahrstadt» sehr viel Unterstützung erfahren hat. Mörfelden-Walldorf versteht sich als liberale und «religionsoffene» Stadt, deren Geschichte mit der bereitwilligen Aufnahme von Religionsflüchtlingen, der Waldenser im frühen 18. Jahrhundert, verbunden ist; man schätzt sich überwiegend glücklich über die Integration der ausländischen Mitbürger, die ein Viertel der Gesamtbevölkerung ausmachen und mehrheitlich türkischer Herkunft sind. Die im Jahr 2000 feierlich eingeweihte Moschee gilt als Beispiel interkultureller Verständigung und gelungenen islamisch-christlichen Zusammenlebens, ähnlich wie die 1995 eröffnete Yavuz-Sultan-Selim-Moschee in Mannheim-Jungbusch.[16]

Die Geschichte des gelungenen Moscheevorhabens in Mörfelden-Walldorf sei kurz nacherzählt: Die Anteilnahme an dem Projekt ist groß. Die Muslime wenden viel Zeit, Energie, Ausdauer und finanzielle Entbehrungen auf, um sich selbst sowie ihren Eltern und Kindern ein Zeichen zu setzen und für alle Generationen einen würdigen, repräsentativen und selbstbestimmten Ort zu schaffen. Wie stark dieses Bedürfnis geteilt wird, beweist das hohe Spendenaufkommen. Die Muslime unterhalten private Beziehungen zu Nichtmuslimen, einige Honoratioren der Stadt kommen zu feierlichen Anlässen in die Moschee. Eine evangelische Gemeinde stellt ihr Gotteshaus zum Fastenbrechen zur Verfügung. Auf dieser alltagsweltlichen Grundlage hat der Moscheeverein den Bürgermeister und einen Stadtrat auf seiner Seite, der in der Türkei aufgewachsen ist und das besondere Vertrauen des Vereins genießt. Tenor der kommunalen Politik und Verwaltung ist, dass dem Moscheebau keine Steine in den Weg gelegt werden und die behördliche Genehmigung reibungslos verlaufen soll. Ein rechtsgerichteter Kreispolitiker bleibt mit der Ablehnung der Generallinie isoliert.

Gemeinsam lotet man Anforderungen an das zu erwerbende Grundstück aus. Der Verein schlägt Standorte vor, die Stadt fragt nach Parkplätzen und nach dem Einverständnis im Wohnumfeld. Die Wahl fällt schließlich auf ein Grundstück in einem Gewerbegebiet, das angemessen groß und ruhig gelegen ist, keine direkten Nachbarn hat und Spielmöglichkeiten für die Kinder bietet. Der Preis stimmt, ein dazu gehöriges Wohnhaus verspricht Mieteinnahmen. Dieses Grundstück erwirbt der Verein Anfang der neunziger Jahre. Für die Genehmigung des Bauantrags müssen drei Hindernisse überwunden werden: Das Minarett wird auf Bitte der Stadt um vier Meter gekürzt, dafür wird die Zahl der erforderlichen Stellplätze verringert und die für ein Gewerbegebiet notwendige

Ausnahmegenehmigung erteilt. Bürgermeister und Vereinsvertreter kommen überein, dass ein Gebetsruf unterbleiben und der Verzicht darauf kein öffentliches Thema werden soll. Auf der Grundlage dieser Vorabsprachen wird der Bauantrag Mitte 1996 vom Stadtplanungsamt an den Bau-, Planungs- und Verkehrsausschuss weitergeleitet. Die Stadt stellt sich öffentlich hinter das Bauvorhaben und hält die Baubehörden an, den Verein bei der Durchführung aktiv zu beraten. Der Architekt übernimmt die entsprechenden Verhandlungen und ist ein ständiger Ansprechpartner. Persönlichkeiten des öffentlichen Lebens sprechen sich für die Moschee aus, darunter der Ausländerbeauftragte, Vertreter der Kirchen und der Leiter der Volkshochschule. Nichts soll dem Zufall überlassen bleiben, gegen mögliche Einwände fühlt man sich gewappnet. Es finden Informations-, Begegnungs- und Dialogveranstaltungen statt, die Raum für die Artikulation von Vorbehalten und Ängsten lassen. Ein Moscheegegner wird eingeladen, seine Argumente vorzubringen, das erklärte Ziel ist eine positive Grundstimmung zur Moschee und die Isolierung möglicher Gegner. Die (einzige) Gegenveranstaltung einer evangelischen Gemeinde wird ausführlich kommentiert, der Vortrag des Gastredners in der Presse als Verschwörungstheorie kritisiert.

Die Presse unterstützt diesen Kurs. Die Befürworter der Moschee betreiben gezielte Öffentlichkeitsarbeit und besitzen ein gutes Gespür für den richtigen Zeitpunkt: Vor jedem neuen Bauabschnitt wird um Zustimmung geworben; verzögert sich der Bau einmal, werden Leser der Lokalzeitung regelrecht vertröstet. Ein «harter Kern» der Vereinsmitglieder verbringt jede freie Minute auf der Baustelle, um die Kosten möglichst niedrig zu halten. Dass die Moschee das Ergebnis selbst geleisteter Arbeit ist, erfüllt sie mit Stolz. Zum neuen Jahrtausend findet die offizielle Eröffnung statt, bei der sie – wie schon zur Grundsteinlegung – als Symbol für die Integration der kulturellen und religiösen Minderheiten herausgestellt wird.

Zusammenfassend haben folgende Faktoren zur Verwirklichung des Mörfeldener Bauvorhabens beigetragen:

- Die Bauherren sind seit zwei Generationen in der Stadt verwurzelt und unterhalten gute Beziehungen zu städtischen Entscheidungsträgern und Honoratioren;

- Moscheeverein, Kirchen und Bildungseinrichtungen ziehen an einem Strang;
- die Baubehörden entscheiden zügig und kohärent;
- der Verein macht eine gezielte und zeitlich abgestimmte Öffentlichkeitsarbeit;
- versierte Vermittler mit Entscheidungskompetenzen und Reputation sprechen sich für die Moschee aus;
- engagierte Vereinsvertreter äußern sich klar und begreifen die Moschee als Teil ihrer Stadt.

Die im traditionellen Stil errichtete Moschee – Vorbild waren Bauwerke von Mimar Sinan, dem Hofbaumeister des Osmanischen Reiches im 16. Jahrhundert – ist umgeben von Werkhallen und Großmärkten. Die in kräftigem Blau gehaltenen Fenster- und Türumrandungen verleihen dem weißen Gebäude ein strahlendes Äußeres. Das kompakte, rechteckige Gebäude hat 600 Quadratmeter Nutzfläche auf zwei Stockwerken, knapp ein Drittel davon nimmt der Gebetsraum ein. Das Minarett an einer Querseite dient als Treppenhaus. Die Wände des Gebetsraums sind mit blauen und türkisfarbenen Kacheln verziert; geometrische Formen und fließende Ornamente verleihen dem Ort einen Rhythmus. Darüber wölbt sich eine minzgrüne Kuppel. Die Frauen beten, getrennt von den Männern, auf der Empore, die in den Gebetssaal hineinragt; hier können sie ohne Lautsprecher oder Videoübertragung am Gebet teilnehmen. Im Erdgeschoss findet man Teestube und Aufenthaltsräume, die für die Arbeit mit Jugendlichen gedacht sind. Im Obergeschoss liegen Büro- und Unterrichtsräume, und an die Küche schließt sich ein Raum für Familienfeste an. Deutsche schätzen das frische Gemüse aus dem Lebensmittelladen, und manche riskieren dabei einen Blick in die Moschee und wirken überrascht, wie einfach das geht. (Dies ist jedes Jahr generell zu beobachten, wenn Moscheevereine am 3. Oktober, dem deutschen Nationalfeiertag, zum Tag der Offenen Tür einladen.)[17]
    Nach der Eröffnung der Moschee zeigt sich, dass multikulturelles Zusammenleben keine Sonntags- oder Freitagsveranstaltung ist. Einen ersten Wermutstropfen gibt es bei der «Einweihung» der Moschee, als ein Vorstandsmitglied für die Zukunft nicht ausschließen will, dass doch ein Gebetsruf erschallen werde. Der

Bürgermeister erinnert in seinem Grußwort mahnend an das mit «Handschlag besiegelte Übereinkommen»; zur Klärung schlägt er ein persönliches Gespräch vor. Engagierte Befürworter der Moschee sind heute vor allem enttäuscht, dass der Dialog nach der Fertigstellung der Moschee eingeschlafen sei. Wo sich manche Nichtmuslime einen lebendigen Ort interreligiöser Begegnung erhofft hatten, herrscht nun eher Stille.

Ein eher kurioses Beispiel für eine «unsichtbare Moschee» sei aus *Rodstein*[18] berichtet, wo es einen unübersehbaren Bahai-Tempel gibt, der DITIB-Kulturverein und seine «inoffizielle» Moschee aber nicht einmal in der Vereinsdatenbank geführt werden. Als Außenstehender kann man seit einigen Jahren schon beobachten, dass sich am frühen Freitagnachmittag ein bis zwei Dutzend türkische Männer in einem Wohnhaus treffen, sich darin für einige Zeit aufhalten und das Haus später in kleinen Gruppen wieder verlassen. Kein Türschild weist auf eine Moschee hin, im ersten Stock wohnt eine türkische Familie. Das Parterre ist offiziell an einen türkischen Geschäftsmann vermietet, den man dort selten zu sehen bekommt. Faktischer Inhaber des Hauses ist der rund vierzig Mitglieder zählende türkisch-islamische Kulturverein, und dass das Haus freitags als Gebetsraum genutzt wird und in ihm bisweilen kleinere Feierlichkeiten stattfinden, ist den Anwohnern und vermutlich auch den Behörden in Rodstein wohl bekannt. Zwar ist es den Muslimen eigentlich verboten, das Haus zum gemeinschaftlichen Gebet zu benutzen, doch darüber wird der Mantel des Schweigens gebreitet: Die Baubehörde wird nicht tätig, solange sie nicht auf die ungesetzliche Nutzung hingewiesen wird. Die Nachbarschaft wiederum lässt die Muslime gewähren, solange sie nicht falsch parken und keinen übermäßigen Lärm veranstalten, und das Ordnungsamt interessiert sich nicht dafür, was in dem Haus am Rande des Wohngebietes geschieht, solange alles «friedlich» bleibt. Die Muslime haben ihrerseits gelernt, das Haus unauffällig zu nutzen, damit niemand Grund zur Beschwerde hat. Es ist, als wäre die Moschee gar nicht vorhanden.

Der Grund für diesen Schweigepakt: Der Verein hat das Gebäude in einem reinen Wohngebiet gekauft hat, in dem eine Nutzung für kirchliche, kulturelle, soziale und sportliche Zwecke ausdrücklich untersagt ist. Wie die Moschee dennoch ihren Betrieb aufnehmen konnte, sei kurz skizziert: Bei einem Vorgespräch sichern Baudezernent und erster Stadtrat die Genehmigungen zu, wenn Ersatzwohnraum geschaffen und genügend Stellplätze bereitgestellt werden, auch die Änderung im Bebauungsplan wird mündlich versprochen. Der Verein erwirbt daraufhin das Haus, stellt einen Antrag auf Umwidmung und beginnt mit den Umbauarbeiten für den Gebetsraum im Erdgeschoss und mit dem Ausbau des Dachgeschosses zur Schaffung des erforderlichen Ersatzwohnraums.

Die Bautätigkeit bleibt in der Nachbarschaft natürlich nicht unbemerkt, Anwohner erkundigen sich bei der Bauaufsicht. Da keine Unterlagen oder Bauanträge für dieses Gebäude vorliegen und Umbauarbeiten ohne Genehmigung begonnen haben, verhängt die Behörde ein Bußgeld und verlangt die Aussetzung der Umbaumaßnahmen. Der Moscheeverein reicht einen Bauantrag beim Kreisbauamt ein, wobei unterdessen aber der Parterreraum schon für Zusammenkünfte und gemeinsame Gebete genutzt wird. Dagegen sammelt nun ein Nachbar gut zwei Dutzend Unterschriften und schickt sie an die Bauaufsicht. Er beschwert sich mehrfach telefonisch und persönlich beim Bauamtsleiter und moniert vor allem die gestiegene Verkehrsbelastung sowie die Inanspruchnahme von Parkraum durch die Angehörigen des türkischen Vereins. Die Stadt stellt eine positive Regelung für den Fall in Aussicht, dass der Verein insgesamt fünf Stellplätze erbringt, was ihm auch nach großen Bemühungen nicht gelingt.

So darf der Moscheeverein in dem teuer erworbenen Haus weder weiter bauen noch weiter beten. Als der Bauantrag endgültig vom Kreisbauamt abgeschmettert wird, legt der Verein beim Regierungspräsidium mit dem Hinweis auf das Grundrecht auf freie Religionsausübung Widerspruch ein. Der Widerspruchsausschuss des Kreisbauamtes befasst sich mit dem Fall und regt eine erneute Suche nach Stellplätzen an, worin der Verein jedoch weiter erfolglos bleibt. Daraufhin weist das Regierungspräsidium den Einspruch zurück: Die Planungshoheit der Stadt Rodstein sei höher zu bewerten als das eingeklagte Grundrecht, und die Festsetzung des Bebauungsplanes durch die Gemeinde Rodstein stelle eine Schranke für den Artikel 4 des Grundgesetzes dar. Der Verein sieht sich nicht mehr in der Lage, erneut Widerspruch einzulegen. Alle Umbauarbeiten werden, wie vom Kreisbauamt gefordert, rückgängig gemacht. Als der Vereinssekretär auf die Suche nach einem alternativen Grundstück geht, unterstützt ihn die Stadt nicht.

Woran entzündete sich in diesem kuriosen Fall der Konflikt? Der «schwarze Peter» liegt beim Moscheeverein, der sich «amateurhaft» verhalten hat: Für teures Geld hatte er die «falsche Immobilie» (im geschützten Wohngebiet) erworben, die leidige Stellplatzfrage unterschätzt und damit einen Teufelskreis ausgelöst: kein Parkraum – keine Umwidmung – keine Baugenehmigung. Und das Gebäude wurde dann auch noch illegal genutzt. Der Moscheeverein war über Regeln und Verfahrensweisen beim Umbau eines Gebäudes in eine Moschee offenbar nicht ausreichend informiert, und der Dachverband, dem er angeschlossen ist, war seinerzeit keine Hilfe. Überdies war der Umgang mit der Bauaufsicht von Anfang an weniger durch Kooperation geprägt als durch ein Versteckspiel. Illegale Baumaßnahmen und Nutzung zwangen die Behörde, Sanktionen zu verhängen, Beratungsmöglichkeiten wurden nicht in Anspruch genommen. Wäre der Verein mit baurechtlichen Fragen vertraut gewesen, hätte er die Immobilie nicht oder nur unter Vorbehalt erworben, nun aber hatten die Baumaßnahmen so viel Geld gekostet, dass nicht ohne Weiteres eine andere Immobilie erworben werden konnte.

Fehler haben aber auch andere Akteure gemacht, die den Moscheeverein gewissermaßen «auflaufen» ließen. Zunächst schien es, als unterstützten die kommunalen Politiker die Umnutzungspläne des Moscheevereins. Provoziert durch die illegale Nutzung stellten sich die Kommunalpolitiker aber stur und verweigerten die Kooperation. Die Behörden versuchten, sich aus dem ganzen Fall möglichst herauszuhalten, indem sie von sich aus nicht aktiv eingriffen. So ging der Behördenleiter davon aus, dass das Haus nicht illegal genutzt würde – bis ihm jemand das Gegenteil beweisen konnte. Am seltsamsten erscheint das Verhalten der Anwohner. Einige hatten sich entschieden, etwa mit der Unterschriftenaktion, gegen die Aussicht zur Wehr gesetzt, demnächst eine (als solche kaum sichtbare) Moschee in ihrer Umgebung zu haben. Deren «nichtöffentlichen» Betrieb hätten sie durch eine entsprechende Anzeige rasch beenden können; dass sie es nicht taten, hing kaum mit einer plötzlichen Begeisterung für fremde

Bekenntnisse zusammen, sondern wohl mit der Tatsache, dass die Muslime nur im Verborgenen tätig sind, die fremde Religion also unsichtbar geblieben ist, sich befürchtete Belästigungen durch die Nutzung als Versammlungsstätte nicht eingestellt haben und sich die Nachbarschaft an diesen Zustand gewöhnt hat.

An den drei Beispielen aus dem weiteren Rhein-Main-Gebiet ist zu sehen, wie unterschiedlich mögliche Moscheebaukonflikte ausgehen können: Der Fall Ortenberg zeigt, wie Moscheeprojekte sang- und klanglos abgeschmettert werden, Mörfelden demonstriert den Wert einer präventiven konzertierten Aktion, mit der aber noch keine umfassende Integration einhergehen muss, und Rodstein wirft ein Licht auf die Dunkelzone, in der viele kleinere Moscheen und Gebetsräume weiterhin liegen. Deutlich werden die immense Bedeutung des Bau- und Immissionsrechts, die Ambivalenz der Öffentlichkeitsarbeit der Moscheevereine gegenüber den Anwohnern und der Stadtbevölkerung, das oftmals wenig vorausschauende Verhalten von Gemeindeverwaltungen und Stadtregierungen sowie die Bedeutung der Unterstützung von Moscheeprojekten durch christliche Gemeinden und Teilnehmer am interreligiösen Dialog. Die Ereignisse in Rodstein unterstreichen, was sogar das als vorbildlich herausgestellte Beispiel der Großmoschee in Duisburg-Marxloh zeigt: Moscheeprojekte gehen am ehesten durch, wenn die Sichtbarkeit des Islams nicht zu demonstrativ ist. Auch in Marxloh ist das 34 Meter hohe Minarett niedriger als die Türme von Sankt Peter auf der anderen Seite. Die Rangfolge muss stimmen.

Seit 2002 hat sich der Kontext stark verändert. Moscheebauten werden in der Regel auffälliger, aufwendiger und professioneller geplant und verlassen die Randzonen der Städte, so dass sich die Konflikte zunehmend in Großstädte verlagern. Dabei bekommen sie oft eine «transnationale» Dimension, indem sie die Einwanderergemeinschaften und Medien grenzübergreifend beschäftigen und zum Politikum in den bilateralen Beziehungen zwischen Staaten werden können. Die politischen und gerichtlichen Auseinandersetzungen werden schärfer, nach längerer Zeit aber meist zugunsten der Moscheevereine entschieden. Um in Hessen zu bleiben: Ein zäher, langjähriger Rechtsstreit um die Zulässigkeit des Muezzinrufs vom Lautsprecher der Moschee im mittelhessischen Dillenburg, den eine Bürgerinitiative mit dem Bürgermeister und der Stadtverordnetenversammlung angestrengt hatte, wurde 2008 zugunsten der Gemeinde entschieden – deren neuer Vorsitzender dann gleich pragmatisch auf die Ausübung dieses Rechts verzichtete. Auch ein lange dauernder und vehementer Konflikt in der nordhessischen Stadt Kassel um eine größere Moschee wurde 2008 mit der Grundsteinlegung durch den Oberbürgermeister symbolisch befriedet. Man sieht daran: Allmählich ist der Islam tatsächlich ein Teil Deutschlands.[19] Aber ohne Konflikte geht es gerade in den Großstädten kaum noch.

Kampf um die Frankfurter Türme

Frankfurt hat sich als Banken-, aber auch als Multikulti-Metropole ins kollektive Nachkriegsgedächtnis der Deutschen eingeschrieben. Die Stadt am Main dürfte die bunteste Bevölkerung in Deutschland haben, von der die Hälfte ohne Bekenntnis ist und sich der Rest in nicht weniger als 140 verschiedene religiöse Gemeinden und Gemeinschaften aufteilt. Folgerichtig etablierte 1989 der rot-grüne Magistrat ein erstes «Amt für Multikulturelle Angelegenheiten» (AMKA) mit Daniel Cohn-Bendit als erstem Dezernenten, und man entdeckte bald, dass multikulturell auch multireligiös heißt. Selten gibt es in Deutschland einen so ausgeprägt «amerikanischen» Religionsmarkt wie in Frankfurt, aber auch den beherrschen, wo es zu Konflikten kommt, Auseinandersetzungen um Moscheen. Die erste in Frankfurt, die lange das islamische Leben in Süddeutschland bestimmte, entstand schon 1959, seither sind zwei Dutzend größere und kleinere Moscheevereine hinzugekommen.[20]

Bei allem Skylineflair und Metropolenimage ist Frankfurts Siedlungsbild außerhalb des Zentrums eher gemütlich-dörflich geprägt und dabei zugleich gebrandmarkt von Zerstörung, erst durch Luftangriffe im Zweiten Weltkrieg und dann durch einen angeblich «verkehrsgerechten» Wiederaufbau. Ein anschauliches Beispiel für die Frankfurter Bauhistorie ist der nördliche Stadtteil Hausen, ein 1910 eingemeindetes Mühlendorf mit heute rund 7000 Bewohnern: Im Ortskern steht ein barockes Pfarrhaus, daneben

Die Merkez-Moschee der Türkisch-Islamischen Union (DITIB) in Frankfurt am Main muss sich mit symbolischen Minaretten begnügen: eine typische «Hinterhofmoschee».

finden sich Siedlungen der Zwischenkriegsjahre und soziale Wohnungsbauten der siebziger Jahre, dazwischen rauscht die Stadtautobahn. Frankfurter kennen Hausen wegen seiner angenehmen Freibäder und der Veranstaltungen der alternativen «Brotfabrik», vielleicht auch wegen der russisch-orthodoxen Nikolaus-Kirche, deren goldene Türme ins Auge stechen.

Für manche Alt-Hausener und eingefleischte Frankfurter ist dies alles perdu, sie sehen Hausens Erscheinungsbild nun von gleich drei Moscheen bestimmt: der sunnitischen Abu-Bakr-Moschee, dem Iranischen Kulturzentrum mit der Imam-Ali-Moschee und, dank der im Juli 2008 erfolgten Genehmigung, dem heiß umstrittenen Neubau der Hazrat-Fatima-Moschee. Bauherr ist in allen drei Fällen nicht die türkische DITIB, die den Löwenanteil der Moscheen in ganz Deutschland verantwortet, es sind

vielmehr – als Spiegel Frankfurter Religionsvielfalt – arabisch-
bzw. persischstämmige Vereine. Die schiitische Hybrid-Gemeinde
Hazrat Fatima vereinigt die in den achtziger Jahren gegründete
Pak-Haidery Association aus Pakistan mit der aus dem türkischen, an der Grenze zum Iran und zu Armenien gelegenen
Iğdir stammenden Schiiten-Gemeinde; beide haben sich 1995 zusammengeschlossen und waren zunächst in der Hanauer Land-
straße, dann im Stadtteil Griesheim aktiv.

Allmählich reift dann die Idee für eine gemeinsame repräsentative Moschee. Unter Leitung des redegewandten Rechtsanwalts
Ünal Kaymakçi betreibt der Verein eine Werbestrategie wie aus
dem Integrationsbilderbuch: Nach dem Eintrag des Vereins in das
Grundbuch im Mai 2007 nimmt er Gespräche auf mit dem Amt
für multikulturelle Angelegenheiten, dem zuständigen Ortsbeirat 7, mit den christlichen Kirchen, dem Polizeirevier und anderen
Institutionen im Stadtteil, im August auch mit den Stadtratsfraktionen. Das mobilisiert wiederum die Moscheegegner: In
einem Gasthaus gründen 150 Personen eine Bürgerinitiative gegen
die «islamische Unterwanderung» des Viertels und sammeln
Unterschriften; als Alternative zur Ansiedlung in Hausen schlagen
sie ein «repräsentatives Gotteshaus für alle Muslime» vor – im
Frankfurter Zentrum.[21]

Zu Bürgergesprächen erscheinen überwiegend Befürworter, ein
Sprecher der Bürgerinitiative lässt sich mit dem bis heute nicht
dementierten Satz zitieren: «Egal, was Sie sagen, wir lehnen diesen
Bau ab.» (Horst Weißbarth laut *Frankfurter Rundschau*, 12.11.2007).
In diesem Sinne entwickelt sich eine Sondersitzung des Ortsbei-
rates zum regelrechten Islam-Tribunal, das Kaymakçi mit den
Worten kommentiert: «Ich kann das nicht nachvollziehen. Meine
Generation ist hier in Deutschland geboren und aufgewachsen.
Das hat nichts mit einer geplanten und von außen gesteuerten
Islamisierung unseres Landes zu tun, sondern hängt mit der
Geschichte der Arbeitsmigration zusammen. Hier werden wie
schon einmal Verschwörungstheorien gegen eine bestimmte
Bevölkerungsgruppe verbreitet. Ich halte das für hoch bedenklich.»
Zur Finanzierung des Drei-Millionen-Projekts erklärt er der
Frankfurter Rundschau, die den Verlauf der Ereignisse mit einem
engagierten Dossier ebenso lückenlos begleitet und dokumentiert

Die geplante Hazrat-Fatima-Moschee im Frankfurter Stadtteil Hausen – hier ein Computermodell – sorgt für heftige Konflikte. Oben im Bild ist die russisch-orthodoxe Kirche zu sehen.

hat wie die *Frankfurter Allgemeine Zeitung*: «Zehn Prozent der Baukosten kommen über Spenden von unseren Mitgliedern, der Rest ist über Kredit von einer deutschen Bank finanziert. Wir haben sechs Bürgen aus den Vorständen der beiden Vereine. Viele fragen sich, wie es sein kann, dass sich Menschen mit so viel Herzblut engagieren und mit ihrem Vermögen haften. In einer Zeit, in der Religion immer weniger eine Rolle spielt und darüber diskutiert wird, dass Kirchen verkauft und abgerissen werden. Da wird das Engagement von Muslimen einerseits bewundert, macht andererseits aber auch Angst. Aber jeder gläubige Mensch muss dieses Engagement nachvollziehen können. Für uns ist der Bau des Gotteshauses sehr wichtig für die Identifikation mit unserer neuen Heimat. Es reicht nicht, sich als Individuum im Land wohl zu fühlen. Wir wollen auch als Gemeinde gut aufgehoben sein.» (*Frankfurter Rundschau*, 27.9.2007)

Das folgende Jahr bis zur Genehmigung des Moscheebaus im Juli 2008 bringt eine bis dahin nicht da gewesene Politisierung: Auf der einen Seite stehen eine verbalradikale Bürgerinitiative sowie rechtspopulistische Trittbrettfahrer, auf der anderen Seite eine Allparteienkoalition im Römer, dem Frankfurter Rathaus, und interreligiöse Dialogpartner, die ihre institutionellen Instrumentarien einsetzen und ausbauen. Die Bürgerinitiative agiert auf Bürgerversammlungen und mit Anzeigenkampagnen, Frankfurts Oberbürgermeisterin Petra Roth (CDU) legt ihr Amt und Renommee in die Waagschale. Die Atmosphäre in Frankfurt ist aufgeheizt, es mangelt auf beiden Seiten nicht an Übertreibungen und Ausfällen. So versteigt sich die neue Integrationsdezernentin Nargess Eskandari-Grünberg (Bündnis 90/Die Grünen) zu der Aufforderung an Moscheegegner, doch bitte umzuziehen, wenn es ihnen in von Migranten geprägten Stadtteilen nicht passe. Darauf hagelt es Beleidigungen und sogar Morddrohungen gegen die vom Mullah-Regime verfolgte und aus dem Iran geflohene Stadtverordnete. Diese bedauert ihre Wortwahl und führt aus, was sie eigentlich habe sagen wollen: «Einwanderer gehören zu Frankfurt. Wer in dieser internationalen Stadt lebt, muss sich dieser Realität stellen und es positiv betrachten.» (*Frankfurter Rundschau*, 7.11.2007) Horst Weißbarth, der Sprecher der Bürgerinitiative, reagiert darauf wiederum mit der Ankündigung, er werde aus Hausen wegziehen, wo er sich wegen der vielen Muslime nicht mehr heimisch fühlen könne (SWR nachtcafé, 21. November 2008).

Eine besondere Rolle spielen die Vertreter der Kirchen wie Holger Wilhelm, der evangelische Pfarrer der Hausener Gemeinde, Ilona Clemens, Pfarrerin für interreligiösen Dialog und Weltanschauung sowie der Frankfurter Stadtdekan Raban Tilmann. Nicht in die ökumenische Phalanx einreihen wollen sich Vertreter der gegenüber dem Moscheegrundstück gelegenen Russisch-Orthodoxen Kirche, und evangelikale Christen äußern sich vereinzelt gegen die von ihnen befürchtete «Islamisierung».

Der Frankfurter Moscheestreit deckt eine schon aus Essen bekannte Konflikt- und Spaltungslinie auf: Die Bürgerinitiative geriert sich im Stadtteil und in der Presse als Repräsentanz der heimatverbundenen «kleinen Leute» – gegen eine in ihren Augen abgehobene politische Kaste, die im Zentrum der Stadt kosmopolitischen Fantasien nachgeht. «Multikulti» ist in diesen Kreisen ein Reiz- und Hasswort, ein Anschlag auf die althergebrachte kulturelle Identität der «Einheimischen». Die NPD, die seit 2006 mit einem Stadtverordneten im Römer sitzt, formuliert es auf ihrer Webseite am forschesten: «Die rückwärtsgewandten Herrschaften der Altparteien sind dabei, unsere Stadt Frankfurt und unser Deutschland kaputt zu machen. Dagegen wehren wir uns! Viele Deutsche verschließen noch die Augen vor den Konsequenzen der Bankrott-Politik – sie weigern sich die Realitäten zur Kenntnis zu nehmen. Wir Nationaldemokraten haben uns daher auf die Fahne geschrieben, das Volk über die Machenschaften und das Versagen der Polit-Bonzen aufzuklären und klare Alternativen zu bieten.»

Aber weniger der NPD, die auch in Frankfurt demonstrieren wollte, als vielmehr einer Freien Wähler-Gemeinschaft «Bündnis für Frankfurt» (BFF) unter Wolfgang Hübner, dem Chef der drei Abgeordnete umfassenden Fraktion im Römer, gelingt es, diese lokale Spaltungslinie parlamentarisch zu nutzen. Einen Tag nach Bekanntwerden der Baugenehmigung meldet sich in E-Mails eine «Aktionsgruppe 22. Juli» mit einem anonymen Schreiben, dessen Kernsatz lautet: «Von Menschen, denen man die Heimat und die Zukunft nimmt, können Sie keine Debatten und Vernunft erwarten.» Die Römer-NPD heizt den Konflikt noch an, indem sie Hausen als eine «Deutschen-befreite Zone» darstellt.

Der Moscheestreit wird deutlicher als in Essen als ethnisierter Zentrum-Peripherie-Konflikt inszeniert, bei dem religiöse Fragen eher mitschwingen als im Mittelpunkt stehen. Interessant ist in diesem Zusammenhang, dass der 2007 gebildete «Zentralrat der Ex-Muslime» dieses genau wie andere Moscheevorhaben ablehnt, während die säkularen Kräfte (Linke, Grüne, Sozialdemokraten) es einhellig unterstützen und auch die meisten Frankfurter Christdemokraten nicht ausscheren. Lediglich die Liberalen, die in der Frühzeit der Bundesrepublik die antiklerikale Position stark gemacht und sich für eine Trennung von Religion und Politik eingesetzt hatten, knüpfen mit leisen Vorbehalten an ihre Tradition an.

Interessant ist am Frankfurter Fall auch, wie kurz das Gedächtnis einer Stadt zu sein scheint. 1999/2000 gab es nämlich schon einmal einen Moscheekonflikt in Hausen. Seinerzeit wollte der

Verein Islamischer Kulturzentren (VIKZ)[22] im gleichen Industriegebiet eine Moschee errichten – und stieß auf energischen Widerstand einer Bürgerinitiative. Auch damals ließen sich eine diffuse Unzufriedenheit im Stadtteil und Vorbehalte gegen Ortsbeirat und Magistrat in ein Ressentiment gegen «kulturelle Überfremdung» bündeln, mussten hochrangige Magistratsmitglieder eine geballte Ladung Unmut über sich ergehen lassen. Ängste vor dem vermeintlich fundamentalistischen VIKZ waren stets mit dem Hinweis auf die unzumutbare Verkehrssituation vermischt. Eine ausdrückliche Position von Muslimen, die im Stadtteil Hausen selbst lebten, war ebenso wie 2007 kaum zu vernehmen.

Verhandelt wurde hingegen, wieder wie in Essen, der drohende Niedergang des Viertels, die Abwanderung der ansässigen Bevölkerung wurde prophezeit. Keine Stimme für die Unterstützer des Kulturzentrums, argumentierten Moscheegegner in einem früheren Kommunalwahlkampf. Das Pochen der Stadtoberen auf Religionsfreiheit und geltendes Baurecht für alle verhallte; die Mehrheit der Anwesenden sah darin nur einen weiteren Beweis dafür, wie weit sich der Römer von Belangen und Interessen der Bürgerschaft entfernt habe. Denn der allgemeine Eindruck war: Die Moschee in Hausen kommt sowieso. Ausgelöst durch die kontroverse Diskussion wurde auch damals ein Arbeitskreis initiiert, den beide christlichen Kirchen trugen; die Leitung übernahm ein von außen kommender Moderator einer evangelischen Bildungseinrichtung. Ziel dieses Gesprächskreises war es, möglichst vielen Standpunkten zur geplanten Moschee eine Plattform zu geben, dabei auch das soziale Klima im Viertel und das wenig thematisierte Zusammenleben mit Muslimen im Stadtteil selbst anzusprechen. Nicht die seinerzeit noch im Mittelpunkt stehende Verkehrsproblematik wurde diskutiert, sondern die Frage, wie man sich zu den in Hausen weithin unbekannten Bauherren verhalten sollte. Manche fürchteten durch den Zustrom auswärtiger Muslime eine «Unterschichtung» des Stadtteils, andere waren besorgt über die religiöse Ausrichtung des Vereins und dessen vermeintliche politische Absichten. Anders als 2007 beteiligten sich Vertreter des VIKZ nicht an der Debatte.

Nachdem sich ein Konsens abzeichnete, lehnte überraschend die Stadtverwaltung von Frankfurt den Bauantrag ab. Damit war der

Moscheeverein gescheitert, der nicht versucht hatte, bei der Bevölkerung Vertrauen zu schaffen, sondern auf ein «Gipfelarrangement» mit der politischen Spitze der Stadt gesetzt und die Menschen im Stadtteil ignoriert hatte, die sich, zu Recht oder zu Unrecht, von der kommunalen Politik im Stich gelassen fühlten. Ist erst einmal ein solcher Einstieg «von oben» gewählt, fällt es einem Moscheeverein, der am Ort fast unsichtbar bleibt, ausgesprochen schwer, nachträglich Zustimmung zu bekommen. Künftigen Nachbarn ist nämlich nicht zumuten, dass sie von einer gravierenden Veränderung ihrer Alltagswelt eher beiläufig aus der Zeitung erfahren.

Die Protagonisten sind sich im Verlauf des Konfliktes selten begegnet. Beide Seiten suchten durch eine politische Allianz mit den Entscheidungsträgern der Stadt zum Erfolg zu kommen. Die Argumentation des Moscheevereins orientierte sich streng sachlich am Baurecht, die Bürgerinitiative emotionalisierte die Diskussion vor Ort und unterstellte der kommunalen Politik eine mangelnde Bereitschaft, auf die Sorgen und Beschwerden einzugehen. Die Auseinandersetzung verlief indirekt, vor allem über die lokale Presse, die mit ihren Berichten und Schlagzeilen auch die Agenda des Konfliktes setzte. Die Akteure redeten nicht miteinander, sie lasen übereinander in der Zeitung.

Durchbrochen wurde diese indirekte Kommunikation nur durch den Gesprächskreis, der sich weder als Befürworter noch als Gegner eines Moscheeprojektes einführte, sondern als Arena der Artikulation unterschiedlicher Standpunkte, auch von Ängsten und Befürchtungen im Stadtteil, dienen wollte. Damit waren eigentlich die Voraussetzungen für eine neutrale und professionelle Konfliktmediation gegeben. Doch hat sich der informelle Kreis nicht als deren Motor bewähren können, da ihm dazu offensichtlich die Autorität fehlte. Seine Absichten waren bescheidener: ein Forum für den Meinungsaustausch im Stadtteil zu werden, in dem das durch die Standortwahl problematisch gewordene Verhältnis zwischen Muslimen und ihrer Umgebung ohne Scheu und «politische Korrektheit», zugleich aber in «gesitteten Bahnen» und nach den Regeln der Fairness diskutiert werden könnte. Heute ist mit einem von der Integrationsbeauftragten initiierten «Rat der Religionen» – eine stadtpolitische Stufe höher also – ein Gremium überkonfessioneller Solidarität als oberstes Schlichtungsgremium geschaffen worden, das signalisiert: Wer sich mit einer Gruppe anlegt, bekommt es mit allen zu tun.[23] Ünal Kaymakçi ist einer der Sprecher des Rates. Die «Peripherie» dürfte in ihm eher einen weiteren «abgehobenen Kosmopolitiker» erblicken – die «Hübners» und «Weißbarths» der Stadt wird es kaum zufriedenstellen.

Die Türken vor Köln

Ante portas Coloniae liegt der Stadtteil Ehrenfeld. Köln ist eine Millionenstadt mit urbanem Flair und gibt sich das Image einer seit den alten Römern währenden Weltoffenheit. Dazu zählt, wenn auch eher am Rande, dass die Domstadt mit 120000 türkisch-stämmigen Bewohnern eine der größten türkischen Städte im Ausland ist. Aus dem einstmals «hillije Kölle», einer Bastion des politischen Milieu-Katholizismus, wurde die Hauptstadt der religiösen Türken in Deutschland. Alle drei großen Dachverbände sind hier angesiedelt: der größte, DITIB, als Ableger der in Ankara ansässigen türkischen Religionsbehörde, der in der Türkei immer noch verbotene VIKZ und der dort unerwünschte Milli-Görüş-Verband.[24] Dieser politisch ausgerichtete, vom Verfassungsschutz wegen islamistischer Tendenzen beobachtete Verband stand früher in einem engen Verhältnis zu den Vorläufern der türkischen Regierungspartei AKP. Im Zuge der EU-Beitrittspolitik wandte sich der zum Premierminister aufgestiegene Recep Tayyip Erdoğan DITIB zu, die den Einfluss von Milli Görüş in der Diaspora be-schränken will. Wenn DITIB in Köln eine Zentralmoschee errichten möchte — anfangs im Konsortium mit Milli Görüş —, wird der übliche Lokalkonflikt zur nationalen Affäre mit innenpolitischen Weiterungen und transnationalen Dimensionen.

Zunächst hat der Streit auch hier erst einmal lokales Kolorit. Mit 30000 Einwohnern ist Ehrenfeld, wo DITIB seit langem ansässig ist und die umstrittene Merkez Camii entstehen soll, das größte «Vee-del» Kölns und Namensgeber eines mehr als 100000 Menschen fassenden Stadtbezirks. Benannt ist dieser nach der «Ehrenpfor-te», dem Stadttor des mittelalterlichen Köln. Hier begann bis ins 19. Jahrhundert hinein die landwirtschaftlich genutzte Fläche mit

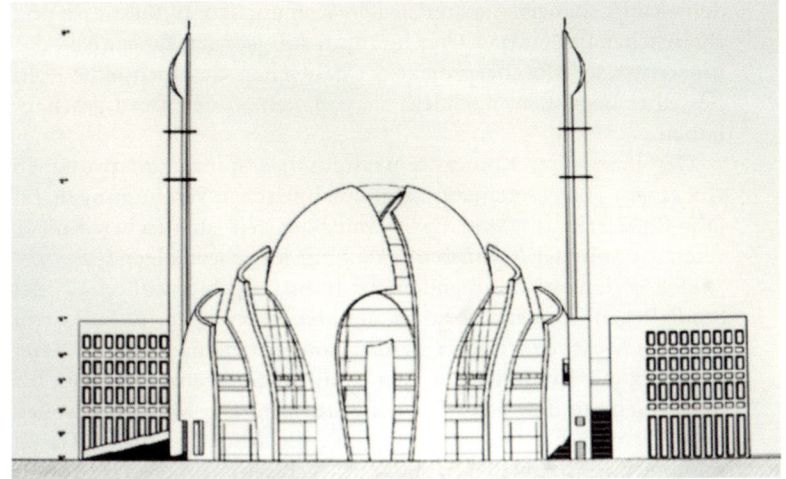

Der moderne Entwurf des Architekten Paul Böhm für die große Moschee in Köln-Ehrenfeld hat viel Zustimmung erfahren. Kritisiert werden jedoch vor allem die Größe des Gebäudes und die Höhe der Minarette.

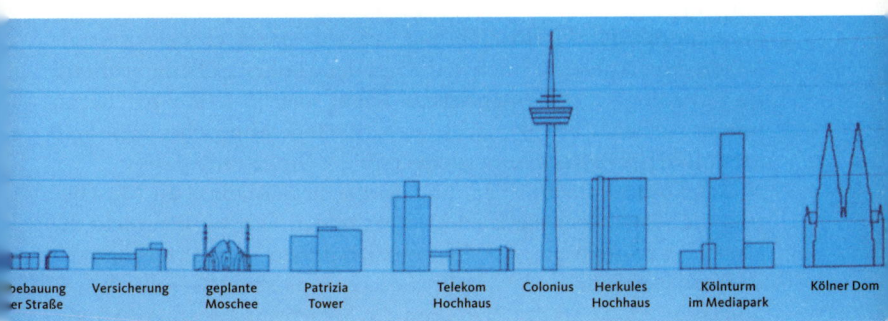

Der Größenvergleich Kölner Gebäude zeigt, dass die Moschee in Ehrenfeld sicher nicht mit dem Dom konkurrieren wird – anders als viele neue Hochhäuser.

147

den «Kappesbauern», später siedelte sich mittlere Industrie an und rheinisches Proletariat. Und hier nun soll, *vor den Toren Kölns*, das umstrittenste Moscheeprojekt der deutschen Geschichte die Köln-Besucher begrüßen, nachdem sie von weitem den Dom geschaut haben.

Der Plan einer Kölner Zentralmoschee stammt ursprünglich von einem Trägerverein aus zehn muslimischen Vereinigungen. Im Jahr 2002 erklärt Vahid Catic vom bosnisch-islamischen Kulturverein in Köln der *Islamischen Zeitung* zur Moschee Folgendes:

«Sie soll nicht in irgendeinem Industriegebiet außerhalb der Stadt liegen, sondern dort, wo die Menschen leben. Es soll nicht nur eine Moschee errichtet werden, sondern vielmehr ein größerer Komplex mit Kindergarten, Armenküche, Sporteinrichtungen für Jugendliche und anderen Dienstleistungen. Die Menschen sollen an diesem Ort sehen können, dass die Muslime dieser Gesellschaft etwas anzubieten haben. Wir legen sehr großen Wert darauf, dass der Imam die deutsche Sprache gut beherrscht und die Freitagspredigt in deutscher Sprache gehalten wird. Wir denken, dass die Zeit, in der die Moschee von einer nationalen Sicht dominiert wurde, vorbei ist.»

Das klingt ausgesprochen integrationsfähig. Politische Kreise, angeführt vom Kölner Oberbürgermeister Fritz Schramma (CDU), nehmen den Plan freundlich auf, scheint hier doch der «zentrale Ansprechpartner» zu wachsen, nach dem Politiker beim ethnisch und theologisch fragmentierten Islam, der ja keine Kirche ist, immer suchen. Catic wünschte sich, die Zentralmoschee solle kein Fremdkörper in Köln sein, sondern in die Umgebung passen.

«Ich komme aus Bosnien, und dort sieht man, dass die Moschee und die Stadt einen sozialen Kontext bilden. Wir werden nicht die Moscheearchitektur aus den muslimischen Ländern kopieren, sondern vielmehr die Architektur den europäischen Gegebenheiten anpassen. Es ist an der Zeit, dass die Moscheen aus ihrem Hinterhofdasein rauskommen. Mit diesem Projekt wollen wir die Ängste gegenüber Moscheen und die Vorurteile gegenüber Muslimen abbauen. Diese Moschee wird die kulturelle Vielfalt der Stadt Köln bereichern und für das friedliche Zusammenleben zwischen verschiedenen Glaubensgemeinschaften einen wichtigen Beitrag leisten.» (*Islamische Zeitung*, 7. 12. 2002)

Es kommt anders. Bald darauf übernimmt nämlich DITIB, der Kölner Platzhirsch, das Projekt. Auch ihr sagt die Stadt Unterstützung zu, nicht zuletzt, weil die «gemäßigte» DITIB kontrollierbarer wirkt als die «fundamentalistische» Milli Görüş. Da das vorgesehene Baugrundstück ohnehin DITIB gehört, kann die Stadt rasch eine Abrissgenehmigung für die alte Moschee erteilen und den Neubau in einem Mischgebiet für zulässig erklären. Ein Architekturwettbewerb wird ausgerufen, ein bemerkenswerter Schritt für einen islamischen Dachverband.

Dass das Projekt nicht nur Freunde hat, zeigt sich schon bei den Kommunalwahlen 2004. «Pro Köln», ein lokaler Ausläufer der Republikaner und der davon abgespaltenen Deutschen Liga für Volk und Heimat, zieht mit dem Slogan «Keine Großmoschee» (als eines von zwei Plakatmotiven) in den Rat der Stadt Köln ein. Die Liste erobert vier (heute fünf) Sitze, in der Bezirksvertretung Ehrenfeld ist sie mit zwei Sitzen vertreten. Auf diesem parlamentarischen Boden gedeihen Keime der antiislamischen Mobilisierung, die in den Nachbarländern weiter vorangeschritten ist. SVP-Chef Blocher in der Schweiz, Pim Fortuyn und seine Epigonen in den Niederlanden, der Vlaams Belang in der Hochburg Antwerpen und Umgebung sowie die «Freiheitlichen» (FPÖ und BZÖ) in Österreich haben vorexerziert, wie man mit Panikmache gegen Muslime auf Stimmenfang gehen kann. Aussichtsreich ist diese Mobilisierung, weil Themen, die sonst nur den äußersten rechten Rand beschäftigen, im Fall des Islams auch bis weit ins Bürgertum hinein Resonanz finden.

Im März 2006 steht mit Paul Böhm, der wie sein Vater Gottfried Böhm durch christliche Sakralbauten ausgewiesen ist, der Gewinner des Wettbewerbs fest; sein «osmanisches» Modell schlägt knapp einen «moderneren» Entwurf ohne Kuppel. Auch Paul Böhm legt die Kuppelmoschee neu auf, wagt sich aber nach Meinung einiger Kritiker nicht so weit vor wie bei seiner kompromisslosen katholischen Sakralarchitektur.[25] Das gilt auch für die Inneneinrichtung, wo die Separierung der Geschlechter architektonisch aufgelockert, aber nicht aufgehoben wird. Architektur, sagt Paul Böhm zu Recht, könne nicht aufzwingen, wozu eine Religionsgemeinschaft (noch) nicht bereit sei, man könne ihr aber einen späteren Umbau nahelegen, wenn die Zeit reif ist. DITIB (und auch dem Kölner Dombaumeister) gefällt der Entwurf, wohl deshalb, weil der Repräsentationsbau die Stärke des (türkischen) Islams in Deutschland hervorhebt. Andere sehen darin eine Landnahme und in der stilisierten Weltkugel eine imperiale Geste. «Die sehr einprägsame und symbolträchtig gezeichnete Kuppel erscheint in ihrem Auftritt zu mächtig und sollte durch eine Verkleinerung den Entwurf insgesamt etwas bescheidener machen», befindet auch das Preisgericht.

Mindestens das will auch die Bezirks-CDU von Ehrenfeld. Die Folge ist ein christdemokratisches Schisma, bleibt die CDU-Führung der Domstadt doch klar auf «Moschee-Kurs». Im Dezember 2006 zeichnet sich das Scheitern eines von «Pro Köln» initiierten Bürgerbegehrens ab, für das sich auch lokale Christdemokraten ausgesprochen haben; zu viele der 20000 eingereichten Unterschriften sind ungültig gewesen. Der Moscheebau bekommt durch die Machenschaften der Rechten indirekt Auftrieb, da auch viele Gegner des Projekts nichts mit «Pro Köln» zu tun haben und nicht als Moslem- und Türkenhasser dastehen wollen. Etliche Anwohner sind zwar verstimmt, aber deswegen nicht gleich fremden- oder islamfeindlich. Eine Umfrage im Auftrag des *Kölner Stadt-Anzeigers*, in dessen Redaktion einige Islamskeptiker und Moscheegegner sitzen, deutet an, was «die Leute» denken: «Eine klare Mehrheit der Kölner lehnt den Moschee-Neubau in Ehrenfeld in der geplanten Größe ab. (...) Zwar sind knapp 70 Prozent der Befragten generell dafür, dass Muslime in Deutschland zur Ausübung ihres Gottesdienstes Moscheen errichten dürfen. Dagegen schwindet der Anteil der uneingeschränkten Befürworter des Bauvorhabens an der Venloer Straße um die Hälfte auf nur noch 35,6 Prozent. 31,4 Prozent lehnen den Neubau rundheraus ab. Weitere 27 Prozent wären mit der Moschee einverstanden, wenden sich aber gegen die Größe des Entwurfs mit seiner 35 Meter hohen Kuppel und zwei 55 Meter hohen Minaretten.» (4.7.2007) Wer rechnen kann, darf also feststellen, dass mitten im heftigen Meinungskampf die Mehrheit der Kölner nichts gegen eine Moschee hatte.

Im Mai 2007 nimmt der Konflikt wieder an Heftigkeit zu. Das führende Lokalblatt, der *Kölner Stadt-Anzeiger*, der dem Moscheekonflikt größere Aufmerksamkeit widmet, organisiert ein Streitgespräch zwischen dem Schriftsteller Ralph Giordano und Bekir Alboga, dem im frommen Konya geborenen, in Deutschland ausgebildeten DITIB-Beauftragten für interreligiösen Dialog, der seine Karriere als Imam und Bildungsreferent in der Mannheimer Yavuz-Sultan-Selim-Moschee begonnen hat.[26] Das Gespräch im Internet-TV des Blattes macht Furore: Erstmals wettert eine «integre Persönlichkeit» gegen die (Ehrenfelder) Groß-Moschee. Auch andere Skeptiker trauen sich nun aus der Deckung des interreligiösen Dialogs: Bei einer Podiumsdiskussion auf dem Evangelischen Kirchentag in Köln findet der EKD-Vorsitzende Bischof Wolfgang Huber sehr kritische Worte zum Islam, der erzkonservative Kölner Kardinal Joachim Meisner spricht von «Kulturbruch» und hat ein «ungutes Gefühl» bei einer Moschee am Horizont des Domes. (Später, zur Enthüllung der abstrakten Glaskunst Gerhard Richters im Südflügel des Doms wird er finden, sie passe besser in eine Moschee.)

Spätestens mit diesen Prominenten-Auftritten (weitere schließen sich an) wird der Kölner Lokalkonflikt zur deutschen und zur deutsch-türkischen Staatsaffäre. Zur überregionalen Ausstrahlung trägt bei, dass der Kölner Fall heftige Kontroversen innerhalb der türkischstämmigen und muslimischen Bevölkerung in Deutschland sichtbar macht. Der Alleinvertretungsanspruch von DITIB wird in Frage gestellt, die säkularen Kulturmuslime und kämpferische Ex-Muslime erheben deutlich ihre Stimme. Ihr Mentor und prominentester Gegner des Moscheevorhabens ist Ralph Giordano, als junger Mann (und «Halbjude») ein Verfolgter des Nazi-Regimes und in der bundesrepublikanischen Debatten-geschichte stets als meinungsstarker und streitbarer Publizist aufgefallen. Er fordert die «politische Leitung der Stadt» im Juni 2007 geradezu ultimativ auf, «die Pläne zum Bau einer zentralen Großmoschee in Köln-Ehrenfeld einzustellen, weil sie (...) ein falsches Bild von den wahren Beziehungen zwischen muslimischer Minderheit und Mehrheitsgesellschaft entwerfen.» Das Moschee-vorhaben empfindet Giordano – wie vieles andere im muslimischen Alltag – als Affront gegen seine «kulturelle Selbstbestimmung», als Ausdruck des «totalitären» Anspruchs des «Scharia-Islams», der «notorisch grundgesetzwidrig, ein skandalöser Anachronismus, das Fossil einer überholten Menschheitsepoche und ein schweres

Am 16. Juni 2007 berufen sich Demonstranten gegen die Moschee in Köln-Ehren-feld auf Ralph Giordano. Gegendemonstranten unterstellen ihnen rassistische Motive.

Hindernis auf dem Wege zur Reformierung und Modernisierung des Islam» sei. Auf dem Weg zum Streitgespräch mit Alboga ist ihm offenbar eine vollständig mit Tschador verschleierte Frau begegnet, die er auf dem Podium angewidert als «menschlichen Pinguin» tituliert. Giordano wird später betonen, dass er damit natürlich nicht die Frau beleidigen wollte, aber hieran wird deutlich, wie sich der Moscheedisput mit anderen Ärgernissen über «den Islam» verbindet. Das Kopftuch ist ein noch stärkeres Symbol von Fremdheit, an dem sich auch einheimische Alltags-Patriarchen zu Feministen mausern, während das Schächten ein Ärgernis für Tierschützer ist – und so weiter und so fort. Der Moscheestreit fällt überdies in eine Periode, in der auch sogenannte Ehrenmorde die Öffentlichkeit schockieren und erkennbar wird, dass über diese Kehrseiten der Einwanderung öffentlich in der Tat lange geschwiegen worden ist.

Obwohl Giordano damit den Mainstream repräsentiert, verfasst

«Arme kleine Deutsche»: Anhänger der Bürgerbewegung «Pro Köln» setzen sich bei einer Demonstration am 16. Juni 2007 dem spöttischen Mitleid von Gegendemonstranten aus.

er ein «Manifest zur Verteidigung der Meinungsfreiheit» (*Kölner Stadt-Anzeiger,* 1.7.2007), um auf das von ihm wahrgenommene «Erpresserpotenzial» von Leuten aufmerksam zu machen, die Kritiker angeblich unter «islamischer Beobachtung» halten wollen. Er dagegen werde sich weiterhin tabulos gegen «alle grundgesetzwidrigen und damit integrationsfeindlichen Verhältnisse und Zustände» wenden. Giordano, dessen Äußerungen an Radikalität zunehmen, seit er telefonische Morddrohungen erhalten hat, stellt sich überdies gegen «jene professionellen Multikulti-Illusionisten, xenophile Anwälte aus der linksliberalen Ecke, wie Hans Christian Ströbele und Claudia Roth, gnadenlose Verneiner berechtigter Eigeninteressen der Mehrheitsgesellschaft und Großverhinderer jeglicher realistischen Lagebeurteilung des Immigrantenproblems». Hier hat sich ein Konvertit aus der «linksliberalen Ecke» in Rage geredet – und setzt sein Renommee aufs Spiel. Ralph Giordano, moniert der Publizist Eberhard Seidel zu Recht, «vertritt heute ein undifferenziertes Freund-Feind-Denken, und seine Auslassungen sind gefährliche Brandreden, die in der Tradition des Anti-Asyl-Diskurses zu Beginn der Neunzigerjahre stehen. Eine wichtige moralische Instanz demontiert sich selbst. Das ist schade.» (*tageszeitung*, 29.5.2007) Schade ist es, weil Giordanos Kritik, würde sie nur Augenmaß bewahren, ja durchaus ein Körnchen Wahrheit enthält. So sprang ihm ein anderer Kölner Lokalheld zur Seite, der seit 40 Jahren in Ehrenfeld lebende Schriftsteller Günter Wallraff: «Ich denke, solche Mahner muss es geben. Sie sind mir allemal lieber als diejenigen, die in falsch verstandener Toleranz, die manchmal nichts anderes (ist) als Ignoranz oder auch Feigheit, die intolerante Seite des Islams übersehen.» (*tageszeitung*, 27. September 2008)

Der Denkfehler vieler Moscheegegner besteht aber darin, dass sie die Erlaubnis zum Bau einer Moschee als Gnadenrecht kon-struieren, das eine Bevölkerungsmehrheit für gelungene Integration verleiht. Giordanos Sympathie gilt «säkularisierten Muslima und Muslime(n), die mit Reformen den Weg zu einer Integration freimachen wollen, die diesen Namen verdient – ein Ziel, von dem wir noch weit entfernt sind.» Damit angesprochen ist vor allem Necla Kelek, eine Soziologin, die sich für die Rechte islamischer Frauen und Mädchen einsetzt und an vielen Fronten gegen das Patriarchat der Dachverbände der organisierten Muslime zu Felde zieht. Nun zieht sie mit Giordano an einem Strang und eröffnet die innermuslimische Front: «... viele Islamvereine in Deutschland (haben) die Funktion einer Glaubenspartei, einer politischen Interessenvertretung. Deshalb ist die Frage des Moscheebaus auch keine Frage der Glaubensfreiheit, sondern eine politische Frage. Bau- und Vereinsrecht sind da überfordert.»

Der Meinungsbeitrag der Soziologin in der *Frankfurter Allgemei-nen Zeitung* (5.5.2007, S.33) wird hier ausführlich zitiert, weil er das Recht, eine Moschee zu bauen, unter einen exemplarischen Vorbehalt stellt und Muslimen eine Bringschuld auflädt:

«Ein Kriterium für die Erteilung der Baugenehmigung für ein Gebäude eines politischen Islamvereins müsste deshalb die positive Beantwortung der Frage sein: Werden dort die Gesetze eingehalten? Wird, zum Beispiel, dafür gesorgt, dass Frauen nicht diskriminiert werden? Und eine zweite Frage darf und muss gestellt werden:

Dienen sie der Integration? Hier sind Zweifel angebracht. So wie in vielen Moscheen in Deutschland der Islam praktiziert wird, erweist er sich als ein Hindernis für die Integration. Diese Moscheen sind Keimzellen einer Gegengesellschaft. Vor allem die größeren Moscheen in Deutschland entwickeln sich zu ‹Medinas›. Dort praktizieren die Muslime, was sie das Gesetz Gottes nennen. Dort wird eben nicht nur die Spiritualität gepflegt und sich um das Seelenheil der Gläubigen gesorgt, sondern dort wird das Weltbild einer anderen Gesellschaft gelehrt und ein Leben im Sinne der Scharia praktiziert. Dort üben schon Kinder die Abgrenzung von der deutschen Gesellschaft, dort lernen sie die Gesellschaft in Gläubige und Ungläubige zu unterscheiden, dass Frauen den Männern zu dienen haben, dass Deutsche unrein sind, weil sie Schweinefleisch essen und nicht beschnitten sind.»

Für Kelek sind und bleiben Moscheen Kerne der Parallelgesellschaft:

«Diese Moscheen entwickeln sich zu Zentren, in denen wie in einer kleinen Stadt alle Bedürfnisse abgedeckt werden. So finden sich meist in unmittelbarer Nähe, oft in örtlicher Einheit, die Koranschule, koschere Lebensmittelläden, Reisebüros, der Friseur, das Beerdigungsinstitut, Restaurants, Teestuben und anderes mehr – eben alles, was ein Muslim außerhalb seiner Wohnung braucht, wenn er nicht nur beten, sondern auch nichts mit der deutschen Gesellschaft zu tun haben will.»

Im Entwurf des Architekten sah Kelek genau wie Giordano ein «politisches Statement des Islam in Beton (...) im Gestus der Eroberung»:

«Eine offene Kuppel mit stilisierter Weltkugel zeigt noch keine Weltoffenheit. Es ist entscheidend, was darunter passiert. Man könnte diese Kuppel und das Minarett auch als Hegemonieanspruch deuten, ganz so wie der Islam sich als ‹Siegel›, als Vollendung der Religionen begreift und den Anspruch auf Weltherrschaft reklamiert.»

Die kampagnenstarke «Zeitung für Deutschland» verleiht diesen Äußerungen höchsten Rang, indem sie als *follow up* ein Streitgespräch zwischen Giordano und Bundesinnenminister Schäuble arrangiert, das eine bis dato unübliche Konstellation aufweist: Nun warnt der «konservative» Innenminister pragmatisch vor

Panikmache, während der «linke» Publizist prinzipiell um die Demokratie fürchtet:

Giordano: Es macht mir Angst, dass Sie so viel Verständnis haben – allzu viele wollen sich gar nicht integrieren. Bin ich deshalb ein Türkenschreck oder ein Anti-Muslim-Guru, habe ich zum Bürgerkrieg aufgerufen? Ich stelle mich vor jede Muslima, vor jeden Muslim, die rassistisch attackiert werden. Und es sind gerade die aus der Nazi-Zeit erkämpften Kriterien, die mich heute so sensibilisieren für die Gefahren, die aus dem Islam kommen. (...)
Schäuble: Und ich sage noch einmal: Die Menschen sind da, wir leben mit ihnen zusammen. Es ist nicht wahr, dass die Frauen in der Türkei alle nur unterdrückt sind. Wir müssen auch die positiven Dinge sehen, dann brauchen wir nicht zu verzweifeln.
Giordano: Ihr Optimismus sei Ihnen unbenommen. Aber das ändert nichts an meiner Überzeugung: Die türkisch dominierte muslimische Gesellschaft in Deutschland ist kollektiv nicht integrierbar.
Schäuble: Der Islam ist längst ein Teil unseres Landes. Das ist doch unbestreitbar. Und unser Land verändert sich dadurch. Gesellschaften müssen auf Veränderungen flexibel reagieren, um sie erfolgreich zu meistern. Wir sollten jedenfalls klar unterscheiden zwischen den Integrationsproblemen, die wir haben, und den Bedrohungen durch den islamistischen Terrorismus.» (Frankfurter Allgemeine Sonntagszeitung, 2. 3. 2008)

Keleks und Giordanos Grundthese, der Islam sei «kollektiv nicht integrierbar»[27] ist nicht nur ahistorisch und soziologischer Nonsens, sie lenkt auch Wasser auf die Mühlen der konservativen und fundamentalistischen Kräfte im Islam. Denn sie laden genau jenen Muslimen eine Bringschuld auf, die sich individuell in die säkulare Gesellschaft einpassen und einen liberalen Islam im Westen praktizieren wollen, und stellen sie ungewollt unter Kuratel eines integrationsunwilligen Kollektivs, dessen Funktionäre und Fanatiker dann umso klarer ihren Herrschaftsanspruch über «die» Muslime proklamieren können. Pauschalurteile wie «Der Islam ist nicht integrierbar» sind nichts weniger als publizistische Todesurteile für liberale Muslime.

Weit listiger als Giordanos Generalabrechnung ist ein Vorschlag Günter Wallraffs im September 2007. Er testet die Ernsthaftigkeit des DITIB-Vorschlags, die Moschee für kulturelle Veranstaltungen zu öffnen, mit der größtmöglichen Provokation: Salman Rushdie soll in der Moschee aus den *Satanischen Versen* lesen, damit könne DITIB ein deutliches Zeichen setzen gegen den Islamismus. Der Verband lehnt ab, offenbar nach längerer interner Diskussion und mit der Begründung, Wallraffs Vorschlag zeige kein Verständnis für die Gefühle der muslimischen Gemeindemitglieder, mit deren religiöser Auffassung der Roman unvereinbar sei. Das war Anlass für Wallraff, später an die opportunistische Seite der Verbände zu erinnern: «Wir haben kürzlich in Köln eine Solidaritätsaktion für die im Iran verfolgte religiöse Minderheit der Bahai initiiert und konnten dafür nicht einen einzigen Vertreter einer Moscheegemeinde gewinnen.» (*tageszeitung*, 27.9.2008)

Auf lokaler Ebene steckt die Kölner CDU weiter in der Bredouille. Im August 2007 wird Oberbürgermeister Schrammas Leitantrag auf einem Kreisparteitag abgelehnt. Schramma wird ausgebuht, als er den Delegierten erklärt, sie sollten sich nichts vormachen: «Die Moschee kommt! Entweder mit oder gegen uns.» Nach ausgesprochen lebhafter Debatte geht ein Kompromissantrag durch, der die Zustimmung zum Moscheeprojekt von erheblichen Zugeständnissen abhängig macht: Verkleinerung des Gesamtkomplexes, Verkürzung der Minarette, keine türkische Fahne, Zugang für alle Sunniten. DITIB legt im Januar 2008 den überarbeiteten Entwurf vor: Der Gebetsraum wird um ein Viertel reduziert, die Gewerbefläche um fast ein Drittel, womit DITIB Probleme bei der Finanzierung bekommt. Minarette und Kuppel sollen aber nicht, wie von CDU gefordert, «geschrumpft» werden.

All diese Zu- und Abschläge sind ein typischer, man möchte sagen: bazarförmiger Aushandlungsprozess, mit dem Moscheekonflikte im wahrsten Sinne des Wortes teilbar werden, die Architektur aber an die Grenzen des Zumutbaren gelangt. Das Bestreben der Bauherren ist, Moscheen möglichst repräsentativ, also groß (und womöglich pompös) und typisch (also eher traditionell) zu gestalten, während Gegner und Skeptiker mit amateurhaftem Herumschneiden dafür sorgen wollen, dass die Moschee zur Miniatur und die Sichtbarkeit des Islams in Deutschland geringer wird.

Der Teufel steckt am Ende im (von außen unsichtbaren) Detail. Während Paul Böhm sich für die Innengestaltung der Moschee beauftragt sieht, will DITIB diese ganz allein entscheiden und ganz konventionell gestalten. Außen hui, innen pfui? Jeder darf seine Wohnung einrichten, wie er mag. Aber das Beispiel zeigt, dass Moscheevereine, wie schon in Mörfelden-Walldorf, sich den Vorwurf gefallen lassen müssen, einen Rückzieher zu machen, wenn sie ihr Ziel in der Öffentlichkeit durchgesetzt haben.

In einer Karnevalshochburg stehen die Zeichen niemals so ganz auf Zuspitzung und Kulturkampf, und so gibt es Bemühungen, den Konflikt auf ortsübliche Weise einzukölschen. Eine gelungene karnevalistische Entschärfung sind Prunkwagen im Kölner Veedels- und Rosenmontagszug, eine andere besteht in humorvollen Wendungen stadtbekannter Kabarettisten wie Jürgen Becker. Dieser hat als Miterfinder der «Stunksitzung» schon einmal eine hartnäckige Bastion geschleift, den Schunkelkarneval. Solche Strategien darf man getrost als subtile Formen interkulturellen Ambivalenzmanagements betrachten, die die Kirche im Dorf und die Moschee im Veedel halten. Auch Navid Kermani, ein in Köln ansässiger Orientalist mit iranischem «Migrationshintergrund», hat die Bürgerversammlungen wesentlich entspannter betrachtet als die diversen Kreuzzügler von Köln: «Bei allen Bürgerversammlungen und auch bei vielen Demonstrationen für die Moschee hat sich gezeigt, dass es in Köln ... eine breite gesellschaftliche und politische Unterstützung für den Bau gibt, so strittig viele Fragen im Detail sind, Fragen nach der Größe des Gebäudes, nach Parkplätzen, nach der sozialen Mischung im Viertel, völlig legitime Fragen übrigens.» (*Westdeutscher Rundfunk*, 26. 1. 2008)[28] Aus diesen Beobachtungen kann man lernen, dass der alltags- und lebensweltliche Tumult oftmals weniger überspannt und eher auf Einigung aus ist als der nach allen Seiten abgesicherte und oft schwarz-weiß geglättete Mediendiskurs.

Ende gut, alles gut? Im August 2008 kommt ein geänderter Bebauungsplan im Rat zur Abstimmung, und eine von ganz links bis zur FDP reichende Mehrheit beschließt am 28. August 2008 den Moscheebau, zusammen mit einem Jüdischen Museum und einem Opernneubau. Die CDU lässt ihren Oberbürgermeister im Regen stehen – aber gleichzeitig für die Wiederwahl antreten und sich auch noch an die Spitze einer Großdemonstration stellen, die im September 2008 gegen eine zentrale Kundgebung europäischer Moscheegegner in Köln abgehalten werden soll. «Pro Köln» hat nämlich einige Hundert Islamgegner aus den Nachbarländern zum «Anti-Islamisierungs-Kongress» in die Domstadt gerufen, die dort vor eine Wand laufen. Die ganze Palette bierernster bis spaßiger, dabei überwiegend friedlicher Gegenaktionen («Kein Kölsch für Nazis») demonstriert, dass sich Moscheeskeptiker von Rechtspopulisten nicht missbrauchen lassen wollen. Und die Kölner Zivilgesellschaft beweist, dass die Europäische Rechte (großspurig angekündigt, aber niemals bestätigt waren Jean-Marie Le Pen, der Begründer des Front National, sowie die Anführer von FPÖ, Heinz-Christian Strache, und Vlaams Belang, Philip Dewinter) aus Papiertigern besteht.[29] Es zeigte wenig Feingefühl, wenn sich Giordano am Vorabend mit dem demokratiepolitisch bedenklichen Satz vernehmen ließ: «Der Kampf geht weiter!»,[30] der ja wohl außerparlamentarischen Widerstand gegen den Mehrheitsentscheid des Kölner Rates ankündigt. Auch die Ratsfraktion von «Pro Köln» geht weiter auf die Straße: Bis zur Kommunalwahl im Juni 2009 sollen einmal im Monat vor dem Gelände der Moschee in Köln-Ehrenfeld «Samstagsdemos» und «Mahnwachen» stattfinden, «um der wirklichen Mehrheitsmeinung in der Bevölkerung sichtbar Ausdruck zu verleihen. Das Thema Großmoschee und Islamisierung bleibt damit auf der politischen Tagesordnung – und die Kommunalwahl 2009 werden wir zur Volksabstimmung über die Großmoschee, die nicht vor dem Jahr 2010 gebaut sein wird, machen!»[31]

An der ins Rhein-Wasser gefallenen Großdemo gegen die «Islamisierung» wird die transnationale Ebene des Moscheekonflikts noch einmal deutlich. Der Kölner Fall, den Optimisten als Integrationsexempel sehen, ist Teil eines europäisch-türkischen Dramas um die Zugehörigkeit islamischer Teilgesellschaften zum säkularen Westen. Die türkische Presse spielt mit ihrer nationalistischen Einäugigkeit keine hilfreiche Rolle, auch der monokulturelle Auftritt des türkischen Ministerpräsidenten Erdoğan in der KölnArena im Februar 2008 kann so interpretiert werden, dass Ankara die Kontrolle über die türkisch-muslimische Bevölkerung in Europa für sich reklamiert. Sprüche wie «Ich kann die Düfte Kleinasiens hier in Köln wahrnehmen» kann man als anatolische Folklore verbuchen, nicht aber Erdoğans pathetischen Beitrag zur Integrationsdebatte: «Ich verstehe die Empfindlichkeit, die Sie gegenüber der Assimilation zeigen, sehr gut. Niemand kann von Ihnen erwarten, Assimilation zu tolerieren. Niemand kann von Ihnen erwarten, dass Sie sich einer Assimilation unterwerfen. Denn Assimilation ist ein Verbrechen gegen die Menschlichkeit. Sie sollten sich dessen bewusst sein.» (*Süddeutsche Zeitung*, 13. 2. 2008)

Schwarz-Grün in München

Auch am Gotzinger Platz in München Sendling findet der Kampf um die Leitkultur statt, und auch dort steht das «gut Römisch andechtig volck das gern wallet», wie der Mystiker Sebastian Franck die Bayern vor langer Zeit tituliert hat,[32] auf der Probe. Die Vorgeschichte dieses Moscheekonflikts sei hier einmal im Behördendeutsch rekapituliert:

> Der Ausschuss für Stadtplanung und Bauordnung hat am 25. April 2007 beschlossen, für das genannte Gebiet einen Bebauungsplan mit Grünordnung aufzustellen. Betrieben vom «Türkisch-Islamischen Gemeindezentrum e. V.» (D. I. T. I. M.) besteht derzeit ein genehmigtes Türkisch-Islamisches Kulturzentrum an der Schanzenbachstraße 1. Dieses genügt den heute an derartige Einrichtungen gestellten Anforderungen nicht mehr. Daher suchte das «Türkisch-Islamische Gemeindezentrum e. V.» im Rahmen einer intensiven Überprüfung mehrerer alternativer Standorte durch das Planungsreferat ein Grundstück, um ein neues Türkisch-Islamisches Kulturzentrum als Ersatz für die Einrichtung in der Schanzenbachstraße 1 zu errichten. Der Standort am Gotzinger Platz (Thalkirchner/Ecke Kochelseestraße) ist Ergebnis dieser Untersuchungen. Als Einrichtungen für das Türkisch-Islamische Kulturzentrum sind neben Gebetsräumen, den Verwaltungsräumen des Vereins und den Konferenz- und Gruppenräumen auch die Errichtung eines Vereinslokals, einer gastronomischen Einrichtung, von Läden und einer Tiefgarage mit den notwendigen Stellplätzen vorgesehen. Auf

den übrigen Grundstücken des Planungsgebietes ist geplant, im Anschluss an die bestehenden bzw. bauordnungsrechtlich genehmigten Wohnnutzungen Wohnungen zu situieren. Voraussetzung für die bauliche Nutzung der Flächen ist die Realisierung eines Ersatzes für die sich im Planungsgebiet befindlichen Stellplätze für die Großmarkthalle in Form eines Parkdecks mit ca. 370 Stellplätzen auf dem Großmarktgelände.

So nüchtern lautet der Genehmigungsbescheid der Stadt vom 3. Mai 2007 für einen Moscheestandort im Zentrum Münchens, der in der bayerischen Landeshauptstadt für erhebliche Unruhe sorgt. Er verrät nicht, dass die Moschee direkt gegenüber der katholischen Pfarrgemeinde Sankt Korbinian entstehen soll, was man alternativ als Konfrontation oder Konversation interpretieren mag. Der Pfarrgemeinderat neigt zu Letzterem und verteilte im Juli 2008 in seinem Sprengel «aus gegebenem Anlass» ein Flugblatt:

Keine Fremdenfeindlichkeit in Sendling!

Zur Zeit kursieren Flugblätter in Sendling, von denen einige auf hetzerische, rassistische und fremdenfeindliche Weise gegen den Moscheebau am Gotzinger Platz mobil machen. Der Pfarrgemeinderat St. Korbinian schämt sich für solche verletzenden Töne und bittet alle Sendlingerinnen und Sendlinger, besonders aber die katholischen Christen der Pfarrgemeinde St. Korbinian, Angriffe auch verbaler Art auf ausländische, insbesondere türkische Mitbürgerinnen und Mitbürger entschieden zurückzuweisen.

Es gibt verschiedene Meinungen zum Moscheebau am Gotzinger Platz. Dies darf aber nicht dazu führen, dass in Gesprächen, Flugblättern oder sonstigen Verlautbarungen andere angegriffen, verletzt oder herabgewürdigt werden. Gerade im Rahmen der beginnenden Diskussion um den Bebauungsplan müssen wir auch auf die Form achten, in der wir miteinander umgehen.

Alle Mitbürger, diejenigen, die den Moscheebau befürworten, diejenigen, die gegen den Moscheebau sind oder ihn zumindest in seiner jetzigen Form ablehnen, sind in ihrer Meinung zu respektieren. Aber niemand darf die Grenze zur Fremdenfeindlichkeit überschreiten. Im Interesse eines guten, aufgeschlossenen Klimas in Sendling bitten wir um breite Unterstützung aller Bemühungen für ein friedliches und verständnisvolles Miteinander.

Der Vorstand des Pfarrgemeinderats

In München besteht, anders als in Köln, noch eine absolute katholische Mehrheit, 14 Prozent der Bevölkerung sind evangelisch, hinzu kommen zahlreiche andere Kirchen und Sekten, darunter vor allem orthodoxe Christen. Rund sechs Prozent werden als Muslime gezählt, wobei hier oft vorschnell von der Nationalität (Türkei, Bosnien) auf die Religiosität geschlossen wird. Die erste Moschee ist in München 1972 anlässlich der Olympischen Spiele am Stadtrand errichtet worden, zwischen Mülldeponie und Kläranlage; die meisten der heute rund 40 Gebetsstätten liegen in Bahnhofsnähe und symbolisieren den Transitstatus der Muslime aus der Türkei, aus Bosnien, Albanien und asiatischen Ländern.

Der Türkische Moscheeverein Diyanet İşleri Türk İslam Merkezi (DITIM) möchte den Hinterhof verlassen und sucht ab 2004 gemeinsam mit der Stadt ein Grundstück für einen würdigen Neubau. Die Wahl fällt auf den nicht weit vom alten Standort gelegenen Gotzinger Platz. Das Grundstück gehört der Stadt, die 2005 einen Kaufvertrag mit DITIM abschließt. Die Finanzierung soll aus Eigenmitteln des Moscheevereins gesichert werden, aus dem Verkauf der alten Immobilie, durch Eigenleistungen des Vereins und durch Bankkredite. In einem Mischgebiet ist solch ein Neubau grundsätzlich zulässig; in diesem Fall «übersieht» man allerdings §34 des Baugesetzbuches, das einen Bebauungsplan verlangt, sofern sich der Bau nicht «in die Eigenart der näheren Umgebung einfügt». Dass das nicht der Fall sei, finden einige Anwohner. Als eine Bürgerversammlung nur mit knapper Mehrheit einem Ablehnungsantrag zustimmt, befürwortet der Stadtrat gegen die Stimmen aus der CSU den Moscheebau. Münchens Oberbürgermeister Christian Ude erklärt, das «erstaunlich knappe Ergebnis einer einzigen Bürgerversammlung (könne) nicht mehr wiegen als das Wort beider Kirchen, die Beschlüsse des Bezirksausschusses und das Recht der hier lebenden Muslime, ihren Glauben auszuüben.»

Im Münchner Stadtteil Sendling soll gegenüber der Kirche Sankt Korbinian –
jedoch deutlich kleiner – eine repräsentative Moschee entstehen.

Im März 2006 gewinnt das renommierte Architekturbüro Walter
Höfler die Ausschreibung: Der Entwurf sieht eine Kuppel und
zwei jeweils 41 Meter hohe Minarette vor. Die Türme von Sankt
Korbinian gegenüber, einem 1926 vollendeten Neubarockbau,
haben eine Höhe von 55 Metern.[33] Zwei Türme im Dialog und
nach Ansicht von Experten eine gelungene Kombination von traditionellen Elementen mit modernen, dem Ort angemessenen Ar-
chitekturformen.[34] An der üblichen, aber nach moderner Koran-
auffassung keineswegs zwingenden Geschlechtertrennung im Gebetsraum ändert auch dieser Entwurf wenig: Die Männer beten im
zweiten Stockwerk auf knapp 700, die Frauen im dritten Stock auf
rund 500 Quadratmetern. Aber DITIM stellt fest, für eine Moschee
sei das eine «ungewöhnlich günstige Relation. Die Moschee versucht damit der gewachsenen Bedeutung der Frauen für das religiöse, soziale und kulturelle Leben gerecht zu werden.» Die
Moschee in Sendling wird als erste in München als solche von
weitem erkennbar sein und innerhalb des Mittleren Rings liegen,
also einigermaßen zentral.

Und so wirbt DITIM für seine offene Moschee:

«Ditim will, dass die Moschee für die Bürger sichtbar wird, als Zeichen, dass Muslime dazugehören. Das verpflichtet den Verein, ein Programm der Öffnung zum Stadtviertel hin und zu den christlichen Kirchen in der Nachbarschaft zu entwickeln.

Eine solche Öffnung kann allerdings nur gelingen, wenn auch die nichtmuslimische Stadtteilöffentlichkeit Ditim entgegenkommt. Ditim ist eine offene Moschee – die neue Moschee wird dies als Bauwerk, durch ihr Raumprogramm und ihr Aktionskonzept zeigen. Die Architektur – das Bauwerk – lädt die Nachbarn und das Stadtviertel ein, hereinzukommen. In der Moschee selbst wird es mehrere Bereiche geben, die auch auf deutsches Publikum abzielen: einen Laden, ein Restaurant, ein Hamam, eine Bibliothek, Unterrichtsräume, den großen Konferenzraum.»

Der Münchner Moscheestreit wird nicht nur im notorischen Wirtshaus, sondern vor allem vor Gericht ausgetragen. Im September 2006 hebt die Bezirksregierung von Oberbayern den Vorbescheid zum Bau der Moschee auf; es beginnt ein langer Rechtsstreit zwischen dem Moscheeverein und der Stadt gegen den Bezirk Oberbayern des Freistaats Bayern, ein kleiner Stellvertreterkrieg zwischen der landesweit übermächtigen CSU und der rot-grünen Enklave München. Im Februar 2007 entscheidet das Verwaltungsgericht in München (Aktenzeichen: M 8 K 06.3625 und 3626) zugunsten des Regierungsbezirks und weist die Klage ab. Damit wird ein Bebauungsplan für das Mischgebiet nötig, dessen Erstellung im April 2007 vom Stadtrat einstimmig entschieden wird. In einer erneuten Bürgerversammlung im Sommer 2007 legt sich der populäre Oberbürgermeister Ude ins Zeug; man sagt, als Moscheebefürworter verwirkliche er «sein persönliches Transrapidprojekt»; doch das anwesende Volk stimmt – Köln ist nun überall – mit 371 zu 222 Stimmen, fast einer Zweidrittelmehrheit, gegen die Moschee.

Im Juli 2008 legt die Stadt den Bebauungsplan vor: Nun ist die Moschee nur noch für 440 statt für bis zu 1000 Betende ausgelegt, 70 Stellplätze sind in einer Garage unter dem Gebäude vorgesehen. Äußerlich gibt es kaum Veränderungen: Die Grundfläche schrumpft von 5200 auf 4800 Quadratmeter, die Kuppel und die Minarette (in der vorgesehenen Höhe) bleiben. Wenig später findet noch eine recht tumultuöse Bürgerversammlung statt, wieder mit dem «OB»: Erneut gibt es eine Ablehnung (124 : 92 = 57 %). Beim Erörterungstermin durch die Stadt eine Woche später kommt es zu Bürgerprotesten. Der Stadtrat muss noch über den Bebauungsplan abstimmen lassen.

Die Sprecher von Sankt Korbinian am Gotzinger Platz und der evangelischen Himmelfahrtskirche um die Ecke machen sich für die Moschee stark, sie vertiefen den interreligiösen Dialog und machen Front gegen die Bürgerinitiative. Wenn der geplante Neubau bis jetzt etwas gebracht habe, dann die neuen Freunde in den Kirchengemeinden, bedankt sich DITIM-Vorsitzender Curuk. Auch er sucht den Dialog mit Bürgern und kämpft auf Bürgerversammlungen an Udes Seite, lässt aber auch Resignation erkennen, zu viel Gegenwind hält die Gemeinde nicht aus. Lokale und regionale Medien berichten kontinuierlich und recht fair über den Konflikt, Bayerischer Rundfunk und *Süddeutsche Zeitung* machen das Thema überregional bekannt, selbst die *New York Times*[35] wird aufmerksam. Die Initiative «Bürger für Sendling», deren Sprecherin Helga Schandl grundsätzlich gegen jede (repräsentative) Moschee in Sendling eintritt, ist durch die Verkleinerung nicht zu besänftigen. Die Moscheegegner wollen am Gotzinger Platz ein Bürgerhaus (für sich). Wie in Frankfurt-Hausen und Köln-Ehrenfeld fühlen sie sich schlicht «übergangen». Ein enttäuschter Kommentar im Internetforum www.gotzingerplatz.de thematisiert das Repräsentationsdefizit der Kommunalpolitik wie der Kirchen:

«Was mir ... total unverständlich bleiben wird ist, wieso es sich eine Dekanin und Gemeindmitglieder zweier Kirchen zur Hauptaufgabe zu machen scheinen, die Interessen einer anderen Religion zu vertreten. Duldung ja – aktive Propaganda dafür nein. Man muss sich fragen, welches eigene Religionsverständnis die Proponenten überhaupt noch haben, wenn sie so erpicht darauf sind, eine Moschee auch noch als ideales Gegenstück zu einer Kirche zu sehen. Hier ist wohl Einiges an politischer Korrektheit durcheinandergekommen.»

Die Dekanin Andrea Borger antwortet darauf:

«Es reicht m. E. nicht, die Mitglieder anderer Religionsgemeinschaften, die sich von uns ja auch kulturell unterscheiden, einfach neben uns her leben zu lassen. Das wäre eine passiv verstandene Religionsfreiheit. Ein friedliches Zusammenleben der Kulturen und

Religionen erfordert wirkliches gegenseitiges Verständnis, und das fällt nicht vom Himmel, sondern muss erarbeitet werden. Dass ‹Dialog› nicht ein Ausverkauf der eigenen Glaubensüberzeugungen bedeutet, sondern vielmehr eine Chance für erneuertes und vertieftes Verständnis derselben – dafür kann unsere Predigtreihe an der Himmelfahrtskirche ein hoffentlich ansprechendes Zeugnis sein.»

Ein anonymer Kommentar im SZ-Forum wird deutlicher:

«03.07.2008 10:58:13 Später einmal wird man diese Entscheidungen als Verrat am deutschen Volk werten. Die Muslime nehmen, natürlich durch unsere Politiker abgesegnet, immer mehr Raum in diesem Lande ein und verdrängen unsere Kultur – und auch das ist so gewollt. Auch wenn man wegen solcher Äußerungen stets in die ‹rechte Ecke› gestellt wird, stehe ich voll und ganz hinter dieser Aussage!»

Dass sich Sankt Korbinian und DITIM-Moschee am Gotzinger Platz gewissermaßen anschauen könnten, ist der besondere, «schwarz-grüne» Aspekt dieses Konflikts. Im katholischen Bayern stand die Barockkirche nebst Gasthöfen selbstverständlich am Platz; nun kommt eine Moschee mit allem üblichem Zubehör dazu, kleiner und niedriger, aber fast schon auf Augenhöhe und ziemlich kompakt. Die dem damaligen CSU-Innenminister Günther Beckstein unterstellte Aufsichtsbehörde der Regierung Oberbayern, die den oben beschriebenen Rechtsstreit auslöste, hat dagegen die herrschende Meinung zu festigen versucht: Der «nahezu quadratische Baukörper mit entsprechenden Abmessungen» sei im Geviert nicht üblich, der «massive Baukörper» und das «südliche Minarett» verstießen gegen das Gebot der Rücksichtnahme. Dies betreffe insbesondere die geschützten Rechtsgüter «der Belichtung und Besonnung sowie die Gewährleistung des sozialen Wohnfriedens». Insgesamt beeinträchtige die geplante Moschee das Ortsbild und verstoße gegen den Denkmalschutz. So komplettiere der Bau «nicht die räumlichen und städtebaulichen Qualitäten dieses Ortes, sondern wirkt dort als Fremdkörper». (*Süddeutsche Zeitung*, 19.9.2006)

Das ist Kulturkritik in Juristendeutsch. Dagegen zu halten wäre wohl, dass die türkischen Einwohner, die mit dem Fremdkörper womöglich eher gemeint sind, seit 1989 in Sendling beten und dort meist noch länger zuhause sind – und gerne in ihrem Stadtviertel bleiben und beten würden. Nach ihrer Meinung soll die Moschee im Dorf bleiben. «Ein Gotteshaus gehört in ein Wohngebiet», sagen die Moscheebefürworter und stellen zur vermeintlichen Übergröße klar: «Eine Moschee für 300–400 Betende ist kein großes Gotteshaus. An den beiden großen Festtagen wird Gebetsraum für ca. 700 oder 800 Gläubige im gesamten Gebäude bereit stehen. Die Kirche St. Korbinian bietet dagegen 800 Sitzplätze und dazu noch mehrere hundert Stehplätze – ist also mehr als doppelt so groß.»

Der Kern des Konflikts ist wohl, dass diese Plätze seltener gefüllt sind. Die alteingesessenen Sendlinger sind alt und überhören manchmal die Glocken, die neu Zugezogenen sind jung und erscheinen auch ohne Muezzinruf fleißiger zum Freitagsgebet. Das ist der tiefere Grund, warum sich der zum Ministerpräsidenten des Freistaats aufgestiegene Beckstein im Sommer 2008 – die CSU ringt vergeblich um ihre absolute Mehrheit – zur christlichen Leitkultur Bayerns bekennt, während CSU-Chef Erwin Huber auch noch zum «Kreuzzug gegen die Linke» aufruft. Wie schon anlässlich des «Kruzifix-Urteils» (das die bis dahin für selbstverständlich gehaltenen Kreuze in bayerischen Schulklassen problematisierte, aber nicht zur Folge hatte, dass diese nun massenhaft entfernt wurden) muss sich das «Römisch andechtig volck» wohl oder übel auf Kontrastfarben einstellen.

Berlin: Wie viele Moscheen verträgt die Hauptstadt des Atheismus?

In Berlin-West konnte man die allmähliche Verwandlung von «Gastarbeitern» in «Türken» beziehungsweise «Kurden» und dann in «Muslime» beziehungsweise «Aleviten» am besten miterleben. Es blieben die gleichen Leute, aber mit ihrem Älterwerden und dem Nachwachsen der zweiten und dritten Generation wurde aus dem Kriterium der Sozialstruktur (ausländische Arbeitnehmer) eines der ethnischen Herkunft und des religiösen Bekenntnisses. Darin steckt die ganze Geschichte der kulturellen Globalisierung seit dem Auftauchen der ersten Arbeitsmigranten, das in West-Berlin in den siebziger Jahren einsetzte, etwas später als in Westdeutschland, dafür mit türkischstämmigen Männern massiver und markanter. Es war kein Wunder, dass «ausländische Mitbürger», von denen die wenigsten die deutsche Staatsangehörigkeit besaßen oder anstrebten, sich auf ihre Wurzeln und Bindungen besinnen würden, auch wenn es bei vielen erst in der Fremde erfundene Traditionen waren. Aus Türken wurden deshalb nicht Deutsche, sondern Kurden und Muslime.

Berlin-Kreuzberg war damit Schaufenster einer sehr speziellen Integration türkischer Familien in Deutschland. Der Religionssoziologe Peter Berger erhob Berlin, wo praktizierende Christen beider Konfessionen nur noch eine kleine Minderheit sind und Religion an öffentlichen Schulen kein Pflichtfach ist, einmal zur «Hauptstadt des Atheismus». Ausgerechnet in dieser Gottlosigkeit nahm die Lebenswelt der Muslime phantomhafte Gestalt an. Stadtteile mit hohem türkischen, arabischen oder iranischen Bevölkerungsanteil waren gut mit Gebetsstätten versorgt, aber man sah sie kaum, während die aus älterer Zeit stammenden Großmoscheen in Tempelhof und Wilmersdorf ganz untypisch aus den Kiezen des Berliner Islams hervorstachen.

Diese Unscheinbarkeit sollte mit gleich vier repräsentativen Bauten ein Ende haben: Die neo-osmanische Enklave am Columbiadamm in Tempelhof sollte beträchtlich in die Höhe wachsen, in Neukölln sollte ein großes Begegnungszentrum des Milli Görüş nahestehenden Vereins für kulturelle Integration, Inssan,[36] entstehen, tief im Westen, am Mierendorffplatz in Charlottenburg, sollte eine neue Großmoschee entstehen, und auch Pankow im kaum von Muslimen bewohnten Osten sollte eine bekommen. Das Erweiterungsprogramm fiel unterschiedlich aus: Am Columbiadamm baut ein DITIB-Verein «wild», und die Minarette, die höher sind als genehmigt, werden wohl nur, um hässliche Abrissbilder in der türkischen Presse zu vermeiden, gegen ein Bußgeld von 80 000,– DM geduldet, wobei das Bauwerk am Stadtflughafen Tempelhof ohnehin weit vom Schuss liegt. Das Neuköllner Vorhaben wurde vom Verwaltungsgericht als zu groß für ein Wohngebiet abgelehnt, das Charlottenburger Vorhaben scheitert an einem CDU-Baustadtrat, der nach der Gründung einer Bürgerinitiative gegen Inssan einen geänderten Bebauungsplan

Eine der zahlreichen Hinterhofmoscheen in Berlin-Kreuzberg: In Berlin gibt es rund 120 Moscheen und Gebetsräume.

forderte, was die Eignerin des Grundstücks, die Firma Beiersdorf, veranlasste, das Gelände anderweitig zu veräußern.

Die Geschichte der Ost-Moschee, im Herbst 2008 eröffnet, sei wegen des Standortes und der damit verbundenen Konfliktlage ausführlicher nacherzählt und bewertet.[37] Initiatorin ist im März 2006 die Ahmadiyya Muslim Jamaat, die in Berlin mehr Erfolg hat als im hessischen Ortenberg.[38] Die vorher in Berlin-Reinickendorf (in der Einflugschneise des Flughafens Tegel) untergebrachte Berliner Gemeinde mit rund 200 Mitgliedern hat in Heinersdorf ein Grundstück der Treuhand (Liegenschaftsgesellschaft) erworben und will dort die erste Moschee im Ostteil der Hauptstadt bauen. Als Architektin wird das Gemeindemitglied, die in Frankfurt am Main aufgewachsene Mubashra Ilyas beauftragt, die einen recht ansprechenden Entwurf liefert, der Kuppel und Minarett nicht auslässt, aber diskret mit den Reizsymbolen umgeht. Heinersdorf ist noch durch seine dörfliche Vergangenheit geprägt und weit entfernt von den «Problembezirken»; Sozialhilfeempfänger gibt es hier beispielsweise erheblich weniger als im Berliner Durchschnitt.

Zugezogene werden hier nicht gerne gesehen, und viele Alteingesessene empfinden deshalb das Ansinnen der Ahmadiyya wie die Ankündigung außerirdischer Wesen. Die Kosten des Vorhabens, die auf bis zu 1,2 Millionen Euro beziffert werden, sollen durch Spenden aufgebracht werden; besonders aktiv beim Fundraising und selbstbewusst bei der Darstellung des Moscheevorhabens treten die Ahmadi-Frauen auf, die Gleichberechtigung im Islam reklamieren. Der Imam wird als offen und gesprächsbereit geschildert, allerdings eher in spirituellen Fragen als im Berliner Alltagsleben.

Manche Heinersdorfer fühlen sich davon belästigt; unterstützt von der örtlichen CDU, protestieren sie scharf gegen den Bau einer Moschee in einem Viertel, «wo doch kein Muslim wohnt» (Ulrich Eichler, CDU Pankow). 1500 Besucher, die meisten moscheekritisch, erscheinen zur Veranstaltung der Bezirksverordnetenversammlung (BVV). Als wegen der Überfüllung des Saals draußen Stehende das Haus zu stürmen drohen, wird die Veranstaltung abgebrochen (später heißt es «wegen fremdenfeindlicher Parolen», *Die Welt*, 6.7.2006). Dessen ungeachtet fertigt im April 2006 das Bezirksamt einen Bauvorbescheid aus: Das Baugesetzbuch kenne keinen Grund, «dort den Bau zu versagen», erklärt Thomas Goetzke, der Vorsitzende des Bauausschusses des Bezirks.

Die daraufhin gegründete «interessengemeinschaft pankow-heinersdorfer bürger e.V.» (ipahb) startet ein Bürgerbegehren gegen den Moscheebau, wobei die Tatsache ausgenützt wird, dass der rot-rote Berliner Senat angesichts der gerade im Osten grassierenden Parteienverdrossenheit die Möglichkeiten direkter Demokratie verbessert hat. In vieler Hinsicht kann man ipahb als außerparlamentarischen Arm der Union im «roten Osten» sehen.

Im Mai 2006 weist der Berliner Senat unter Verweis auf die Religionsfreiheit die Zulässigkeit des Bürgerbegehrens ab. Im selben Monat gibt es eine gemeinsame Resolution von Linkspartei, SPD und Grünen in der BVV Pankow zugunsten der Moschee, während die CDU-Fraktion den Antrag an das Bezirksamt stellt, der Ahmadiyya-Gemeinde vom Bau abzuraten, «wenn dieser nur gegen den deutlich artikulierten Widerstand der Bürgerinnen und Bürger» möglich sei. Im Juni 2006 reicht ipahb ein zweites Bürgerbegehren ein und veranstaltet eine Demonstration mit

Die «interessengemeinschaft pankow-heinersdorfer bürger e. V.» (ipahb) demonstriert am 16. Oktober 2008 gegen die feierliche Eröffnung der Khadija-Moschee in Berlin-Pankow.

immerhin 1500 Teilnehmern durch das Viertel. Entgegen den Absprachen zwischen Bürgerinitiative und Polizei nehmen etwa 80 Rechtsradikale, darunter viele NPD-Mitglieder, teil; ipahb grenzt sich zwar von diesen ab, folgt jedoch den *Handreichungen zur Moscheebauverhinderung*[39] des islamfeindlichen «Bundesverbands der Bürgerbewegungen», der aus einem lokalen Moscheekonflikt im nordbadischen Wertheim hervorgegangen ist, gegen ethnische und religiöse «Überfremdung» eintritt und den EU-Beitritt der Türkei ablehnt. Im Wertheimer Appell des Bundesverbandes von 2007 finden sich folgende Forderungen:

– Überprüfung von Art. 4 GG (Religionsfreiheit) hinsichtlich seiner Anwendbarkeit auf die Politreligion Islam;
– Verhinderung des EU-Beitritts der Türkei;
– Einbeziehung der ansässigen Bevölkerung bei Moscheebauprojekten mit einem zwingenden Ablehnungsmandat für die Administration bei entsprechendem Mehrheitsentscheid; Verbot

des Baus von Minaretten als Ausdruck des politischen Islams, Verbot des lautsprecherverstärkten Gebetsrufs;

- Ächtung der Banken und Finanzdienstleister, die in Europa scharia-konforme Geldanlagen anbieten und es damit zulassen, daß in unserer Wirtschaftsordnung das Wirtschaftsmodell der Scharia eingeführt wird;
- Einführung eines Bekenntnisses aller Einwanderer zu den freiheitlichen Grundwerten unserer Kultur und Gesellschaftsordnung in der christlich-jüdisch-humanistischen Tradition Europas.

Die Semantik der Moscheegegner ist bürgergesellschaftlich und religiös. Sie rufen zur Verteidigung von Christentum und Abendland auf, was eine interessante Kodierung ist in einer «Hauptstadt des Atheismus», die gerade in Pankow wenig praktizierende Christen aufweist. Dazu gehört auch die Übernahme der Disqualifikation der Ahmadi als «Zeugen Jehovas des Islam», die damit einer Sekte gleichgesetzt werden («Sekte» hat in der kirchlich geprägten deutschen Religionslandschaft bekanntlich einen negativen und konspirativen Beigeschmack).

Auch die Befürworter der Moschee machen mobil, die in Berlin vor allem aus antirassistischen und antifaschistischen Gruppen kommen. Im Juli 2006 findet eine Informationsveranstaltung der Evangelischen Kirchengemeinde zusammen mit einer Friedensinitiative, der Stiftung Weltethos und der Ahmadiyya-Gemeinde statt. Deren Imam Abdul Basit Tariq versichert, man werde Gebete und Predigten in der neuen Moschee auf Deutsch halten und das Grundgesetz achten;[10] zudem hebt er hervor, dass die Ahmadiyya wegen ihres Reformansatzes von radikalislamischen Kreisen bekämpft werde. Später wird Tariq in Briefen an die Bürger von Heinersdorf die Gleichstellung der Frau befürworten und Ehrenmorde, ein heißes Thema in Berlin, ohne Wenn und Aber verurteilen.

Die CDU bleibt im Wahlkampf zum Abgeordnetenhaus bei ihrer Ablehnung, auch Spitzenkandidat Friedbert Pflüger spricht sich gegen die Moschee aus. Im August 2006 spitzt sich die Situation zu, als René Stadtkewitz, der zur Wiederwahl antretende CDU-Kandidat für den Wahlkreis Heinersdorf, Opfer eines Anschlages wird. Unbekannte werfen einen Brandsatz in sein Haus, nachdem Stadtkewitz bereits zuvor Drohbriefe von Moscheebefürwortern bekommen hat. Im selben Monat lehnt das Bezirksamt Pankow auch den zweiten Entwurf des Bürgerbegehrens ab, worauf ipahb eine Postkarten-Aktion startet sowie drei Tage vor der Wahl eine weitere Demonstration gegen das Moscheeprojekt – mit René Stadtkewitz als Gastredner. Dagegen gründet der Student Gerd Müller im November 2006 zusammen mit Vertretern aus Kunst, Medien, Politik und Kirche die Initiative «Heinersdorf öffne Dich!». Müller nimmt an, dass sich viele Bürger in einer Art Schweigespirale fühlen, sich also nicht trauen, gegen die vermeintliche Mehrheitsmeinung öffentlich für die Moschee Partei zu ergreifen. Die rege Beteiligung an der Initiative zeigt, dass sich viele Heinersdorfer in der Tat öffnen und das «andere Heinersdorf» vorzeigen wollen.

Kurz vor Weihnachten trudelt bei der Gemeinde die Baugenehmigung ohne Auflagen ein, worauf ipahb nach Weihnachten vor dem Baugelände eine Lichterkette organisiert. Gleich nach Neujahr 2007 erfolgt die Grundsteinlegung, begleitet von Protesten von rund 70 Aktivisten; es kommt zu Rangeleien mit linken Gegendemonstranten, die vornehmlich teils autonomen, teils PDS-nahen Antifa-Gruppen entstammen und denen es vor allem um die Auseinandersetzung mit der NPD und um den Nachweis der Überschneidungen zwischen Konservativen und Rechtsradikalen geht.

Danach verlagert sich der Konflikt noch einmal von der Straße vor das Gericht: Im März 2007 setzen Anwohner mit einer Anzeige wegen «Körperverletzung durch Freisetzung von asbestverseuchtem Abbruchstaub» einen Baustopp durch, der aber schon am nächsten Tag wieder aufgehoben wird. Daraufhin kommt es zu einem Sabotageakt, bei dem ein LKW auf dem Baugelände in Flammen aufgeht. «Heinersdorf öffne Dich!» kommentiert den Vorfall folgendermaßen: «Die Proteste werden von immer weniger Leuten getragen, aber radikalisieren sich.» Zum Schutz vor weiteren Gewaltakten wird die Baustelle nachts beleuchtet, Polizei-Patrouillen machen die Runde. Die feierliche Eröffnung der Moschee im Oktober 2008 ist von Protesten begleitet, wird aber in lokalen und überregionalen Medien freundlich kommentiert.

Der Hauptstadtkonflikt ist ein Beispiel dafür, wie ein fast dörflicher Streit um die Ansiedlung einer Moschee durch aggressiven Populismus, den Opportunismus einer Volkspartei und den Antagonismus kleiner Randgruppen an Zündstoff gewinnt, so dass die Schlichtungsversuche lokaler Mediatoren leerlaufen. Wahrscheinlich wird Ruhe einkehren, wenn die Moschee ihren normalen Betrieb aufgenommen hat. Aber wie richtet sich eine Moscheegemeinde im Widerstand ressentimentgeladener Anwohner ein? Und welche Schlussfolgerungen werden andere aus der Politisierung und Eskalation in der Bundeshauptstadt für Moscheevorhaben andernorts ziehen?

Fazit

Obschon die Fallbeispiele jeweils ein starkes lokales Kolorit haben, weisen sie dennoch wichtige Gemeinsamkeiten auf, bei den regelmäßig auftretenden Akteuren ebenso wie bei den sich daraus bildenden Akteurkonstellationen, die im Folgenden analysiert werden sollen. Immer wichtiger werden (A) die *Moscheevereine*, allen voran die großen Dachverbände und als wichtigste Bauherrin die türkische DITIB. Sie unterstreichen die Dominanz des staatlich kontrollierten Islams in Deutschland, zunehmend kommen jedoch auch andere nationale und religiöse Gruppen (etwa Schiiten) ins Spiel, die ihrerseits externe Ressourcen anzapfen können. Die lokalen Gemeinden verlieren dadurch generell an Einfluss. Oft ist mit diesem Wandel eine Professionalisierung des Moscheebaus verbunden, in den Finanzgesellschaften und Architektur- beziehungsweise Entwicklungsbüros eingreifen.

Ein Beispiel dafür ist die Tätigkeit des Immobilienmaklers Ibrahim El-Zayat, ein Ägypter, der in Deutschland eine mustergültige akademische Karriere absolviert hat und den Vorsitz der Islamischen Gemeinschaft in Deutschland (IGD) innehat. Als Generalbevollmächtigter der Europäischen Moscheebau- und Unterstützungsgesellschaft (EMUG) verwaltet er heute die etwa 300 Moscheen von Milli Görüş in Deutschland über seine Firma SLM Liegenschaftsmanagement Gesellschaft für Finanzvermittlung und Consulting mbH. Über diese werden Grundstücke

Am 16. Oktober 2008 wird die erste Moschee im Osten Berlins, in Pankow-Heinersdorf, eröffnet. Die nach der ersten Frau Mohammeds benannte Khadija-Moschee gehört der Ahmadiyya-Gemeinde, die seit 1922 in Berlin besteht und betont unpolitisch und loyal gegenüber dem deutschen Staat ist.

erworben und Moscheevereine bei der Beantragung von Baugenehmigungen und in Finanzierungs- und Versicherungsfragen beraten. Auch in den Niederlanden ist El-Zayat als Makler und Investor tätig, und ihm wird eine hochrangige Position, jedenfalls aber erheblicher Einfluss in den ägyptischen Bruderschaften nachgesagt. Damit ist er ein exemplarischer Vertreter des transnationalen Islams im Westen, der über Netzwerke und Finanzquellen rund um den Globus verfügt. In Deutschland darf man ihn als die graue Eminenz des politischen Islams und als den wahren Chef des von Ayyub Axel Köhler geleiteten Zentralrats der Muslime und Strippenzieher im Koordinierungsrat der Muslime bezeichnen; uneingeladen nahm er, der vom Verfassungsschutz mit Argusaugen beobachtet wird, im Frühjahr 2007 in der zweiten Reihe an der Eröffnungssitzung der Deutschen Islam Konferenz

teil. Ressourcen, Mobilisierungsfähigkeit und Organisations-
macht der Moscheevereine wachsen zwar damit, zugleich wird
ihre Abhängigkeit von ausländischen Akteuren in der Öffentlichkeit aber stärker problematisiert. «Wo Moscheen mit Geld aus
dem Ausland entstanden sind, da waren das über kurz oder lang
tote Gemeinden», wird auch El-Zayat zitiert (*Kölner Stadt-Anzeiger*,
19. 12. 2007).

Insgesamt nimmt im deutschen Islam die religiöse Konkurrenz
zu. Deutschland wird zu einem offeneren Religionsmarkt, zugleich
werden seitens der Dachverbände, der Kommunen und Bundesländer sowie der Deutschen Islamkonferenz Versuche unternommen, eine konkordatsähnliche, vertraglich gesicherte Interaktion
zwischen den Moscheevereinen und (lokal-)staatlichen Akteuren
aufzubauen. Damit wird der Islam kirchenähnlicher.

Das betrifft direkt und indirekt das Verhältnis der Moscheevereine zu (B) *anderen Religionsgemeinschaften*. Auch hier sind wieder
lokale und überregionale Akteure zu unterscheiden. Auf beiden
Ebenen darf man die Sprecher der christlichen Kirchen (weniger
der jüdischen Gemeinden) als prinzipielle Befürworter des
Moscheebaus und als Moderatoren aufkommender Konflikte
erwarten.[41] Das betrifft vor allem die Situation «vor Ort», sofern
die Nachbarschaft über Gemeindevertreter und -veranstaltungen
noch erreicht werden kann. Diese Generallinie des interreligiösen
Dialogs gilt trotz des steigenden Wettbewerbs auf dem Religionsmarkt und der absehbaren Konkurrenz um die Ressourcen im Steuer- und Wohlfahrtsstaat. Reserven gegenüber Moscheeprojekten gibt es bei den evangelischen Freikirchen und
evangelikalen Gemeinden ebenso wie bei Orthodoxen, die diesen
Wettbewerb im Rekurs auf das christliche Abendland exklusiver
gestalten wollen. Die internationale Situation rahmt lokale Konflikte neu: Zunehmend herrscht Unverständnis darüber, dass
man Muslimen im Westen den Bau und Betrieb von Moscheen ermöglicht, christliche und jüdische Gemeinden in der islamischen
Welt aber verfolgt werden und die Errichtung von Sakralbauten
sich auch in der Türkei schwierig gestaltete.

Auch der frühere Vorsitzende der Katholischen Bischofskonferenz, der liberale Karl Kardinal Lehmann, bestand auf der Erfül-
lung bestimmter Voraussetzungen, um Religionen und Kirchen

hierzulande den Status einer Körperschaft des öffentlichen Rechts zu verleihen. Nur wenn die in diesem wechselseitigen Lernprozess gemachten Erfahrungen auch anerkannt würden, sei es sinnvoll, den Körperschaftsstatus auszuweiten und zu übertragen. Dies werde derzeit vor allem im Blick auf die Verleihung des Körperschaftsstatus an den Islam weitgehend übersehen. Lehmann übte Kritik an Muslimen, die für den Islam «eine näher gar nicht präzisierte Gleichstellung einklagen, um die angeblichen Privilegien der christlichen Kirchen zu beseitigen», so zitiert ihn die Katholische Nachrichten-Agentur (KNA 7826). Auch an dieser maßvollen Intervention sieht man, dass christliche und jüdische Gemeinden an einer tiefgreifenden Revision des bestehenden Staat-Kirche-Verhältnisses kein Interesse haben. Das «ökumenische», den Islam einschließende Kooperationsverhältnis bleibt hierarchisch gestuft. Das selbstbewusstere Auftreten der Muslime verändert aber auch so bereits die Religionslandschaft der Bundesrepublik, insofern Religion wieder stärker im öffentlichen Raum präsent wird und islamistische Positionen die Sphärentrennung zwischen Religion und Politik in Frage stellen. Zugleich sind strenggläubige Muslime sowie ihre Vereine und Verbände in der westlichen Diaspora mit den Herausforderungen eines universalen Menschen- und Frauenrechtsdiskurses sowie einer liberalen Sexualmoral konfrontiert, die auch «den» Islam pluraler gestalten werden.

Als dritten wichtigen Akteur muss man (C) *Stadtverwaltungen* nennen, die als Genehmigungs- und Aufsichtsbehörden auftreten und sich dabei als Kontroll- wie auch als Serviceeinrichtungen betätigen können. Gegenüber den Moscheevereinen können sie auf obrigkeitsstaatliche oder paternalistische Anordnung oder auch auf Dialog und wechselseitige Lernprozesse setzen. Verwaltungen haben einen erheblichen Handlungsspielraum, zumal sie es bislang eher mit juristisch unerfahrenen Akteuren zu tun haben und konkrete Auslegungen und Abwägungen der Religionsfreiheit stark beeinflussen können. Sobald Konflikte auf eine politische Ebene geraten, muss allerdings auf die Rechtsprechung und eine gewisse politische Weisungsabhängigkeit geachtet werden. Zugleich treten unter den Muslimen jenseits der politisch-administrativen Ebene neue «bürgergesellschaftliche» Akteure auf, die über die Moscheeprojekte hinaus in der Jugend- und Sozialpolitik tätig werden.

Damit treten schließlich (D) *Parteien und Volksvertreter* auf den Plan. Die Fallbeispiele unterstreichen die große Bedeutung von politischen Führungspersonen, vor allem der direkt gewählten (Ober-)Bürgermeister von Städten und Gemeinden, die meist auch Verwaltungsvorstände sind und mit Bezirksregierungen, Ortsbeiräten sowie Ausländer- oder Integrationsbeiräten in Konflikt geraten können. Obwohl direkt gewählt, sind sie ihren (Volks-) Parteien verpflichtet, die oftmals – hier ähnlich wie die christlichen Gemeinden – zwischen «renitenter» Basis und «aufgeklärter» Führung vermitteln müssen. Da auf höherer Ebene häufig Allparteien-Koalitionen zugunsten von Moscheeprojekten am Werke sind, haben populistische Protestbewegungen und politische Unternehmer in Bürgerinitiativen eine Chance. «Political Entrepreneurs» nennt man in den USA Quereinsteiger in die Politik, die aus einer generellen Parteien- und Politikerverdrossenheit Nutzen ziehen, die mittlerweile auch die Rathausebene der Kommunalpolitik erreicht hat und durch undurchsichtige Abmachungen zwischen Stadtregierung und Bauherren Nahrung erhält. Autonomistische Tendenzen, etwa in Gestalt einer islamischen oder deutsch-türkischen Partei haben bislang keine Chance; umso stärker fällt die schwache Repräsentation von Muslimen in den etablierten Parteien und Interessengruppen ins Auge.

Gemeindepolitik ist eng verflochten mit (E) *lokalen Medien*, deren Berichterstattung zwischen Goodwill-Aktionen und populistischer Meinungsmache schwankt. Für die kommerziellen Printmedien besteht die Versuchung, «Volkes Stimme» zu Gehör zu bringen; ebenso stark ist der Impuls, den «Anwalt der Minderheiten» zu spielen. Beides kann die unvoreingenommene Berichterstattung behindern oder dazu führen, dass Zeitungen und Fernsehstationen weniger informieren als Medienereignisse inszenieren, die dann den weiteren Verlauf eines Moscheekonflikts erheblich beeinflussen können. In diesem Fall sind lokale und überregionale Medien selbst ein politischer Akteur. Eine besondere Rolle spielen dabei die visuellen Strategien, die nicht selten (und meist ungewollt) Stereotypen verhaftet bleiben und durch «knallige Bilder» eine Islamophobie unterstützen können.[42] Weder thematisch noch personell spielen muslimische Einwanderer in den repräsentativen Medien eine große Rolle, eher ergibt sich eine «Parallelberichterstattung» in türkisch- und arabischsprachigen Publikationen, darunter im Internet.

Aus diesen Dispositionen der verschiedenen Akteure ergeben sich mögliche Konstellationen, zunächst innerhalb der erwähnten Gruppen. Alle müssen sich gegenüber ihren Mitgliedern rechtfertigen, und hier kann es zu Friktionen zwischen «einfachen» Gemeinde- oder Parteimitgliedern und gewählten bzw. ernannten Repräsentanten kommen. Diese Reibungen kann man als Zentrum-Peripherie-Konflikte deklarieren, die durch höhere Responsivität und Führungsstärke abgemildert werden können. Ein innerorganisatorisches Problem haben auch die Verwaltungen, in denen konträre Sichtweisen und Kommunikationsstile vorherrschen und zu selten Querschnittsaufgaben definiert und bearbeitet werden.

Moscheekonflikte lassen sich am leichtesten bearbeiten, wenn die Akteure A–D zusammenwirken, also an einem Strang ziehen, ohne dass dies «unten» als geschlossenes und arrogantes Elitenkartell wahrgenommen wird.[43] Innerhalb des politisch-administrativen Systems (C–D) ist die Frage, wie stark der Wettbewerb um Zustimmung und die Wählerorientierung, also eine mehr oder weniger starke Politisierung, Bürokratieentscheidungen vorprägt oder beeinflusst.

Zur allgemeinen Konfliktdynamik lässt sich zusammenfassen, dass eine Entschärfung durch offene und transparente Kooperation von A–D und unvoreingenommene Berichterstattung erleichtert wird, während der Eindruck von Kartellbildung (A–E) verhärtend und eskalierend wirkt. Die Verlässlichkeit und Führungskraft lokaler Autoritäten und Meinungsführer ist entscheidend, Überzeugungskampagnen können diese nur flankieren, nicht ersetzen. Zur Verschärfung hat seit der Jahrhundertwende der rechtspopulistische Druck beigetragen, der den Zentrum-Peripherie-Konflikt innerhalb der Akteursgruppen ethnisiert und zu einem gesamtgesellschaftlichen hochstilisiert – die kleinen Leute im Hinterland lehnen sich gegen «die da oben» auf und finden in «Mega-Moscheen» mit orientalisierender Formgebung einen symbolträchtigen Aufhänger für ihre Unzufriedenheit. Diese ist, wenn man sich die in Moscheekonflikten typischen Spaltungslinien genauer betrachtet, weniger nach der Unterscheidung zwischen «säkular» und «religiös» kodiert. Aufgeladen durch die globale Sicherheitslage kann man auf der religiösen Seite einen Konflikt zwischen ökumenischer Integrationspolitik und fundamentalistischer Abschottung, auf der säkularen Seite eine Auseinandersetzung zwischen menschenrechtsgestütztem Kosmopolitismus und nationalistischem Populismus konstatieren. In diesem Zusammenhang hat sich das Sankt-Florians-Prinzip (keine Moschee in unserer Nachbarschaft) bei radikalen Moscheegegnern längst in eine kategorische Ablehnung jeder Art von Moschee in Europa umgewandelt. Moscheen sind dann Symbole eines neuen, religiös motivierten Kulturkampfes. Unter dieser islamophoben Prämisse werden Moscheekonflikte stärker politisiert und härter geführt als vor zehn Jahren. Träger dieser Radikalisierung sind nicht (allein) die häufig gegen Einwanderung eingestellten «Modernisierungsverlierer», die in Migranten eine Konkurrenz auf den Arbeits- und Bildungsmärkten erblicken; die Erfahrung zeigt, dass im Blick auf den Islam gerade auch das besser situierte und gebildete Bürgertum bisweilen in kollektive Aufregung verfällt und seine Integrationsaufgabe verfehlt.[44]

3
Formgebungen

Alen Jasarevic hat die Schwierigkeiten aufgezeigt, bei seinen Auftraggebern in Penzberg das Standardbild der osmanischen Moschee als vermeintlich einzig wahrem Moscheetyp aufzubrechen und den immensen Formenreichtum der islamischen Architektur als Chance und Anreiz zu nutzen, eine für den Ort passende gestalterische Lösung zu finden, die den Zweck nicht stört.[45] Das Islamische Forum Penzberg ist insofern ein Kompromiss zwischen skeptischer Öffentlichkeit und dem Gestaltungswillen des Bauherrn zu einer ästhetisch überzeugenden Form. Dafür steht die offene Wandgestaltung des Gebetsraumes, die in ihrer kiemenartigen Struktur dem vorbeifahrenden Anwohner einen kurzen Blick in die Moschee erlaubt, das Gebäude zugleich mit indirektem Licht versorgt und so zu einer besonderen Raumatmosphäre beiträgt. Muslime haben sich hier einmal freiwillig ihrer eindeutigen Tradition begeben, indem sie sich dem Originalitätsideal der westlichen Moderne stellten und neue Antworten auf die Frage nach dem gottgefälligen Sakralbau anboten, statt bequemerweise aus lokalen oder aus den Heimatländern der Migranten importierten Formgegebenheiten zu schöpfen – «Schuhkarton mit Kuppel obendrauf» nennt das die Architekturkritikerin Sabine Kraft.[46]

Professionspolitisch diskutieren Architekten im Blick auf die Moscheearchitektur nun die Gratwanderung zwischen Beliebigkeit und Befreiung der Form. Architektonisch wie baurechtlich interessant ist die Nutzung der Moschee als Multifunktionshaus, dem nur zum Teil der Charakter eines «Gotteshauses» zugesprochen wird. Natürlich sind auch christliche Sakralbauten oft umgeben von religionsnahen, aber profanen Nutzungen, wozu Kindergärten und Einrichtungen der Sozialbetreuung und Jugendarbeit, bisweilen auch kleine Läden gehören. Bei Muslimen ist aber bereits der sakrale Charakter des Gebetsraumes unklar, da sie (auch freitags) an jeder passenden Stelle beten können und dabei nicht auf die Unterstützung eines Klerus angewiesen sind. Das bietet die Chance, ein augenscheinlich wenig sakrales Ensemble zu gestalten und im Multifunktionshaus urbane Knotenpunkte zu schaffen. Deren Gestaltung kann wiederum so einladend sein, dass die Moschee als Ort der gelegentlichen, nicht inszenierten Begegnung mit Nichtmuslimen in Frage kommt, ohne andererseits als «Raum der Stille» auszufallen.[47]

Eine echte Gestaltungsherausforderung ist die – meist von außen, aber auch von modernen Muslimen angemahnte – Überwindung der Geschlechtertrennung in der Moschee, die vom Koran nahegelegt wird und im muslimischen Alltag als Selbstverständlichkeit gilt. Es hat gar keinen Zweck, von einem westlich orientierten, «gender»-sensiblen Architekten zu erwarten, er könne diesen Anspruch gegen einen von der patriarchalen Tradition beherrschten Vorstand einer Moscheegemeinde durchpauken. Dazu sei aber Paul Böhm in Erinnerung gerufen, der das Geschlechtergefälle in seinem Kölner Entwurf so flach hielt, dass es ganz eingeebnet werden kann, wenn das einmal der Wunsch der Gemeinde werden sollte. Und dennoch ist es eben auch die architektonische Anmutung, die eine solche Versuchung verstärken und einen Emanzipationsprozess begleiten kann, der ja auch in christlichen Gemeinden noch nicht abgeschlossen ist und von muslimischen Frauen zunehmend forscher eingefordert wird. Fazit: Der Architektur kommt als Element primärer Formgebung große Bedeutung zu, aber sie wäre überfordert, wollte sie gesellschaftliche Probleme allein lösen oder gar als Integrationsmotor antreten.

Tücken der Verrechtlichung

Wenn Architektur in einem weiteren Sinne nahelegt, was «schön» und was «hässlich» ist, legt das Recht fest, was «geboten» und «verboten» ist. Es greift tief in alle Lebensbereiche ein, wodurch die «Verrechtlichung» moderner Gesellschaften einen negativen Klang bekommen hat. Dass wir zunehmend durch Gesetze, Verordnungen, Erlasse und Normierungen eingeschränkt sind, scheint ein notwendiges Übel der Bürokratie zu sein, die Wohlfahrt und

Sicherheit moderner Gesellschaften garantiert. Viele Entscheidungen werden deshalb von der politischen auf die «rechtliche Ebene» verlagert («das geht juristisch nicht»), also durch Rechtsauslegung abgelöst. Verrechtlichung in diesem Sinne schränkt den Spielraum anderer Formgebungen ein – wie zum Beispiel die Gestaltungsfreiheit von Bauherren und Architekten oder die formlose Verhandlung zwischen Konfliktakteuren; dafür werden aber auch Rechte garantiert, wo Streitparteien eben nicht zu «außergerichtlichen» Kompromissen bereit sind oder Gestaltungsfreiheiten gar nicht bestehen.

Das gilt auch im Fall des Moscheebaus: Das Recht bietet die Verfahrensform, in der kulturelle Konflikte über die Modalitäten der freien Ausübung von Religion ausgetragen werden. (Dabei ist das deutsche Recht selbst Produkt einer kulturellen Tradition, also nicht voraussetzungslos.) Die Tatsache, dass Muslime in der europäischen Diaspora bauen, bringt ihr Recht auf freie Religionsausübung zur Geltung (wozu das Recht auf Versammlung gehört), und die Art und Weise, wie sie bauen, unterstreicht ihre Kunst- und Gestaltungsfreiheit. Beide sind nicht zu hintergehen und zwangsläufige Folge der Einführung und Ausdehnung des Islams in Deutschland. Religionsfreiheit ist ein hohes Gut. In höchstrichterlichen Entscheidungen durch Bundesverfassungs- und Bundesverwaltungsgericht wurde stets das Selbstverständnis der Gläubigen als entscheidendes Kriterium für die Legitimität einer religiösen Praxis festgestellt, was nun konsequenterweise auch für Muslime gelten muss. Die Definitionshoheit über ihre religiösen Regeln und Rituale liegt auf Seiten der Gläubigen, das heißt: strikt außerhalb des staatlichen Interventionsbereichs. Doch darf man mit dem Bundesverfassungsrichter Brun-Otto Bryde die Frage stellen, ob diese weite Auslegung der Religionsfreiheit tatsächlich auf den Islam angewendet wird oder sich Muslimen gegenüber dann doch eine Art «Abendlandsvorbehalt» eingestellt hat, also juristisch und politisch andere Maßstäbe an die Freiheit der Religionsausübung angelegt werden.[48] Das zeigt sich, wenn es beispielsweise um die Befreiung von Musliminnen vom Schulunterricht oder um islamische Kopfbedeckungen geht. Gleichwohl ist an der in Artikel 4 I,II des Grundgesetzes garantierten Freiheit, Moscheen zu bauen, nicht zu rütteln, zumal dafür nun auch transnational verankerte Rechtsgrundsätze bestehen wie Artikel 18 der Allgemeinen Erklärung der Menschenrechte der Vereinten Nationen und Artikel 9 der Konvention zum Schutz der Menschenrechte und Grundfreiheiten.

Darin heißt es ausdrücklich: «Die Religions- und Bekenntnisfreiheit darf nicht Gegenstand anderer als vom Gesetz vorgesehener Beschränkungen sein, die in einer demokratischen Gesellschaft notwendige Maßnahmen im Interesse der öffentlichen Sicherheit, der öffentlichen Ordnung, Gesundheit und Moral oder für den Schutz der Rechte und Freiheiten anderer sind». Auch wenn also Gleichstellungsforderungen bei Moscheebauvorhaben kaum zurückgewiesen werden könnten, erfordert die damit verbundene Umstellung der symbolischen Ordnung der Gesellschaft Abwägungen mit anderen Rechtsgütern, die üblicherweise das «einfache» Bau- und Immissionsschutzrecht betreffen, es aber auch überstrapazieren können. Sie müssen frei sein von Diskriminierungen, was aber nicht heißt, dass jeder überall alles nach eigenem Gutdünken und Geschmack bauen darf. Und in der Tat kann bei Moscheebauten so gut wie alles strittig sein: der ausgewählte Bauplatz, die konkrete Gestaltung, vor allem die Grundfläche und Höhe des Baues. Nicht minder umkämpft sind die damit verbundenen Verkehrsregelungen sowie Lärmemissionen von an- und abfahrenden Fahrzeugen bis hin zum Ruf des Muezzin, wenn die Moschee einmal in Betrieb ist.

Bei all dem spielen andere, in einfaches Recht übersetzte Grundrechte eine Rolle, zudem kommt der Aspekt der negativen Religionsfreiheit zum Tragen: Niemand darf, überspitzt gesagt, eine Kultstätte errichten, um darin Menschenopfer zu bringen, und keiner darf sie so bauen, dass damit Leib und Leben der Anrainer gefährdet werden. Die freie Ausübung einer Religion und der Schutz der religiösen Versammlung sind dann eingeschränkt, wenn sie andere übermäßig behelligen. Wie umstritten eben diese Grenze ist, zeigt das «Kruzifix-Urteil» des Bundesverfassungsgerichts (1 BvR 1087/91) aus dem Jahr 2002: Die einen sehen in einer Darstellung des gekreuzigten Jesus an der Wand eines Kindergartens oder Klassenzimmers den natürlichen Ausdruck christlicher Tradition, während Andersgläubige wie Agnostiker und Atheisten sich dadurch eventuell bedrängt fühlen. Der Artikel 4 des Grundgesetzes schützt also davor, dass Bürger in einem staatlich geschaffenen Pflichtraum dem Einfluss eines bestimmten Glaubens ausgesetzt sind, ohne sich diesem entziehen zu können. Im gleichen Geist erging das «Kopftuch-Urteil» des Bundesverwaltungsgerichts von 2002, das einer muslimischen Lehrerin das Tragen des Kopftuchs im Unterricht untersagte.

Aus schwerwiegenden Freiheitsbeschränkungen anderer können im konkreten Fall also durchaus Einschränkungen der Baufreiheit abgeleitet werden. In diesem Rahmen kommt staatlichen und kommunalen Behörden das Recht zu, die Zulässigkeit eines Bauvorhabens zu prüfen. Es ist nach rein baurechtlichen Gesichtspunkten zu beurteilen, und es gilt, die Interessen der Eigentümer und Mieter, Bauherren und Nutzer unter einen Hut zu bringen. Die moralische oder kulturelle Bewertung dieser Akteure darf bei einem Bauantrag keine Rolle spielen; von Verwaltungen erwartet man vielmehr, dass alle Antragsteller gleich (und «religionsblind») behandelt werden. Genau diese Rechtsförmigkeit der Entscheidung erlaubt eine rationale und friedenssichernde Regelung von Konflikten.

Je stärker sich allerdings Lebensgewohnheiten und Weltanschauungen der Konfliktparteien voneinander unterscheiden, desto mehr können sich bei der Auslegung geltenden Rechts kulturelle Vorurteile einschleichen und müssen althergebrachte Gewohnheiten hinterfragt werden. Oft werden bei einem banalen baurechtlichen Streit kulturelle Unterschiede mitverhandelt, welche Dynamik und Verlauf des Konflikts «überbestimmen» können. Auf diesen — meist vernachlässigten — Aspekt müssen sich Behörden, Gerichte und Bevölkerung einstellen.

Der Teufel liegt bekanntlich im Detail, und dazu muss man sich ein wenig mit der bundesrechtlichen Baugesetzgebung befassen.[49] Die Bauleitplanung gibt allgemeine Richtlinien der städtebaulichen Entwicklung vor. Laut Baugesetzbuch (§ 1, Abs. 5) sollen Bauleitpläne die «nachhaltige städtebauliche Entwicklung und eine dem Wohl der Allgemeinheit entsprechende sozialgerechte Bodennutzung gewährleisten und dazu beitragen, eine menschenwürdige Umwelt zu sichern und die natürlichen Lebensgrundlagen zu schützen und zu entwickeln». Bei der Aufstellung der Pläne werden «die von den Kirchen und Religionsgesellschaften des öffentlichen Rechts festgestellten Erfordernisse für Gottesdienst und Seelsorge» ausdrücklich genannt. Kirchliche Anliegen werden genau wie schützenswerte Wohn- oder Erholungsbedürfnisse der Bevölkerung, Aspekte des Denkmalschutzes oder Ansiedlungswünsche von Unternehmen darin besonders hervorgehoben. Religionsgemeinschaften des öffentlichen Rechts sind dadurch privilegiert, dass der von ihnen angemeldete Bedarf nicht von der Kommune in Frage gestellt werden darf.

Will eine islamische Gemeinde eine Moschee im Bauleitplan berücksichtigen lassen, kann der Bedarf angezweifelt und das Ansinnen der Muslime abgewiesen werden, wenn der Moscheeverein «zu wenige Mitglieder» (gewiss ein dehnbarer Begriff!) hat. Hier besteht ein Unterschied zwischen islamischen Vereinen und solchen Religionsgemeinschaften, die Körperschaften des öffentlichen Rechts sind: Auch die islamischen Dachverbände verfügen nicht über diesen Rechtsstatus und haben folglich keinen Anspruch auf die besondere Berücksichtigung ihrer Belange in der Bauleitplanung. Doch auch ohne dieses Privileg der Eigenbedarfsfeststellung haben eingetragene islamische Vereine mit kultureller und religiöser Zielsetzung bei der Bauleitplanung das Recht auf räumliche Niederlassung, da sie (nach BauGB § 1, Abs. 5, Satz 3) «die sozialen und kulturellen Bedürfnisse der Bevölkerung, insbesondere die Bedürfnisse der Familien, der jungen und alten Menschen und der Behinderten, die Belange des Bildungswesens und von Sport, Freizeit und Erholung zu erfüllen geeignet sind».

In der gebotenen Kürze soll im Folgenden die Genehmigung eines Moscheevorhabens skizziert werden:

Als *Erstes* muss eine Baugenehmigung erwirkt werden. Die Bauaufsicht obliegt den Landkreisen und größeren Städten und ist eine kommunale Verwaltungsaufgabe. Weitere Behörden wie das Stadtplanungsamt, das Ordnungsamt, das Umweltamt oder das Liegenschaftsamt können beim Bewilligungsverfahren für den Bauantrag einer Moschee involviert sein. Das geplante Projekt muss mit den Bestimmungen des Bauordnungsrechts und der hoheitlich kommunalen Bauleitplanung in Einklang stehen und in diesem Sinne genehmigungsfähig sein.

Das Projekt muss *zweitens* in der Nachbarschaft akzeptiert sein, das heißt die Interessen des sozialen Umfelds werden einbezogen.

Nach § 34, Abs. 1 BauGB kommt es für die bauplanungsrechtliche Zulässigkeit im unbeplanten Innenbereich darauf an, dass sich ein Vorhaben nach Art und Maß der baulichen Nutzung, der Bauweise und der Grundstücksfläche, die überbaut werden soll, in die Eigenart der näheren Umgebung «einfügt» (und die Erschließung gesichert ist). Das ist wieder ein äußerst dehnbarer Begriff: Ist damit architektonisch-ästhetische Harmonie gemeint oder die Unantastbarkeit einer vorherrschend christlich-abendländischen Formensprache? Das Baurecht bietet hier sicher keinen «Milieuschutz», auch wäre es eine Überstrapazierung des staatlichen Schutzauftrages, wenn ein Moscheegegner die Kunstfreiheit des Grundgesetzes mit der Erklärung beschränken wollte, ein Bauwerk mit Kuppel und Minarett beeinträchtige sein «psychisches Wohlbefinden». Beide Dimensionen, die baurechtliche Klärung und die Einbeziehung der Nachbarschaft, sind miteinander verknüpft. Kulturell motivierte Einwände können baurechtlich kaschiert werden, baurechtliche Probleme können mit kulturellen Argumenten aufgeladen werden.

Geprüft wird *drittens* die Zulässigkeit von Nutzungen im Bebauungsplan, sofern ein solcher für das betreffende Gebiet vorhanden ist. (Im Bebauungsplan wird von den Gemeinden unter anderem festgelegt, zu welchen Zwecken Gebäude und Grundstücke in bestimmten Gebieten genutzt werden dürfen.) Die bundesrechtliche Baunutzungsverordnung (BauNVO) bestimmt verschiedene Baugebietstypen und das in diesen Baugebieten allgemein und ausnahmsweise zulässige Nutzungsspektrum. Moscheen fallen wie Kirchen unter die Kategorie «Anlagen für kirchliche, kulturelle, soziale, gesundheitliche und sportliche Zwecke» und sind in allgemeinen und besonderen Wohngebieten sowie in Dorf-, Misch- und Kerngebieten grundsätzlich zulässig. In Kleinsiedlungsgebieten und reinen Wohngebieten, die die höchsten Anforderungen an den Grad der Wohnruhe stellen, sowie in Gewerbe- und Industriegebieten, in denen die Moscheen möglicherweise selbst unzulässigen Störungen und Belästigungen ausgesetzt sein könnten, können sie ausnahmsweise zugelassen werden. Der Gesetzgeber unterstützt mit dieser Zuordnung einen Standort religiöser Gebäude nahe der Wohnorte der Gläubigen und trägt so der Verwurzelung von Sakralbauten in der sozialen Umwelt Rechnung.

Prinzipiell genießt die Kommune *Planungshoheit* bezüglich der Bebauungsplanung. Jede Gemeinde entscheidet selbstverantwortlich, welche Nutzung wo angesiedelt werden soll, und kann dies in einem Bebauungsplan festlegen. Die Kommune hat dabei recht große Spielräume, die Nutzungen in den verschiedenen Gebietstypen generell oder in Einzelfällen abweichend von den genannten Zuordnungen der BauNVO zu regeln. Änderungen müssen allerdings städtebaulich begründet sein, die allgemeine Zweckbestimmung des Baugebiets wahren («Gebietserhaltungsanspruch») und als Festsetzung in den Bebauungsplan aufgenommen werden. Für Moscheevorhaben ist wichtig, dass die Kommune eine bestimmte Nutzung in einem dafür nicht vorgesehenen Gebiet als *Ausnahme* zulassen kann, sofern diese Nutzung nicht zum Regelfall wird; Ausnahmen müssen begründet werden. Auch wenn eine Kommune eine Nutzung in einem Gebiet ausdrücklich ausgeschlossen hat, kann sie diese im Einzelfall durch eine *Befreiung* vom geltenden Baurecht dennoch zulassen. Bei der Frage, ob eine Befreiung erteilt wird, werden in der Behörde die Interessen des Moscheevereins, der umliegenden Anwohner und der Kommune berücksichtigt. Häufig kommt es zu Problemen, wenn für ein Gebiet kein Bebauungsplan vorliegt, was insbesondere in Innenstadtbereichen vorkommt. Dann dient die Bebauung der näheren Umgebung als Maßstab für die Beurteilung der bauplanungsrechtlichen Zulässigkeit eines Vorhabens nach § 34 BauGB. Der Vollständigkeit halber sei hier der sogenannte «Außenbereich» (§ 35 BauGB) erwähnt, der für die Ansiedlung und Genehmigung von Moscheen bislang keine Bedeutung erlangt hat.

Wo ist der «ideale Platz» für eine Moschee? Aus Sicht der Moscheevereine gibt es neben der bauplanungsrechtlichen Zulässigkeit gemäß Bebauungsplan oder nach § 34 BauGB eine Reihe von Kriterien, die einen Standort als besonders geeignet erscheinen lassen. Wichtig sind den Vereinen insbesondere:
- die Wohnortnähe, wenn die Moschee keinen überregionalen Charakter haben soll, damit sie ohne lange oder komplizierte Anfahrtswege aufgesucht werden kann;
- die zentrale Lage mit guter Verkehrsanbindung, damit auch nichtmotorisierte Muslime, Kinder und Jugendliche, die nicht

in unmittelbarer Nähe wohnen, die Moschee erreichen können;
– ein den finanziellen Möglichkeiten des Vereins angemessener
Preis des Grundstücks oder der Immobilie;
– ausreichend Platz für die beabsichtigte Nutzung, einschließlich
Parkraum gemäß den Verwaltungsvorschriften über die Her-
stellung erforderlicher Stellplätze (nach Bundesländern ver-
schieden).

«Ideal» sind demnach zum Beispiel Standorte in der Nähe von
Bahnhöfen und anderen Knotenpunkten für öffentliche Verkehrs-
mittel sowie in der Innenstadt, andererseits sollen Moscheen, genau wie Kirchen und Synagogen, dort angesiedelt sein, wo die
Gläubigen, die sie nutzen wollen, leben.

Das gilt vor allem in Stadt- und Ortsteilen mit hohem
muslimischen Bevölkerungsanteil. Solche oft fahrlässig «Ghettos»
genannten Viertel gibt es in größeren Städten, auch wenn eine
extreme Verdichtung hierzulande eher die Ausnahme ist. Moscheen
liegen deshalb nicht zwangsläufig in sogenannten «Türkenvier-
teln», sondern in Bereichen mit ethnisch und religiös gemischter
Bevölkerung. Besonders im ländlichen Raum haben islamische
Gemeinden oft ein großes Einzugsgebiet. Viele der Gläubigen sind
auf die Anfahrt mit dem Auto oder dem öffentlichen Nahverkehr
angewiesen. Moscheen werden in Deutschland in der Regel also
in einem Umfeld gebaut beziehungsweise eingerichtet, das mehrheitlich Nichtmuslime bewohnen. Dieser integrationspolitisch
wünschenswerte Tatbestand führt indes häufig zu Problemen in
der Planungsphase von Moscheen. So bekämpft die potentielle
Nachbarschaft Bauvorhaben gerne nach dem «Sankt-Florians-
Prinzip»: Wir haben nichts gegen eine Moschee, aber warum
ausgerechnet in unserer Nachbarschaft? Das kann eine Ketten-
reaktion auslösen und zur Folge haben, dass Moscheen am Ende
oder von vornherein in Randbereichen von Kommunen, in Gewerbe-
und Industriegebieten, geplant werden. Eine Standortwahl «um
des lieben Friedens willen», die nach dem Kriterium minimaler
Berührung mit der Nachbarschaft getroffen wird, führt dann
zwangsläufig dazu, Moschee und Muslime im öffentlichen Leben
an den Rand zu drängen. Symbolisch wie faktisch läuft dieser

Prozess den proklamierten Integrationsbemühungen entgegen und verstärkt den Eindruck, Muslime seien eine «Randgruppe». Dass Sakralbauten in «reinen Wohngebieten» unzulässig sind, wird bei Moscheen sehr viel strikter befolgt als bei den sprichwörtlichen «Kirchen im Dorf», in denen das Gotteshaus in der Tat einmal den Mittelpunkt bildete und die meisten keineswegs störte.

Ein großes Reizthema ist immer wieder die Höhe der Minarette. Gemeinden können in sogenannten örtlichen Bauvorschriften bestimmen, wie unter dem Gesichtspunkt einer Gesamtgestaltung gebaut werden darf. Ein Beispiel dafür sind Vorschriften über Firsthöhen, die den Bau eines Minaretts in «üblicher Höhe» ausschließen würden. Dagegen wird man die Freiheit der Religionsausübung anführen; diese betreffen jedoch eher die obligatorische Ausrichtung einer Moschee nach Mekka und nicht die Höhe eines Minaretts.

Ein weiteres Reizthema ist der Ruf des Muezzin, der fünf Mal am Tag zu bestimmten Uhrzeiten erfolgt und, wie in großen Teilen der islamischen Welt, mit dem Lautsprecher verstärkt werden kann. Der Gebetsruf ertönt in arabischer Sprache, seine Funktion ist mit dem Kirchengeläut vergleichbar – und genau wie dieses als mögliche Lärmbelästigung für die Nachbarschaft höchst umstritten.[50] So, wie sich Nachbarn durch das Glockengeläut beeinträchtigt gefühlt und seit den fünfziger Jahren eine erhebliche Einschränkung von Dauer, Intensität und Häufigkeit erwirkt haben, ist auch der Muezzinruf Gegenstand von gerichtlichen und außergerichtlichen Streitigkeiten in großen Städten (Duisburg-Laar) wie kleineren Gemeinden (Dillenburg) geworden. Nach Auffassung vieler Behörden und Gerichte ist der Gebetsruf religiös nicht zwingend geboten und stellt eine unvertretbare Immissionsbelastung dar; wo seine Zulässigkeit vor Gericht erstritten wurde (wie in Dillenburg), verzichten die Moscheegemeinden unterdessen um des lieben Friedens willen darauf, ihr Recht tatsächlich auszuüben.

Ein drittes Reizthema ist die Zahl und Lage der Stellplätze für Fahrzeuge in der Umgebung der Moschee. Zweifellos sind Gemeinden und Städte in Deutschland verkehrstechnisch oft an der Grenze ihrer Belastbarkeit angelangt, diese Bedenken werden bei Moscheebauprojekten jedoch häufiger geäußert, obwohl sie andere

Bauvorhaben genauso und mehr betreffen. Gemäß den Bauordnungen der einzelnen Bundesländer können sich Kommunen eine Stellplatzordnung geben, in der festgehalten ist, ob und in welchem Umfang Stellplätze oder Garagen bereitgestellt werden müssen, um den Erfordernissen des «ruhenden Verkehrs» zu genügen. Üblicherweise sind unterschiedliche Parkplatzzahlen für die jeweiligen Nutzungsarten festgelegt. Oft wird dabei eine kirchliche Nutzung von derjenigen durch einen Verein unterschieden. Der Umfang der für erforderlich gehaltenen Stellplätze kann sich bei einer kirchlichen Nutzung nach der Anzahl der zu erwartenden Besucher (z.B. pro 20 Besucher ein Stellplatz) oder nach dem Platzangebot der Einrichtung (z.B. pro 20 qm ein Stellplatz) richten. Ob ein Moscheeverein durch die Kommune als Verein oder als Kirche klassifiziert wird, ist in diesem Fall wichtig, da für eine Nutzung als Verein oder als Versammlungsstätte häufig eine größere Stellplatzzahl nachgewiesen beziehungsweise eingerichtet werden muss. Können Stellplätze nicht in der erforderlichen Zahl bereitgestellt werden, ist eine Ablösung von der Stellplatzpflicht möglich. In diesem Fall wird ein bestimmter Geldbetrag an die Gemeinde entrichtet, der für die Schaffung öffentlichen Parkraums verwendet werden muss. Über die Befreiung entscheidet die Gemeinde. Da die Regelung der Stellplatzfrage in kommunaler Hand liegt, wird bei Vorbehalten gegen ein Moscheebauprojekt häufig versucht, mit einer restriktiven Auslegung oder einer Änderung der Stellplatzordnung die Erteilung einer Baugenehmigung für die muslimischen Gemeinden zu verhindern.

Dies ist ein typisches Beispiel dafür, wie man einen kulturellen Konflikt auf eine «technisch-organisatorische» Ebene verschieben und scheinbar «lösen» kann. Es geht bei juristischen Konflikten zusammenfassend aber nicht um das «Ob» einer Moschee, sondern einzig und allein um das «Wie». Das Recht kann ein wichtiges Mittel der sozialen Integration und politischen Friedensstiftung sein; in der konkreten Anwendung kann es, wenn Kläger und Beklagte sich stur stellen und über entsprechende Ressourcen verfügen, Moscheekonflikte aber auch erheblich in die Länge ziehen und verschärfen. Aber gerade dass nun auch Moscheevereine selbstbewusst ihr Recht vor Gerichten einklagen, stellt ja eine Form der Integration bzw. ihrer «Germanisierung» dar – nichts scheint oft deutscher als der in den Gerichtssaal getragene Nachbarschaftskonflikt.

Religionspolitik zwischen Verhandlungsdemokratie und populistischem Protest

Politische Kompromisse gelten — anders als Gerichtsentscheidungen — vielen von vornherein als «faul», oftmals ohne Ansehen des jeweiligen Inhaltes. Der Grund ist der gewachsene Zweifel an der Vertrauenswürdigkeit politischer Entscheidungseliten, denen vielfach unterstellt wird, nur auf den eigenen Vorteil und die Wiederwahl erpicht zu sein. Dabei kann die Politik in pluralistischen Gesellschaften mit ausgeprägten Interessengegensätzen ihre Ziele gegenüber starken Lobbys immer nur partiell durchsetzen, so dass Kompromisshaftigkeit jeder Kollektiventscheidung anhaftet. Darin liegt der Vorteil von Verhandlungsdemokratien, die allerdings nur funktionieren, wo organisierte und artikulationsfähige Interessen im Spiel sind. Die Verrechtlichung von Moscheekonflikten könnte suggerieren, eine rein auf Bauherren und Verwaltung beschränkte Interaktion sei erstrebenswert. Doch sind größere Vorhaben in der Regel öffentlich so umstritten, dass die «politische Ebene» einbezogen werden muss. Zugleich ist bei religiös-kulturellen Konflikten eine Politisierung wahrscheinlich: Vor allem rechtspopulistischen Gruppen bieten sie eine Chance zur Mobilisierung, die sich zum einen gegen «Fremde», zum anderen gegen «die da oben» richtet. So geartete Proteste unterlaufen das «sachrationale» Verwaltungshandeln und stellen sich quer zu Vermittlungs- und Mediationsprozessen.

Fünf bis sechs Akteursgruppen wirken in der Regel in diesem politischen Spiel mit:
- die Moscheevereine, die ihrer rechtlichen Natur und Entstehungsgeschichte als «Kulturvereine» nach para-politische Organisationen und oft mit großen Dachverbänden verflochten sind;
- die stets auch politisch agierenden beziehungsweise reflektierenden Verwaltungsdezernate (unter Einschluss von Integrationsstellen);

- die kommunalen Beratungs- und Entscheidungsgremien (Stadtrat, Ortsbeirat und Bezirksvertretungen, Ausländerbeiräte, Bürgermeister);
- die politischen Parteien;
- (fallweise) politische Einzelunternehmer und außerparlamentarische Bürgerinitiativen, die sich durch einen Moscheekonflikt profilieren, sowie
- im «vorpolitischen» Raum kirchliche und säkulare Advokaten.

In dieser Konstellation sind ebenso viele «Sollbruchstellen» wie Allianzen denkbar. Deshalb muss im Raum der Politik selbstverständlich von Macht und Herrschaft die Rede sein, die sich an Moscheekonflikten erweisen. Die Ressourcen für die Auseinandersetzung sind unterschiedlich verteilt, wenn auch längst nicht mehr entlang der einfachen Konfliktlinie zwischen Alteingesessenen und Muslimen. Letztere mögen, sofern sie nicht die deutsche oder doppelte Staatsangehörigkeit besitzen, als Wähler nicht so stark ins Gewicht fallen und auch passive Objekte von Islamophobie sein, einer grundsätzlich negativen Einstellung gegenüber Muslimen, die in ihren Stereotypen in vielerlei Hinsicht an den Antisemitismus erinnert. Aber zahlreiche Moscheevereine verfügen mittlerweile über beachtliche interne oder externe Ressourcen finanzieller und personeller Natur. Außerdem unterhalten sie Netzwerke in die etablierte Stadtgesellschaft hinein, darunter Geschäftsleute, Selbständige und überregionale Verbandsfunktionäre. Sie können also, gerade wo sie mit Dachverbänden verbunden sind, ihr Gewicht gegenüber den politischen Repräsentanten der Mehrheitsgesellschaft einsetzen und eine gewisse Funktionärsmacht in ihren eigenen Reihen geltend machen.

Bei Auseinandersetzungen um Sakralbauten stellt man immer wieder fest, wie wichtig jenseits der baurechtlichen Umstände die konsequente Unterstützung der politischen Spitzen von Städten und Gemeinden und gerade der «Durchhaltewille» von Bürgermeistern sind. Sie setzen die Instrumente der Verhandlungsdemokratie ein und zugleich, im Stil «aufgeklärter Monarchen», unpopuläre Universalrechte gegen Beharrung und Widerstand durch. Bedeutend ist überdies die (meist moderierende) Konfliktintervention durch die beiden christlichen Kirchen. Seitens anerkannter Autoritäten, lokaler Meinungsführer und ehrlicher Makler kann also «von oben» eine Menge geschehen (und unterlassen werden), was Moscheevorhaben begünstigt oder erschwert. Andererseits lehnen solche prädestinierten Akteure diese Rolle oftmals ab oder scheitern praktisch an ihr, sobald ihnen «von unten» die Unterstützung ihrer Klientel entzogen wird. Das kann mit dem konkreten Moscheeprojekt zu tun haben, aber ebenso mit einer wachsenden generellen Politik(er)verdrossenheit.

Der richtige Umgang mit Moscheekonflikten fordert den Beteiligten ein hohes Maß an «urbaner Kompetenz» (Alexa Färber) ab. «Im Kiez» müssen sie die Spannung bewältigen zwischen der den städtischen Raum kennzeichnenden Anonymität und der Nähe und Vertrautheit im Stadtquartier, aber auch in einer eher ländlichen Umgebung wie im südbayerischen Penzberg muss man «intensive Nachbarschaftsarbeit» (Gönül Yerli) betreiben. Das Stichwort «Nachbarschaft» unterstreicht noch einmal die komplizierte urbanistische Dimension der Moscheevorhaben. Moscheen entstanden genau wie Kirchen und Synagogen dort, wo Gläubige in relativ hoher Dichte wohnten oder sich ihre Wege kreuzten, also in der Nachbarschaft oder an viel frequentierten Verkehrswegen. Islamische Migranten leben oftmals konzentriert in bestimmten Stadtvierteln und sind zugleich – wie der Rest der Gesellschaft – hochmobil. Platziert man eine Moschee in die unmittelbare Nachbarschaft, also mitten ins «Ausländerviertel», verstärkt man damit ungewollt den ethnisch-religiösen Charakter eben dieses Viertels, was den Vorwurf auslösen kann, Muslime konzentrierten sich auf sich selbst. Verweigert man andererseits diese «Moschee im Dorf» und errichtet stattdessen eine «Zentralmoschee», zu der Muslime aus unterschiedlichen Vierteln und von weiter entfernt strömen, kann das zum Vorwurf führen, Bau und Unterhalt einer Moschee würden zuviel Verkehr und Emissionen verursachen, worunter die Nachbarschaft des betreffenden Knotenpunktes zu leiden habe. Liegt dieser dann auch noch im Zentrum eines Ortes, kommt der Vorwurf hinzu, die «orientalisierende» Gestalt der Moschee passe nicht in das Stadtbild.

Ein wiederkehrendes Doublebind stellt die Einbeziehung der breiten Öffentlichkeit in den Entscheidungsprozess rund um ein Moscheevorhaben dar: Manche Akteure wünschen sich klare Verabredungen zwischen Bauherren und der Exekutive einer Stadt oder Gemeinde, idealerweise also das mit einem festen Händedruck und aufrichtigem Blick in die Augen besiegelte *Gentlemen's agreement* zwischen dem Imam und dem Bürgermeister. Dem widerspricht das in demokratischen Gesellschaften selbstverständliche Gebot der Transparenz, das umso vehementer eingeklagt wird, je stärker sich die in diesen Deal nicht einbezogenen Akteure ausgeschlossen fühlen. Diese reden dann nämlich anklagend von «Mauschelei» und machen die Arkana in den zuständigen Gremien und in öffentlichen Versammlungen publik. Während das exekutivische Vorgehen also Aufregung im Vorfeld vermeiden sollte, kann das Bekanntwerden von Vereinbarungen den Prozess verzögern oder das gesamte Vorhaben in Frage stellen. Auch ergebnisorientierte Entscheider neigen deshalb dazu, das Moscheeprojekt frühzeitig der Öffentlichkeit zu präsentieren, selbst auf die Gefahr hin, dass gerade dadurch seine Realisierung verzögert oder ganz verhindert werden könnte.

Weil Moscheekonflikte überall in Europa für eine populistische Mobilisierung ausgebeutet werden, seien noch einmal die politischen *Konflikt- und Spaltungslinien* benannt, die das begünstigen.

Die wohl tiefste Spaltung verläuft nicht im religiösen Feld, sondern entlang der Linie *Zentrum–Peripherie*: Moscheegegner fühlen sich im politischen Verhandlungsprozess an den Rand gedrängt und machen dafür einen Mangel an Repräsentation im politischen System verantwortlich. Symbolisch deckt sich diese Linie mit der Gegenüberstellung von kosmopolitischen, angeblich dem Programm des Multikulturalismus verpflichteten Eliten und bodenständigen, nationalkulturell verpflichteten «kleinen Leuten». Solche Zentrum-Peripherie-Konflikte werden in pluralistischen Gesellschaften üblicherweise durch andere politische Konfliktlinien überlagert; wo dies nicht der Fall ist, besteht ein idealer Nährboden für kleine Bürgerlisten und «Ein-Punkt-Parteien», die sich von den Niederlanden (Liste Pim Fortuyn) und der Schweiz (Schweizerische Volkspartei, SVP) ausgehend wie manisch auf die vermeintliche «Islamisierung» Europas konzentrieren. Damit gelingt es ihnen, das diffuse Ressentiment von Anwohnern in die Parlamente zu transportieren und sich eventuell zu einer Sperrminorität aufzubauen, die Mehrheitsbildung und Regierungshandeln erschwert. Etablierte politische Kräfte nehmen dies vorweg, indem sie schon bei der bloßen Möglichkeit solcher Entwicklungen vor Moscheevorhaben zurückschrecken.

Obwohl es sich beim Moscheebau um ein religiöses Thema handelt, ist die zweite Konfliktlinie zwischen *Säkularen und Religiösen* merklich schwächer ausgeprägt. Zu erwarten wäre ja eine Skepsis links und liberal orientierter Parteien und Bevölkerungsgruppen gegenüber einer – wie auch immer – staatlich unterstützten Errichtung sakraler Bauten, wie dies in der laizistischen Türkei der Fall ist. In Deutschland sind aber gerade linksliberale Gruppierungen meist *für* die aktive Umsetzung des Rechts auf freie Religionsausübung, *dagegen* lediglich (und auch nur gelegentlich und nicht sehr nachhaltig) Partei-Liberale und Gruppierungen wie der «Zentralrat der Ex-Muslime», die jedwede Relativierung der Trennung von Religion und Politik argwöhnisch verfolgen. Danach richtet sich dann auch die übliche Hauptspaltung des politischen Systems in *Rechts* und *Links:* Konservative, die an einem Zuwachs religiöser Elemente durchaus ein übergeordnetes Interesse haben könnten, blicken verunsichert auf die Herausforderung der «christlichen Leitkultur», während Linksliberale in religiöser Vielfalt eine Chance zur weiteren Relativierung eben dieser christlichen Hegemonie sehen. (Es sei nur kurz angedeutet, dass diese Hinwendung der Linken zum kulturellen Pluralismus viele Arbeiter von ihr entfremdet hat, was wiederum den populistischen Affekt gegen «Multikulti» verstärkt.)

Diese Aufstellung reproduziert sich im religiösen Lager selbst. In der Regel stehen die beiden christlichen Kirchen, die Sprecher der jüdischen Gemeinden und andere Religionsvertreter auf der Seite der Moscheevereine, sofern sich diese auf den Boden westlich-liberaler Verfassungstraditionen stellen und sie nicht auch als «Antizionisten» auftreten. Vorherrschend ist eine interreligiöse und überkonfessionelle Allianz, aus der sich nur vereinzelt solche Kräfte heraushalten, die an der ökumenischen Konvergenz zu einem größeren religiösen Lager weniger interessiert sind als an der Abwehr der Entchristlichung, die sie mit dem Vordringen des Islams verschärft sehen. In diesem Sinne äußern sich vor allem evangelikale Gruppen zu den Moscheekonflikten, vereinzelt auch Katholiken und jüdische Gemeinden, die in Muslimen vor allem

Feinde der Juden entdecken. Während also säkularisierte Kräfte dem Konfessionsfrieden vertrauen, knüpfen fundamentalistisch ausgerichtete Kreise wieder an vormoderne Religions- und Kulturkämpfe an.[51] Anfällig unter den Muslimen sind vor allem islamistische Kräfte, die sich – wie ein Teil der Evangelikalen – nicht auf die europäische Religionslandschaft einlassen, sondern eine globale Agenda und Missionierung verfolgen.

An der «Flüssigkeit» dieser Allianzen und Konstellationen erkennt man, wie eine politische Formgebung der Moscheekonflikte funktioniert: Individuelle Pros und Kontras werden entlang bekannter oder neuer Frontstellungen gebündelt und in die Vorgänge der üblichen Verhandlungsdemokratie eingespeist. Was darin nicht einfach zu repräsentieren ist, artikuliert sich dann außerhalb der Parlamente und Parteien als populistischer Straßenprotest und wird von den etablierten politischen Kräften so oder so aufgegriffen. Die eine Linie führt zur Wiederkehr vergangener Kultur- und Kirchenkämpfe in neuem Gewand, die andere sichert politische Integration durch Kompromissbildung und Vermittlung.

Mediation

Wenn gar nichts mehr geht, meinen viele Akteure in Moscheebaukonflikten, holen wir uns den Mediator. Doch dann ist es meistens zu spät; von diesem Wundermenschen ist auch nichts mehr zu erwarten, wenn sich die Fronten verhärtet haben und zu viele verletzt worden sind. Mediation kommt am besten präventiv und projektbegleitend zum Einsatz, wenn man im Falle von Konflikten sich noch auf ein Verfahren einigen kann. Es ist dringend anzuraten, dieses in der deutschen Gesellschaft zu wenig bekannte und anerkannte Verfahren in interkulturellen Auseinandersetzungen stärker als bisher in Betracht zu ziehen; zugleich hat der Bundesverband Mediation mit seiner Jahrestagung 2008, als erstmals Moscheekonflikte behandelt wurden, das Thema unter Mediatoren selbst populärer gemacht.

Mediation ist keine Institution (wie ein Gericht oder eine Schiedsstelle), sondern ein Verfahren, das in vielen Fällen institutionennah eingesetzt werden kann.[52] Mediation unterscheidet sich ebenso von Psychotherapie, wobei seelische Befindlichkeiten, Blockaden und Muster in der Regel durchaus zur Sprache kommen. Es wird also kein Urteil gesprochen und keine psychische Disposition aufgedeckt, vielmehr ist Mediation ein strukturiertes und freiwilliges Verfahren zur Vermeidung oder konstruktiven Beilegung eines Konflikts. Ideale Voraussetzung für ihr Gelingen ist, dass alle Konfliktparteien zu einer einvernehmlichen Lösung kommen *wollen*, die ihren Interessen entspricht, und dazu auf eine dritte Instanz zurückgreifen. Die in Kulturkonflikten wahrgenommene Fremdheit der jeweils anderen Seite wird durch diese «Triangulation» versuchsweise aufgehoben; wie «Fremde» agieren nun die Mediatoren. Sie respektieren die Autonomie der am Konflikt Beteiligten und sind überzeugt, dass diese sich im Prinzip selbst helfen können, im gegebenen Fall aber eines Anstoßes und der Begleitung von außen bedürfen. Sie verordnen somit keine «besten Lösungen». Mediation kann die Beteiligten lediglich dazu anhalten, die für sie bestmögliche Lösung (oder die am wenigsten schlechte) herauszufinden und mit dem Gegenüber auszuhandeln.

Auch wenn Mediation vom Typ her ein informelles Verfahren ist, gelten einige goldene Regeln: Die Teilnahme an formellen Mediationsverfahren ist in jedem Fall freiwillig, alle Konfliktbeteiligten müssen einbezogen sein und den gleichen Informationsstand haben. Mediatoren üben möglichst strikte Neutralität und ergreifen nicht Partei, sie greifen höchstens hilfsweise auf Respektspersonen zurück, die bei den Beteiligten Ansehen genießen. Ein Mediationsverfahren startet damit, anders als es sich politische Akteure oft vorstellen, grundsätzlich ergebnisoffen, Vorbedingungen dürfen nicht gestellt werden. Im Verfahren fragen Mediatoren (anders als Richter oder Historiker) nicht nach einer vergangenen «Schuld» oder Verantwortung für den Ausbruch eines Konfliktes, sie eröffnen zukünftige Auswege und Lösungschancen. Ein Mediationsverfahren erstreckt sich üblicherweise von der Vereinbarung von Verhandlungsthemen über das Sammeln theoretischer Lösungsmöglichkeiten bis zur (schriftlichen) Vereinbarung eines konkreten Ergebnisses.

Formelle Mediationsverfahren haben sich seit den neunziger

Jahren vor allem bei Ehescheidungen, Erb- und Schulstreitigkeiten, Meinungsverschiedenheiten in Unternehmen, Tarifauseinandersetzungen sowie bei Umweltkonflikten eingebürgert, selten bei interkulturellen und interreligiösen Streitigkeiten wie zum Beispiel bei Moscheevorhaben. Am ehesten kann man hier auf Mediationsansätze beim Planen und Bauen zurückgreifen und dabei solche Fragen auf die Agenda setzen, die auf ein mangelndes Fremdverstehen verweisen. Oft irritieren in Moscheekonflikten ja bereits Ausdrucks-, Darstellungs- und Handlungsweisen des fremden Gegenübers. Das erscheint vielfach banal: Jemand redet zu laut oder zu leise, schaut oder gestikuliert seltsam, ist allzu höflich oder ganz unfreundlich. Der Mediator Roland Schüler hat am Fall der Kölner Zentralmoschee auf die «Sprachfalle» und die Notwendigkeit hingewiesen, dass Mediatoren zwischen verschiedenen Fachsprachen zu übersetzen haben. Ähnliches gilt für die «Bildfalle», die unterschiedliche Wirkung von Visualisierungen etwa auf Architekten und «einfache Bürger».[53]

Die an der Mediation beteiligten Parteien sollen lernen, daraus entstehende Wahrnehmungsblockaden zu erkennen und als mögliche Konfliktanlässe zu begreifen; interkulturelle Mediation ermöglicht dann einen Perspektivenwechsel. Bei politischen Mediationsfällen geht es letztlich immer um das, was Amerikaner «citizen empowerment» nennen, also um die Befähigung einer Konfliktpartei, Interessen selbstbewusst zu formulieren und sie zugleich in einen gemeinwohlorientierten Rahmen zu stellen. Ein solches Verfahren kann in Anerkennungskonflikten bestenfalls dazu führen, dass die Beteiligten sich nicht auf ihre Identitätsbehauptung versteifen, sondern eine Situation ansteuern, bei der alle ihr Gesicht wahren und gewinnen können. Dazu gehören nicht zuletzt rhetorische Fähigkeiten, um den eigenen Standpunkt besser darstellen zu können, und ein Training in Empathie, um andere Standpunkte anzuhören und gelten zu lassen.

Es gibt in Deutschland bisher nur wenige Ausbildungsinstitute und keine klare gesetzliche Ausbildungsregelung. Die Berufsverbände haben Qualitätsstandards und Ausbildungsnormen vorgelegt, die teils übergreifend, teils anwendungsspezifisch ausgerichtet sind: Bundesverband Mediation (BM), Bundesarbeitsgemeinschaft für Familien-Mediation (BAFM) und Bundesverband

Mediation in Wirtschaft und Arbeitswelt (BMWA). Dass neuerdings auch Universitäten und Fachhochschulen Aufbaustudiengänge entwickeln, zeigt, dass Mediation womöglich Zukunft hat. Die Moscheebaukonflikte sind an der Schnittstelle dreier Bereiche angesiedelt, bei denen Mediation bereits häufiger zum Einsatz kommt: bei Planungs-, Bau- und Gestaltungsvorhaben, bei inner-kirchlichen Auseinandersetzungen und bei inter- oder binationalen Konfliktfällen. Nur wenige Mediatoren und Mediatorinnen haben in diesem Dreieck zwischen Baustreitigkeit, religiösem Feld und Fremdverstehen eine umfassende Kompetenz entwickelt.

Fazit und Ausblick

Die Moscheebaukonflikte haben sich im vergangenen Jahrzehnt erheblich verändert. Sie sind vom Hinterland in die großen Städte und aus Hinterhöfen und Randgebieten in die Zentren gewandert, sie haben sich durch das Auftreten islamischer Dachverbände und rechtspopulistischer Protestparteien politisiert, die Handlungsformen von Bauverwaltungen und Moscheevereinen haben sich erheblich professionalisiert und ihre Auseinandersetzungen haben sich verrechtlicht. Die Muslime treten selbstbewusster auf, die deutsche Öffentlichkeit reagiert gereizter und weniger indifferent, der Islam wird zum öffentlichen Streitobjekt und differenziert sich seinerseits aus, genau wie seine Architektur und Erscheinungsweise. Genau damit ist er ein «Teil Deutschlands» geworden.

Konflikte seien nützlich, lautete die Prämisse, und für moderne Gesellschaften ein Lebenselixier. Kulturkonflikte, also Auseinandersetzungen um Identität (Wer bin ich? Wer sollen wir sein?) und Anerkennung (Wie sehen mich andere, erfahren wir Respekt?) spielen eine mindestens ebenso wichtige Rolle wie Verteilungskonflikte um knappe Ressourcen, mit denen sie wiederum vielfach verbunden und verstrickt sind.

Wer Demokratien einzig an ihrem «Output» misst, in diesem Fall an der Zahl effektiv verwirklichter Sakralbauten, wird Konflikte für hinderlicher halten als jemand, der gerade in ausgestandenen Konflikten «Schritte zur Einbeziehung» (Mathias König) des Islams im Westen sieht. An den verschiedenen Facetten der Formgebung lernt man, dass der Konflikt selbst eine Form (und nicht nur Medium) der Integration ist, wobei die riskante Implikation dieses Modells von Integration darin besteht, dass es mimetisch und transformativ ist, also immer beide Seiten einbezieht und verändert. Vielleicht ist es gerade die ‹Dauerreflexion› darüber, wie eine angemessene Moschee auszusehen hat, ob und wenn ja, wo sie zu bauen ist, die die Konfliktakteure zusammenhält – und nicht die autoritative Einigung in irgendeinem dieser Punkte. In Paul Böhms scheinbar widersprüchlichem Credo «maximale Öffnung bei gleichzeitiger Geschlossenheit» kann der architektonische Schlüssel für eine symbolische Integration liegen, die neben der gebauten Form und der Diskursform des Konflikts eine weitere Form beinhaltet: Religion tritt zunehmend marktförmig auf. So wird auch der Moscheebau ein Markt, auf dem ein Wettbewerb um Aufträge, um Gemeindemitglieder und um gesellschaftliche Anerkennung stattfindet. Am Beispiel der Moscheekonflikte kann man abschätzen, welche Erfordernisse eine europäische Religionsverfassung hat und wie steinig der Weg dahin sein kann. Die bissiger gewordenen Konflikte haben es nicht verhindern können: Moscheen gehören nun (wieder) ins europäische Stadtbild und der Islam bleibt ein Teil Deutschlands. Das verändert die Bundesrepublik, aber mehr noch die Muslime.

4
Der bessere Weg zur Moschee – Handlungsempfehlungen

Viele Wege führen zu einer Moschee, aber es gibt bessere und schlechtere Pfade, und so manche entpuppen sich als unnötige Umwege und vermeidbare Sackgassen. Alle Akteure machen typische Fehler: Den Bauherren mangelt es an der Bereitschaft zur Kooperation mit der Bauaufsichtsbehörde und vor allem mit der künftigen Nachbarschaft. Die mit dem Moscheeprojekt befassten Verwaltungsabteilungen kommen oft nicht mit dem Zwiespalt zurecht, dass sie als Ordnungsbehörde auftreten, aber auch bürgernah beraten sollen; außerdem verkennen sie vielfach die Komplexität und Brisanz interkultureller Kommunikation. Häufig werden Moscheevorhaben Gegenstand der lokalen, bisweilen überregionalen politischen Auseinandersetzung. Der Streit um eine Moschee ist demokratisch legitim und nützlich, solange er die Religionsfreiheit und demokratische Mehrheiten respektiert. Ein Risiko besteht darin, dass der Konflikt zu stark polarisiert wird und in populistische und fremdenfeindliche Polemik abdriftet. Ebenso ungünstig ist es aber, wenn vorhandene Gegensätze durch Attitüden «politischer Korrektheit» übertüncht werden. Nicht immer sind sich kommunale Politiker und Politikerinnen ihrer besonderen Verantwortung bewusst und überlassen Außenseitern das Feld, auch die viel beschworene Bürgergesellschaft, dieses weit gefächerte und locker geknüpfte Netzwerk aus Vereinen und Ehrenamt, Bürgerinitiativen und Selbsthilfegruppen, kann sich stärker als bisher in Moscheestreitigkeiten engagieren. Eine besondere Rolle, im interreligiösen Dialog wie auch als mögliche neutrale Plattform für die Austragung von Konflikten, können christliche Kirchengemeinden und Gruppen übernehmen. Schließlich ist die Verantwortung der (lokalen) Presse zu thematisieren, deren Vertreter sich bisweilen zu wenig darüber im Klaren sind, dass sie nicht nur als Berichterstatter tätig werden, die sich an den üblichen Nachrichtenwerten orientieren, sondern dass sie auch als Mitakteur involviert sein können.

Im Folgenden werden die Erkenntnisse aus den abgelaufenen Moscheekonflikten in pragmatische Handlungsempfehlungen überführt, die das Vorgehen der diversen Akteure eventuell rationalisieren.

Notwendige Vorab-Klärungen

Der Verein: Motor des Moscheeprojekts. Die islamischen Vereine und Gemeinden sind die ersten Akteure, auf die andere, also Nachbarschaft, Behörden, kommunale Politik, lokale Öffentlichkeit und Presse, reagieren. Der Wunsch, eine Moschee zu bauen, ist im Rahmen der grundgesetzlich garantierten Religionsfreiheit uneingeschränkt legitim, es geht also vornehmlich darum, einen legalen und möglichst effektiven Weg zu finden, dieses Vorhaben im Rahmen des geltenden Baurechts in die Tat umzusetzen und dabei das Prinzip guter Nachbarschaft mit der nichtmuslimischen Umwelt im Auge zu haben.

Zwischen Wunsch und Wirklichkeit. Wer bauen oder umbauen möchte, muss sich darüber klar werden, was konkret beabsichtigt ist und welche Mittel zur Verfügung stehen. Das hört sich selbstverständlich an. Aber gerade bei repräsentativen Bauten, die nach außen wirken sollen, verwischen sich oft die Proportionen zwischen Wünschenswertem und Möglichem. Der verständliche Wunsch nach einer «richtigen» Moschee entsteht oft in einer über Jahre hinweg gewachsenen Gemeinde, die einen kleineren, improvisierten Gebetsraum erweitern möchte. Die vorhandenen Räumlichkeiten werden als mangelhaft, beengt oder schäbig empfunden, die Ansprüche sind gewachsen. Erweiterung oder Neubau ist die erste Frage. Auch wenn der Wunsch nach Veränderung stark ist, muss dringend vor übereilten Schritten gewarnt werden. Häufig sind Moscheeprojekte nicht an der Ablehnung der Umwelt gescheitert, sondern an der mangelhaften Vorbereitung und an unklaren Absichten innerhalb der Gemeinde selbst.

Ein Projekt für die Zukunft. Wenn der Vorschlag zur Erweiterung einer vorhandenen oder zum Bau einer neuen Moschee von einer islamischen Dachorganisation kommt (was immer öfter der Fall ist), sollte die Gemeinde prüfen, ob der Vorschlag zu den lokalen Gegebenheiten passt. Wie immer die Entscheidung ausfällt: Getragen werden muss sie von den jetzigen und vor allem künftigen Nutzern. Die neue Moschee ist eine Option auf die Zukunft, und in dieser Hinsicht bietet jeder Moscheebau Anlass, die eigenen Perspektiven als Moscheegemeinde zu überdenken:

- Wie wird unsere Gemeinde in fünf, zehn oder 25 Jahren aussehen?
- Was hat sich bewährt, was soll sich ändern?
- Womit wollen wir die nachwachsenden Generationen ansprechen?
- Wie stellen wir uns den Status der Muslime der nächsten Generation in der deutschen Gesellschaft vor?

Eine breite Basis finden. Meinungsverschiedenheiten sollten offen besprochen und ausgetragen werden, bevor mit dem Baugeschehen die «normative Kraft des Faktischen» einsetzt oder eine mögliche äußere Konfliktstellung die inneren Differenzen überdeckt. Je mehr die Wünsche aller Vereinsmitglieder erörtert und berücksichtigt und je begründeter die Ansichten einzelner Mitglieder oder einer Minderheit zurückgestellt werden, desto besser wird ein Moscheeverein zu einem dauerhaften Ergebnis kommen. Und desto effektiver wird er auch Arbeitsschritte aufteilen und koordinieren und das Projekt nach außen vertreten.

Respekt vor Pluralismus. Keineswegs alle Einwanderer, die sich als Muslime bezeichnen, besuchen Gebetsstätten. Oft sehen Einwanderer aus islamischen Ländern Moscheebauprojekte in ihrer Nachbarschaft mit Skepsis, vor allem, wenn diese von strenggläubigen Muslimen und Vereinen mit islamistischer Ausrichtung eingeleitet werden. Die Legitimität einer distanzierten Haltung zur Religion müssen fromme Muslime in westlichen Gesellschaften stets im Auge haben und akzeptieren.

Beratung und Begleitung. Gerade bei einem aufwendigen Sakralbau sollte frühzeitig fachliche Beratung gesucht werden. Die zuständigen Baubehörden bieten eine solche oft an, ebenso besitzen Architekten und Ingenieure, Banken und Sparkassen, Notare und Politiker Fachkompetenzen. Manche Angebote sind kostenlos, doch gibt es guten Rat selten zum Nulltarif. Zu bedenken ist, dass solche Investitionen späteren Ärger und Kosten ersparen können, wobei die Aufgabe einer guten Beratung darin besteht, eigene Bedürfnisse klären und präziser formulieren zu können. Aus diesem Personenkreis lassen sich erfahrungsgemäß auch Fürsprecher für das Projekt gewinnen, die in der Gemeinde oder im Stadtteil anerkannt sind und gehört werden. Es ist kein Fehler, wenn sich Einwanderer um alteingesessene Personen bemühen; das sind in der Regel Menschen deutscher Herkunft, mittlerweile aber auch Inländer ohne deutschen Pass und eingebürgerte Respektspersonen. Sie können die Antragsteller zu Behördengängen begleiten und positiv auf politische Entscheidungsträger einwirken.

Wo Dachverbände und Investoren selbst das Management des Bauvorhabens übernehmen, entbindet sie dies nicht von der Verpflichtung zu Transparenz gegenüber Baubehörden und Nachbarschaft.

Vermittlung. Wenn Verhandlungen um ein Grundstück oder eine Genehmigung schwierig werden, können solche Personen mit öffentlichem Ansehen eine wichtige Vermittlerrolle übernehmen und für ein konstruktives Klima sorgen. Sie entziehen frühzeitig das «Gift», das sich bei vielen Moscheekonflikten anzusammeln droht. Als Vermittler sind erfahrungsgemäß Pfarrer und Mitglieder christlicher Kirchen, gegebenenfalls auch einer jüdischen Gemeinde geeignet. Ihnen traut eine lokale Öffentlichkeit, die sich in theologischen und kirchenrechtlichen Fragen unsicher fühlt, die notwendige Kompetenz für einen interreligiösen Dialog (oder Trialog) zu. In vielen Städten bestehen einschlägige Arbeits- und Gesprächskreise, dort findet sich auch das in Gesprächsführung und Moderation erfahrene und geschulte Personal.

Den eigenen Bedürfnissen eine Form geben

Bedarfsermittlung. Potenzielle Bauherren sollten vorab auch folgende Fragen klären:
- Wie setzen sich die Besucher der Moschee zum Freitagsgebet, an hohen Feiertagen und die Woche über erwartungsgemäß zusammen?
- Welche Bedürfnisse melden die Frauen der Gemeinde an? Muss sich in der Moschee eine Trennung der Geschlechter manifestieren?
- Welche Begegnungsmöglichkeiten für Gemeindemitglieder sollen über die Verrichtung der Gebete und die Predigten hinaus geschaffen werden, darunter für Jugendliche, Kinder und ältere Muslime beiderlei Geschlechts?
- Welche Größe soll der Gebetsraum im Verhältnis zu anderen Nutzungsfunktionen haben? Sind Unterrichtsräume vorgesehen, welche Kurse sollen gegebenenfalls angeboten werden: Computer und Internet, Sprache, Hausaufgabenbetreuung, Sport?
- Soll das Moscheegebäude sonstige Möglichkeiten zur Freizeitgestaltung und Unterhaltung bieten?
- Können die Räume entsprechend multifunktional gestaltet werden?

Eine kleine Enquête über den Ist- und Soll-Zustand der Gemeinde bietet sich an, denn auch bei theologisch-konfessioneller Übereinstimmung und ethnisch-nationaler Homogenität dürften sich die Moscheevereine in Zukunft heterogener entwickeln. Wenn viele Nutzungsmöglichkeiten im Sinne eines «islamischen Bürgerhauses» geplant sind, muss dies der nichtislamischen Nachbarschaft unbedingt vermittelt werden. Diese erwartet üblicherweise eine Gebetstätte mit relativ geringer Besucherfrequenz und muss sich auf höhere Lärmimmissionen und dergleichen einstellen. Sind Gewerbetriebe und Läden im Moscheekomplex vorgesehen, wird dies eventuell die Kunden der Umgebung freuen, den benachbarten Einzelhandel vielleicht weniger.

Äußere Gestaltung. Orientieren sich die Bauherren an einer Modellvorstellung aus dem In- oder Ausland? Besteht dabei eine

Präferenz für eine bestimmte Architektur oder einen besonderen Architekturstil – und warum?

Wie fügen sich solche Modelle und Präferenzen in die städtebauliche Umgebung des vorgesehenen Standortes ein?

Das äußere Erscheinungsbild trägt ganz wesentlich zur Identifikation der Mitglieder einer Gemeinde mit ihrer Moschee bei. Dabei müssen eine ganze Reihe von Faktoren berücksichtigt werden: ethnische Stiltraditionen, generationsspezifische Vorstellungen, der generelle Wandel ästhetischer Leitvorstellungen.

Eine Moschee ist das am deutlichsten sichtbare Zeichen muslimischer Präsenz in einer Diaspora. Erfahrungsgemäß muss mit Widerständen gerechnet werden, wenn eine Moschee durch ihre orientalische Form vom «ortsüblichen» Stadtbild abweicht; unter Umständen erfordert dies auch aufwendigere Genehmigungsprozeduren. Werden traditionelle und moderne Stilmittel kombiniert, erweckt dies leicht den Eindruck von Beliebigkeit. Am schwersten zu verwirklichen ist eine eigenständige Synthese, die der Situation des Islams in einer westlichen Gesellschaft ästhetisch aber am ehesten gerecht würde. Genau deswegen muss man Architekten und Stadtplaner unterstützen, die moderne und originelle Ansätze vorschlagen und damit dem Städtebau eine Chance geben.

Wie soll die Moschee heißen? Wie das äußere Erscheinungsbild ist auch die Wahl des Namens einer Moschee von erheblicher Bedeutung. Die Erbauer sollten sorgsam abwägen zwischen ihrer theologisch-religiös motivierten Namenswahl und dem Eindruck, den ein in nichtmuslimischen Ohren aggressiv klingender Name (wie «Eroberer-Moschee») erzeugt. Oft verstehen Außenstehende den türkischen, arabischen oder persischen Namen einer Moschee nicht. Es ist deshalb anzuraten, ihr in korrekter Übersetzung auch einen deutschen Namen zu geben.

Rolle und Funktion des Architekten. Die Wahl des Architekten ist von großer Bedeutung; man sollte also nicht aus bloßer Bequemlichkeit auf eine naheliegende Person zurückgreifen. Je klarer der Bauherr seine Vorstellungen entwickelt hat und formulieren kann, desto fruchtbarer wird sich die Zusammenarbeit mit der professionellen Kapazität entwickeln. Architekten sind keine Erfüllungsgehilfen eigener, oft nicht zu Ende gedachter Vorstellungen, sondern Partner, die das weite Feld zwischen Wünschen und (finanzieller wie rechtlicher) Machbarkeit einengen und den eigenen Vorstellungen Gestalt und Struktur verleihen. Besonders sie sorgen dafür, dass eine Moschee nicht als Fremdkörper wahrgenommen wird.

Ressourcen mobilisieren und damit haushalten

Planen und Finanzieren. Mit Hilfe des Architekten und anderer Personen, etwa seitens der Banken und Sparkassen, muss ein detaillierter Kosten- und Finanzierungsplan erarbeitet werden, im Hinblick auf die eventuell angesetzte Eigenarbeit auch ein präziser Zeitplan. Ein guter Anteil der Kosten für den Grunderwerb, erste Baumaßnahmen, Notarkosten und Steuerschuld sollte aus den Eigenmitteln der lokalen Moscheevereine finanzierbar sein. Die Dachverbände vermitteln außer organisatorischer und personeller Unterstützung häufig auch eine Anschubfinanzierung zu günstigen Bedingungen, eventuell geben bei öffentlichem Bauland auch Kommunen Entlastungen.

Ist zur Erzielung von Einnahmen an eine gewerbliche Nutzung von Teilen des Moscheekomplexes gedacht, muss dies im Hinblick auf die Baugenehmigung wie auf die Nachbarschaft rechtzeitig bekanntgemacht werden.

Standortfrage und rechtliche Rahmenbedingungen

Das richtige Grundstück. Folgende räumliche und rechtliche Anforderungen sind zu beachten:
- Größe, Form und Qualität des Grundstücks,
- Lage im direkten Umfeld oder in größerer Entfernung der Nutzer,
- Verkehrsanbindung,
- Verhältnis von bebauter zu unbebauter Fläche,
- Erschließung (Kanalisation, Zufahrten etc.),

- bebaubarer Grund nach Abzug der notwendigen Stellplatzfläche und der einzuhaltenden Abstände zu Nachbargrundstücken,
- Gebietscharakter (Wohngebiet, Mischgebiet, Gewerbegebiet),
- Bestimmungen zu Brandschutz, Schallschutz und eventuell Gesundheitsschutz,
- Firstrichtung und Firsthöhe,
- Möglichkeit der Dachgeschossnutzung.

Nachbarn. Genau zu prüfen ist insbesondere, wo der Nachbarschutz berührt und die Nachbarschaft über künftige Bauvorhaben und ihre Konsequenzen zu informieren ist. Dies ist ein Erfordernis für die Baugenehmigung. Mögliche Verkehrsbelastung und Lärmimmissionen sind hier besonders zu berücksichtigen.

Baurechtliche Erwägungen. Wenn kein Bebauungsplan vorliegt, wird das Grundstück gemäß seiner Umgebung eingestuft. Um diese und andere Fragen verbindlich zu klären, empfiehlt es sich dringend, eine Bauvoranfrage zu stellen und einen schriftlichen Bauvorbescheid bei der Bauaufsichtsbehörde zu beantragen, die die Stellungnahme der Gemeinde einholt. Es darf prinzipiell erst gebaut werden, wenn eine Baugenehmigung vorliegt. Ist das vorgesehene Grundstück nicht für eine kirchliche Nutzung vorgesehen (in Industrie-, Gewerbe- und reinen Wohngebieten) und eine Ausnahmegenehmigung notwendig, sollte eine Immobilie nur unter dem Vorbehalt erworben werden, dass die gewünschte Nutzung durch die Gemeinde genehmigt wird. Dies kann beispielsweise durch die Einräumung eines Rücktrittsrechts im Kaufvertrag geschehen.

Schwierigkeiten tauchen in der Regel an den folgenden «Knackpunkten» auf:
- die Bauvoranfrage fehlt,
- die Stellplatzfrage ist ungeklärt,
- Erschließung und Zufahrtsregelung sind offengeblieben,
- das Umfeld ist unzureichend informiert worden,
- die Kommunikation mit der lokalen Öffentlichkeit ist gescheitert.

Kommunikation unter den beteiligten Akteuren

Kommunikation mit Behörden: verzerrte Rollenbilder. Vielen Moschee-vereinen mangelt es am Verständnis dafür, wie eine Behörde funktioniert. Jeder Antrag soll von ihr nach klaren Vorgaben und gesetzlichen Regelungen behandelt und geprüft werden, so dass Antragsteller ungeachtet ihrer Herkunft und ihres Bekenntnisses gleich behandelt werden. Mitarbeiter einer Bauaufsichtsbehörde dürfen keinerlei inhaltliches Interesse am Ergebnis eines Genehmigungsverfahrens haben; für sie ist einzig relevant, ob ein Bauantrag den Vorschriften der Bauordnung entspricht. Die Antragsteller müssen sich klarmachen, dass hier prinzipiell kein Handlungsspielraum in der Weise besteht, dass Regeln in einem Fall angewendet werden, in einem anderen aber nicht; sie müssen sich also nicht Behördenmitarbeiter gewogen machen, um ein günstiges Ergebnis zu erzielen. Genau zu einer solchen Personalisierung des Behördenkontaktes neigen viele (nicht nur muslimische!) Antragsteller, weil sie abweichende Erfahrungen im In- oder Ausland gemacht haben. Für sie stellt sich die Verhandlungssituation mit einer Baubehörde häufig als eine Art «Basar» dar, und sie verwechseln bisweilen eine strittige Auslegung des Rechts mit grundsätzlich fehlender Rechtssicherheit.

Zur Rechtssicherheit trägt bei, dass Termine und Fristen beachtet und wichtige Abmachungen (wie zum Beispiel eine Zusage) schriftlich festgehalten werden; mündliche Vereinbarungen zählen nicht. Bauherren sollten ihre Vorhaben frühzeitig und detailliert darlegen, Bedenken und Unsicherheiten müssen offen angesprochen werden, damit gegebenenfalls nach Alternativen und Lösungsoptionen gesucht werden kann. Das Zurückhalten von Informationen aufgrund eigener Unsicherheit oder eines Misstrauens gegenüber der Behörde ist dem Verhandlungsklima erfahrungsgemäß abträglich, «Schlitzohrigkeit» führt selten zum Ziel.

Ein Antrag, der nicht jeden Tag gestellt wird. Neue Sakralbauten sind heutzutage eher eine Seltenheit. Gerade wer ein Moscheebauvorhaben einreicht, muss sich darüber klar sein, dass ein solcher Antrag nicht zu den üblichen Routineangelegenheiten gehört, die ein Mitarbeiter oder eine Mitarbeiterin häufig auf den Tisch bekommt. Es ist vielmehr so, dass dieser Antrag im Arbeitsleben eines Mitarbeiters, vielleicht auch der gesamten Behörde einzigartig und ohne Präzedenzfälle ist, zumal auch selten Kultstätten für andere Glaubensgemeinschaften beantragt werden. Es mag also sein, dass die betreffenden Mitarbeiter sich ihrerseits unsicher oder überfordert fühlen.

Selbstverständnis von Behörden. Im Kontakt mit Behörden dürfen Bürger nicht nur korrekte und kompetente Bearbeitung erwarten, sondern auch einen freundlichen Umgangston und Service-orientierung. Sie sind Kunden, nicht «Untertanen»; eine kooperative Behörde wird ihre Anliegen unterstützen und keine Geheimniskrämerei betreiben. Damit geraten gerade Baubehörden in einen gewissen Zielkonflikt: Im Kern sind sie eine Ordnungsbehörde, die Anordnungen treffen und ihre Nichteinhaltung sanktionieren muss. Zugleich soll eine bürgernahe Verwaltung Anliegen der Antragsteller nicht nur bearbeiten, sondern sie auch konstruktiv befördern. Die «Kunden» empfinden das Verhalten von Mitarbeitern von Behörden möglicherweise als irritierend oder widersprüchlich, wo diese Doppelfunktion zu einer Rollenunsicherheit oder zu unklaren Erwartungen führt.

Kulturelle Missverständnisse. Im Kontakt zwischen Moscheeverein und Baubehörde kann es zu einem Missverständnis besonderer Art kommen: Die Antragsteller werden freundlich und zuvorkommend behandelt, die Atmosphäre ist kooperativ – und genau diese persönliche Zuwendung wird von den Antragstellern vorschnell als Befürwortung eines Bauantrages gewertet. Das muss keineswegs der Fall sein: Person und Amt sind stets zu unterscheiden.

Das Ideal allen Verwaltungshandelns ist strenge Sachlichkeit, hier also das Interesse, einen Bauantrag oder ähnliches ohne Ansehen der Person des Antragstellers reibungslos und effizient zu bearbeiten. Doch längst hat sich als Erkenntnis durchgesetzt, dass bei jeder Materie auch kommunikative Kompetenzen eine erhebliche, bisweilen entscheidende Rolle spielen. Kriterien für den positiven Verlauf eines Genehmigungsverfahrens sind
- Transparenz des Verfahrens,
- geregelter Informationsfluss,

- wechselseitige Kooperation,
- Offenheit der Gesprächs- und Verhandlungssituation.

Kundenorientierung und Selbstoptimierung. Die kommunikative Dimension kann noch dadurch kompliziert werden, dass es sich nicht um eine Routineangelegenheit handelt, für die inneradministrative Kommunikationswege und Arbeitsteilungen sowie Verhaltensmuster im Kundenverkehr festliegen: So einen Bauantrag bekommt man wahrscheinlich nur einmal auf den Tisch, auch die Kollegen haben vermutlich keine Erfahrung damit gemacht. Die daraus resultierende Unsicherheit hinterlässt vielleicht ein Gefühl der Überforderung, das sich auf die Beurteilung der Sache und den Umgang mit der «schwierigen» Klientel ungünstig auswirken kann.

Querschnittsaufgaben. Behördenleitungen sollten ganz unabhängig von einem konkreten Bauantrag ihre Kompetenzen und Angebote in Sachen interkultureller Kommunikation verbessern. Ideal wären Fremdsprachenkenntnisse, Informationsbroschüren und Beratungsangebote in anderen Sprachen oder ein Dolmetscherpool in der Behörde oder Stadtverwaltung. Spezielle Fortbildungen können die kommunikativen und sozialen Kompetenzen in interkulturellen Kontakten fördern. Realistischerweise können dazu in den verschiedenen Abteilungen meist nicht komplette Stäbe eingerichtet oder auch nur entsprechend qualifizierte Mitarbeiter eingestellt werden. Es bietet sich aber an, besonders erfahrene und kompetente Mitarbeiter für außergewöhnliche Kundenkontakte dieses Typs bereitzuhalten. Überdies sollte, analog zum «Mainstreaming» im Kontext von Gleichstellungsbestrebungen zwischen Frauen und Männern, innerhalb von Stadt- und Gemeindeverwaltungen übergreifend ein Bewusstsein und praktische Kompetenzen für den Umgang mit einer kulturell zunehmend ausdifferenzierten Klientel geschaffen werden. Sensibilität für interkulturelle Begegnungen und Konflikte sollten auch bei der Einstellung von Mitarbeitern eine größere Rolle spielen.

Wo interkulturelle Kommunikation problematisch geworden ist oder werden kann, sollte den Mitarbeitern die Möglichkeit gegeben werden, ihr Problembewusstsein zu erhöhen und entsprechende Fähigkeiten zu entwickeln und zu schulen. Ziel solcher Maßnahmen ist es, konflikterzeugende Situationen präventiv zu erkennen und Konflikte gegebenenfalls mit Einfühlungsbereitschaft und Augenmaß zu bearbeiten. Einzelfälle sollten in Mitarbeiterbesprechungen ausreichend thematisiert und konstruktiv bearbeitet werden, gesonderte Möglichkeiten bieten die berufsbegleitende Supervision und spezielles Kommunikationstraining. Angebote zur Verbesserung der interkulturellen Kompetenzen aller Behördenmitarbeiter sind sinnvolle Investitionen für die Zukunft, die sich erfahrungsgemäß auch positiv auswirken auf die Zusammenarbeit innerhalb der Teams und das absehbare Nachrücken von Kollegen mit anderem kulturellen und religiösen Hintergrund erleichtern.

Wo Behörden häufiger mit Bauanträgen von Moscheevereinen oder von anderen Glaubensgemeinschaften zu tun haben, lohnt sich die Bildung multifunktionaler und ressortübergreifender Teams. Viele größere Städte haben solche bereits eingerichtet. Sie bestehen aus Mitarbeitern der Bauaufsicht und anderer beteiligter Verwaltungsstellen und können entsprechende kommunikative Erfahrungen und Kompetenzen bündeln. Bei einer solchen Möglichkeit zur internen Koordination ist es möglich, schon im Vorfeld möglicher Moscheebauanträge tätig zu werden und echte Beratungsdienstleistungen anzubieten; auch ist es möglich, als Stadt- oder Gemeindeverwaltung mit einer Stimme zu sprechen und deutlich zu machen, dass man aktiv zur Umsetzung der Religionsfreiheit in baurechtlicher Hinsicht beitragen möchte.

Konflikte meistern lernen. Ist ein Moscheebauverfahren zu einem «Politikum» geworden, womit eine Angelegenheit der Bauverwaltung auch Gegenstand parteipolitischen Streits und öffentlicher Aufregung ist, bietet sich ein «Runder Tisch» an, an dem alle wichtigen Konfliktparteien (wie beispielsweise der Moscheeverein, die Nachbarschaft, Politiker und andere) zusammentreffen. Dazu können auch angesehene Vermittler und professionelle Mediatoren herangezogen werden. Ein solcher Aufwand mag potenziellen Bauherren übertrieben vorkommen, die Erfahrung mit jüngsten Moscheekonflikten zeigt jedoch, wie angebracht die Einberufung solcher Kooperationsrunden schon in einem frühen Stadium gewesen wäre, um eine Eskalation zu vermeiden.

Verankerung im Quartier. Ein häufiges Versäumnis der Vereine ist, «Volkes Stimme» in der Nachbarschaft des vorgesehenen Standorts der Moschee einzuholen. Hinweise darauf geben vorab Sondierungen mit lokalen Persönlichkeiten, die eine realistische Einschätzung der Machbarkeit eines Moscheevorhabens abgeben können, darunter:

- Kommunalpolitiker;
- Ausländer- und Integrationsbeauftragte der Städte und Gemeinden;
- Vertreter der christlichen Kirchen, darunter die für interkulturelle Fragen und interreligiöse Dialoge zuständigen Referenten der Landeskirchen;
- Leiter und Referenten von Sozial- und Bildungseinrichtungen wie der Volkshochschulen, der Wohlfahrtsverbände und dergleichen;
- lokale Bürgerinitiativen und Menschenrechtsgruppen;
- interkulturell tätige Vereine und Gruppen.

Moscheevorhaben sollten eingebettet sein in die Integrationsbemühungen am Standort, die von den Kindergärten und Schulen bis zu Seniorenheimen reichen. Religionsausübung ist keine außergewöhnliche Facette der Integrationspolitik. So wie sich säkular oder atheistisch ausgerichtete Einwanderer für Religionsfreiheit einsetzen, sind Moscheevereine umgekehrt gehalten, ihre Vorhaben im Rahmen einer allen Einwanderern geltenden Integrationspolitik zu vertreten.

Kontakt zur Öffentlichkeit. In einer Mediengesellschaft kommt es immer stärker auf die Sympathie und Wertschätzung an, die gesellschaftlichen Gruppen im Allgemeinen und ihren speziellen Vorhaben in den elektronischen und Printmedien entgegengebracht werden. Über Muslime wird sehr viel geschrieben, weniger wird mit ihnen geredet oder kommen sie in den Medien selbst zu Wort. Ein Moscheeprojekt ist ein idealer Anlass, die religiöse Dimension der Einwanderung und andere Anliegen der Muslime zu thematisieren.

Rechtzeitig, ehrlich und offen informieren. An den Moscheevereinen liegt es vor allem, die breitere Öffentlichkeit zum richtigen Zeitpunkt und auf dem richtigen Wege in Kenntnis zu setzen und in der Nachbarschaft um Zustimmung und Kooperation zu werben. In den meisten Fällen sollte dies möglichst frühzeitig geschehen. Erfährt die Nachbarschaft ein Bauvorhaben aus der Zeitung, entsteht ein Misstrauen, das nur schwer abzubauen ist. Genauso nachteilig ist es, wenn die Öffentlichkeit «scheibchenweise» informiert wird und sich das Gefühl durchsetzt, man habe zunächst nur die Schokoladenseite des Moscheeprojekts zu sehen und mögliche Nachteile verschwiegen bekommen. Jedes konkrete Moscheevorhaben wird durch das generelle (oftmals negative) Image «des» Islam oder bestimmter Dachverbände überlagert. Deshalb ist es bei der Darstellung und Promotion eines Vorhabens wichtig, die tatsächliche und alltägliche Nutzung einer Moschee in den Mittelpunkt zu rücken, es auch als soziales und kulturelles Zentrum für spirituelle Anliegen in einer offenen Gesellschaft plausibel zu machen. Hier ist die Intransparenz vieler Moscheevereine zu kritisieren. Fragen, Befürchtungen und Einwände müssen, auch wenn sie einem unangebracht erscheinen, ernst genommen werden; Befürchtungen im Hinblick auf Lärmbelästigung oder Parkplatznot müssen konkret beantwortet werden. Vor allem sollte man nicht vorschnell «dahinterliegende» Motive unterstellen, etwa eine kaschierte Ausländerfeindlichkeit oder die pauschale Ablehnung des Islams. Für die Durchsetzung eines Moscheeprojektes macht es wenig Sinn, «den» Islam pauschal als Leidtragenden einer ungünstigen Entwicklung und als Opfer zu stilisieren, also an eventuelle diffuse Schuldgefühle der Mehrheitsgesellschaft zu appellieren.

Bedenken ernst nehmen. Nach den islamistischen Terroranschlägen sind vermehrt kritische Haltungen und Fragen zu erwarten; auch auf Fragen bezüglich der Verfassungstreue des jeweiligen Moscheevereins oder seiner Dachorganisation muss man vorbereitet sein. Offenheit, Transparenz und souveränes Auftreten sind in dieser Situation umso stärker gefragt. Das gesteigerte Interesse am Islam kann positiv umgemünzt werden, wenn man keine Angst vor kritischen Fragen hat.

Anlass zur Selbstdarstellung. Eine Moschee wird zur Lebenswelt einer konkreten Nachbarschaft gehören und sollte deshalb als deren alltäglicher und lebendiger Teil vorgestellt werden. Allgemeine Grundsatzdebatten sollten möglichst vermieden werden. Häufig wird der Dialog zwischen Muslimen und Christen beziehungsweise In- und Ausländern nur propagiert; die rituelle und oberflächliche Weise, in der dies geschieht, dementiert leider oft das angestrebte Ziel. Wo selbstverständliche Alltagskontakte nicht bestehen, nützen auch aufwendig inszenierte Begegnungen und Dialoge wenig.

Dachverbände und große Moschee- oder Kulturvereine verfügen heute in der Regel über Pressesprecher oder spezielle Kräfte für die Öffentlichkeitsarbeit. Diese pflegen systematische Kontakte zu den Redakteuren lokaler und überregionaler Medien, so dass bei Bedarf bereits auf eine tragfähige Arbeits- und Vertrauensbeziehung zurückzugreifen ist. Pressemitteilungen sind hilfreich, wenn dabei die üblichen Erfordernisse journalistischer Arbeit berücksichtigt werden: der aktuelle Nachrichtenwert, Beschränkung auf das Wesentliche, präzise Daten und anschauliche Hintergrundinformation. Man sollte für die eigenen Vorhaben möglichst konkrete Beispiele vortragen, sich also nicht in allgemeinen Floskeln ergehen. Zur Sprache kommen sollten nicht nur Vorstandsmitglieder des Vereins oder ein Imam, sondern auch «einfache» Gläubige. Dies gilt vor allem für Reportagen und Hintergrundberichte, die Stimmungen und Atmosphäre wiedergeben sollen. Religiöse Eigenheiten und fremdsprachliche Begriffe bedürfen auch wiederholt der Übersetzung und Erläuterung.

Zu berücksichtigen ist, dass auch Journalisten und Verlage, die «goodwill»-Berichte publizieren, an den üblichen Nachrichtenwerten ausgerichtet sind, also «bad news» über Schwierigkeiten, Konflikte und Skandale mit höherem Nachrichtenwert vorziehen. Oft basieren solche auf mangelhafter oder einseitiger Recherche. Interviews müssen autorisiert werden, auch sollte man damit rechnen, dass Schlagworte und pointierte Formulierungen aus dem Zusammenhang gerissen werden und übertriebenes Gewicht erlangen. Am wenigsten Einfluss haben Informanten aus einem Moscheeverein auf eine Schlagzeile, die den meisten Lesern oder Zuschauern aber am stärksten haften bleibt. Der Versuch, Journalisten in eine bestimmte Richtung lenken zu wollen, führt erfahrungsgemäß nicht weit. Gegen sachlich falsche Mitteilungen, Diskriminierungen und Verunglimpfungen kann und soll sich ein Moscheeverein aber entschieden zur Wehr setzen: mit Leserbriefen, Beschwerden beim Presserat, Gegendarstellungen und in extremen Fällen mit Hilfe einer Klage.

Mehr als eine Story. Die Presse ist nicht nur Berichterstatterin über einen Moscheekonflikt, sondern neben den Bauherren, lokalen Autoritäten und Behörden selbst ein Akteur des Konfliktgeschehens. Diese aktive Rolle wird zu wenig gesehen, doch sind vor allem Lokalzeitungen nicht nur eine Plattform oder Arena der öffentlichen Meinungsbildung, sondern stets auch aktiv daran beteiligt. Nicht selten haben Tenor, Zeitpunkt und Aufmachung eines Artikels über einen Moscheekonflikt eine wichtige, bisweilen auch ausschlaggebende Wirkung auf seinen Ausgang gehabt.

Gewichten, verknüpfen, vergleichen. Moscheebauten sind kein Randthema mehr, und die Aufmerksamkeit wird sich noch steigern, wenn – wie absehbar – deren Sichtbarkeit zunimmt. Sichtbar wird damit nämlich auch, dass sich die Muslime in Deutschland etabliert haben. Wie über Muslime und Moscheen berichtet wird, beeinflusst die allgemeine Wahrnehmung weit mehr als Themen, die der breiten Öffentlichkeit aus eigener Erfahrung vertraut sind. Dabei unterläuft Journalisten immer wieder eine Überpointierung und eine Kulturalisierung des Konflikts. Kontrastierende Darstellungen wecken die Aufmerksamkeit des Publikums, betonen aber oft zu stark die in einem Konflikt anzutreffenden Extrempositionen.

Mediation. Man kann in der Regel darauf vertrauen, dass Moscheekonflikte von den betroffenen Akteuren selbst gelöst werden können. Hin und wieder haben sich die Fronten aber derart verhärtet, dass eine Hilfe von außen und professionelle Beratung notwendig erscheint. Zur Lösung solcher Streitigkeiten stehen mittlerweile erfahrene Mediatoren zur Verfügung, die selbstständig oder im öffentlichen Dienst tätig sind. Sie respektieren die Autonomie der Konfliktbeteiligten und setzen darauf, dass die in einen Streit verwickelten Parteien sich im Prinzip selbst helfen können, aber über die Mediation eine Hilfe zur Selbsthilfe in Anspruch nehmen möchten. Sie verordnen keine Lösungen von außen, sie arbeiten vielmehr mit den Beteiligten daran, die bestmögliche Lösung für sich selbst herauszufinden und zu akzeptieren.

Grundsätze der Konfliktmediation sind Freiwilligkeit der Mitwirkung, Inklusion aller Beteiligten, Neutralität und Allparteilichkeit der Mediatoren sowie Vertraulichkeit.

Anmerkungen

Moscheen in Deutschland und im islamischen Orient

1 Näheres bei Katharina Mommsen, Goethe und die Arabische Welt, Frankfurt am Main 1988, S. 24.
2 Burchard Brentjes, Die Kunst der Mauren. Islamische Traditionen in Nordafrika und Südspanien, Köln 1992.
3 Lady Mary Montagu, Briefe aus dem Orient, Frankfurt am Main 1991 (1784), S. 148–150.
4 Muhammad Salim Abdullah, Geschichte des Islams in Deutschland (Islam und westliche Welt 5), Graz/Köln 1981; Ursula Spuler-Stegemann, Muslime in Deutschland – Nebeneinander oder Miteinander? Freiburg u. a. 1998, S. 33.
5 Ursula Spuler-Stegemann, «Der Elefant des Kalifen. Wie der Islam nach Deutschland kam», in: Spiegel Spezial 2 (2008), S. 34–37, hierzu S. 35.
6 Gérard-George Lemaire, Orientalismus. Das Bild des Morgenlands in der Malerei, Köln 2000, S. 198–203.
7 Siehe Francesco Gabrieli (Hg.), Mohammed in Europa, München 1983. Hier wird bewusst eine andere Position entwickelt als in der durch Edward Said angestoßenen sogenannten «Orientalismusdebatte». Vgl. Edward Said, Orientalism, London 1978.
8 M. Uğur Derman, Siegel des Sultans, Berlin 2001, S. 192 f. Das Gemälde ist Teil der Sakip-Sabanci-Sammlung Istanbul.
9 Gerhard Höpp, «Die Wünsdorfer Moschee. Eine Episode islamischen Lebens in Deutschland. 1915–1930», in: Die Welt des Islams. New Ser. 36/2 (1996), S. 204–218.
10 Vgl. Thomas Lemmen, «Die Sozialarbeit muslimischer Organisationen in Deutschland», in: Klaus D. Hildemann (Hg.), Religion – Kirche – Islam, Leipzig 2003, S. 191–206.
11 Vgl. Spuler-Stegemann, Der Elefant des Kalifen (wie Anm. 5), S. 36.
12 Spuler-Stegemann, Muslime in Deutschland (wie Anm. 4), S. 37.
13 Die Unterscheidung von religiösen Spezialisten im Sinne ordinierter «Priester» und «Laien» ist für den Islam theologisch nicht geboten: Hier gelten alle Gläubigen als vor Gott gleichgestellt. Dennoch vermitteln ausgebildete Theologen und islamische Juristen religiöses Wissen an die übrigen Gläubigen.
14 Die Dokumentation Abena Bernasko, Stefan Rech, Religionen der Welt. Gemeinden und Aktivitäten der Stadt Frankfurt am Main, Frankfurt am

Main 2003[2], nennt beispielsweise rund 30 und erwähnt dabei sicherlich nicht sämtliche örtliche Moscheevereine, da deren Einverständnis vorauszusetzen war und Autoren und das Amt für multikulturelle Angelegenheiten als Herausgeber im Vorfeld eine Entscheidung bezüglich Aufnahmekriterien zu nennender Vereine trafen.

15 Spuler-Stegemann, Muslime in Deutschland (wie Anm. 4), S. 42.

16 Eine aufschlussreiche Quelle zum Leben der Aleviten in Deutschland entstammt ihren eigenen Kreisen: Ismail Kaplan, Das Alevitentum. Eine Glaubens- und Lebensgemeinschaft in Deutschland, Köln 2004.

17 Spuler-Stegemann, Muslime in Deutschland (wie Anm. 4), S. 134 ff.

18 Zu Moscheeneubauten Sabine Kraft, Islamische Sakralarchitektur in Deutschland. Eine Untersuchung ausgewählter Moschee-Neubauten, Münster 2002.

19 Spuler-Stegemann, Muslime in Deutschland (wie Anm. 4), S. 101–128, mit einer guten Übersicht über islamische Organisationen.

20 Siehe beispielsweise Claus Leggewie u. a., Der Weg zur Moschee. Eine Handreichung für die Praxis, Bad Homburg v. d. H. 2002; Reinhold Zemke, Die Moschee als Aufgabe der Stadtplanung, Münster 2008.

21 Bärbel Beinhauer-Köhler, «Muslimische Frauen in Moscheen – Zwischen Tradition und Innovation», in: Forschung Frankfurt 1 (2008), S. 52–56.

22 Siehe etwa zu Huda e. V.: Bärbel Beinhauer-Köhler, «Formen islamischer Wohlfahrt in Deutschland», in: dies., Matthias Benad, Edmund Weber (Hg.), Diakonie der Religionen 2. Schwerpunkt Islam, Frankfurt am Main 2005, S. 75–166, hier S. 157 f.

23 Abdul Ahmad Rashid, «Erfolg mit einem religiösen Symbol», gesendet in der Deutschen Welle am 30.3.2006 (www.dw-world.de/dw/article/0,2144,1948416,00.html, Einsicht am 17.7.2008).

24 Andreas Langenohl, «Mental maps, Raum und Erinnerung. Zur kultursoziologischen Erschließung eines transdisziplinären Konzepts», in: Sabine Damir-Geilsdorf u. a. (Hg.), Mental maps – Raum – Erinnerung. Zur kulturwissenschaftlichen Erschließung von Raum und Erinnerung, Münster 2005, S. 51–69, hier S. 58 f.

25 Brigitte Lucchesi, «Das hinduistische Tempelfest in Hamm-Uentropp in Westfalen», in: Manfred Hutter (Hg.), Buddhisten und Hindus im deutschsprachigen Raum (Religionswissenschaft 11), Frankfurt am Main 2001, S. 61–76.

26 Franz Sommerfeld (Hg.), Der Moscheestreit: Eine exemplarische Debatte über Einwanderung und Integration, Köln 2008.

27 Ludger Pries, Die Transnationalisierung der sozialen Welt. Sozialräume jenseits von Nationalgesellschaften, Frankfurt am Main 2007.

28 Hier in der deutschen Teilübersetzung von Dieter Ferchl (Übers./Hg.), Sahîh al-Buhârî. Nachrichten von Taten und Aussprüchen des Propheten Muhammad, Stuttgart 1991, S. 104, in der gängigen arabischen Manu-

skriptzählung Kitâb VIII, Bâb 31. Allgemeines zum Gebet al-Buhârî, S. 94–121, arabisch VIII 1–106.

29 Zitiert nach al-Buhârî (wie Anm. 28), S. 105, arabisch VIII 31.

30 Al-Buhârî (wie Anm. 28), S. 118, arabisch VIII 86.

31 Al-Buhârî (wie Anm. 28), S. 114, arabisch VIII 62. Das (S) ist die Abkürzung für die von Muslimen stets verwendete Eulogie auf den Propheten nach jeder Namensnennung Muhammads: «sallâ ʾllâhu ʿalaihi wa-sallam» (Gott segne ihn und schenke ihm Heil). Die Erwähnten sind die ersten Nachfolger des Propheten von 632 bis 656.

32 Zu den in diesem und im Folgekapitel behandelten Bauelementen und Einrichtungsgegenständen ausführlich und in sämtlichen EI-Editionen wiederholt: J. Pedersen, Art. «Masjid», in: Concise Encyclopaedia of Islam, Boston/Leiden 2001⁴, S. 330–353; ferner Doğan Kuban, Muslim Religious Architecture 1. The Mosque and Its Early Development, Leiden 1974, S. 3–10.

33 Vgl. Ibn Ishâq, Das Leben des Propheten, hg. v. Gernot Rotter, Stuttgart 1986³, S. 111–113.

34 Yann Richard, Der verborgene Imam, Berlin 1983, S. 69.

35 Al-Buhârî (wie Anm. 28), S. 62, IV 28. Zu großer und kleiner Waschung sowie Ersatzabreibung allgemein: al-Buhârî, S. 59–79, 88–93, arabisch IV, V, VII.

36 Vgl. Jonathan Bloom, Minaret. Symbol of Islam, Oxford 1989, S. 177.

37 Vgl. Luo Xiaowei, «China», in: Martin Frishman, Hasan-Uddin Khan (Hg.), The Mosque. History, Architectural Development & Regional Diversity, London 1994, S. 209–224, hier S. 216.

38 Vgl. G. Fehérvári, Art. «Mihrâb», in: EI², Leiden/Paris 1993, S. 7–15, hier S. 8, mit einer Zusammenfassung der Diskussion über die mögliche Herkunft der Gebetsnische, sowie Bärbel Beinhauer-Köhler, «Dimensionen des Mihrâb», in: Martin Tamcke, Andreas Heinz (Hg.), Die Suryoye und ihre Umwelt. Festgabe für Wolfgang Hage zum 70. Geburtstag (Studien zur Orientalischen Kirchengeschichte 36), Münster 2005, S. 97–114.

39 Quellentexte allgemein zum Freitagsgebet al-Buhârî (wie Anm. 28), S. 156–163, arabisch XI; zu Muhammads Minbar S. 160, arabisch XI 28.

40 Zitiert nach Rudi Paret (Übers.), Der Koran, Stuttgart 2001⁸, S. 247.

41 Vgl. Ibn Dschubair, Tagebuch eines Mekkapilgers, übers. u. hg. v. Regina Günter, Stuttgart 1985, u.a. S. 28, 141, 199.

42 Vgl. Uğur Derman, Siegel des Sultans (wie Anm. 8), S. 34–37.

43 Qalqashandi zitiert nach Bärbel Köhler, Die Wissenschaft unter den ägyptischen Fatimiden (Arabistische Texte und Studien 6), Diss. Hildesheim 1994, S. 98 f.

44 Vgl. Doğan Kuban, Muslim Religious Architecture 2. Development of Religious Architecture in Later Periods, Leiden 1985, S. 27–40.

45 Clifford Geertz spricht, viel zitiert, vom Islam nicht als Monotheismus, sondern aufgrund der Verbreitung des Heiligenkultes als Ahnenkult, vgl.

ders., Religiöse Entwicklungen im Islam. Beobachtet in Marokko und Indonesien. Frankfurt am Main 1991, u. a. S. 70 ff.

46 Siehe im Vergleich die geschmückten Grabstelen bei Jürgen W. Frembgen, «Religious Folk Art as an Expression of Identity: Muslim Tombstones in the Gangar Mountains of Pakistan», in: Muqarnas. An Annual on the Visual Culture of the Islamic World 115 (1998), S. 200–210, Abb. 3, Abb. 14.

47 Vgl. Martin Krause, «Das Mönchtum in Ägypten», in: ders. (Hg.), Ägypten in spätantik-christlicher Zeit. Einführung in die koptische Kultur, Wiesbaden 1998, S. 149–174.

48 Vgl. Hans G. Kippenberg, Die vorderasiatischen Erlösungsreligionen in ihrem Zusammenhang mit der spätantiken Stadtherrschaft, Frankfurt am Main 1988; S. 436 erwähnt das Verschwinden der antiken städtischen Institutionen, jedoch nicht die Moscheen als Ort ihrer Fortdauer.

49 Vgl. Beinhauer-Köhler, «Formen islamischer Wohlfahrt in Deutschland» (wie Anm. 22), hier S. 114–117.

50 Ahmad ibn ʿAlî al-Maqrîzî, Kitâb al-khitat al-Maqrîziya, 4 Teile in 2 Bdn., Kairo 1325 d. H., hier II/4, S. 259 f.

51 Zur Stiftung und zu anderen Formen der Wohlfahrt Beinhauer-Köhler, «Formen islamischer Wohlfahrt in Deutschland» (wie Anm. 22), S. 98–112.

52 Vgl. Köhler, Die Wissenschaft unter den ägyptischen Fatimiden (wie Anm. 43), S. 113–133.

53 Ebd., S. 76–80.

54 Vgl. Gülru Necipoğlu-Kafadar, «The Süleimaniye Complex in Istanbul. An Interpretation», in: Muqarnas 3 (1985), S. 92–117.

55 Siehe die Übersetzungen der Originalquellen: Ibn Ishâq, Das Leben des Propheten (wie Anm. 33), S. 204 f., 244 f.; al-Buhârî (wie Anm. 28), S. 201–229, arabisch XXV und XXVI.

56 Vgl. Ann Parker, Avon Neal, Die Kunst des Hadsch. Wandbilder erzählen von der Pilgerreise nach Mekka, München 1995.

57 Der beliebte Vers im Wandbild ebd., S. 116.

58 Vgl. Annemarie Schimmel, Und Muhammad ist Sein Prophet. Die Verehrung des Propheten in der islamischen Frömmigkeit, Düsseldorf/Köln 1981, S. 154.

59 Vgl. Oleg Grabar, La Dôme du Rocher. Joyau de Jérusalem, Paris 1997.

60 Siehe beispielsweise Bernhard von Breydenbach, Die Reise ins Heilige Land. Ein Reisebericht aus dem Jahre 1483, Wiesbaden 1977. Die beigefügten Holzschnitte stammen von Erhard Reuwich.

61 Vgl. Kussai Haj-Yehia, Die Heiligkeit Jerusalems im Spiegel der arabischen Geschichtsschreibung und Überlieferung, Göttingen 1991.

62 www.abubakr.de/gastbuch/gastbuch.php (Einsicht am 17. 9. 2008).

63 Spuler-Stegemann, Muslime in Deutschland (wie Anm. 4), S. 159 f.

64 Robert und Elizabeth Fernea, «Variation in Religious Observance among Islamic Women», in: Nikki R. Keddie (Hg.), Scholars, Saints and Sufis, Berkeley 1992, S. 385–401.

65 Beinhauer-Köhler, «Formen islamischer Wohlfahrt in Deutschland» (wie Anm. 22), hier S. 98–110.

66 Die übliche Diskussion (vgl. Spuler-Stegemann, Muslime in Deutschland [wie Anm. 4], S. 138), ob die VIKZ nun strukturell mit der konservativ-elitären Bewegung der türkischen Süleymancılar verwandt ist oder nicht, wird hier ausgespart. Aus religionsvergleichenden Gesichtspunkten interessiert eher der Effekt für die Mitglieder solch einer konservativen Gruppe.

67 Jeanette S. Jouili, Schirin Amir-Moazami, «Knowledge, Empowerment and Relgious Authority among Pious Muslim Women in France and Germany», in: The Muslim World 96 (2006), S. 617–643; Beinhauer-Köhler, «Muslimische Frauen in Moscheen» (wie Anm. 21), S. 52–56.

68 Vgl. Julia Gerlach, Zwischen Pop und Dschihad. Muslimische Jugendliche in Deutschland, Berlin 2006, S. 195–200.

69 www.shell.com/home/content/de-de/society_environment/shell_youth_study/2006/youth_study_values.html (Einsicht am 13. 10. 2008).

70 Vgl. Gritt Klinkhammer, Moderne Formen islamischer Lebensführung, Marburg 2000, S. 126 f.; siehe auch Necla Kelek, Islam im Alltag. Islamische Religiosität und ihre Bedeutung in der Lebenswelt von Schülern türkischer Herkunft, Münster 2002.

71 Vgl. Gerlach, Zwischen Pop und Dschihad (wie Anm. 68), S. 201; Jörn Rebholz, Stefan Rech, «Spurensuche im heiligen Bezirk», in: Ina-Maria Greverus u. a. (Hg.), Frankfurt am Main: ein kulturanthropologischer Stadtführer, Frankfurt am Main 1998, S. 11–31, hier S. 21 f.

72 Siehe auch Leyla Neyzi, «Object or Subject? The Paradox of Youth in Turkey», in: Journal of Middle Eastern Studies 33 (2001), S. 411–432.

73 Gerlach, Zwischen Pop und Dschihad (wie Anm. 68), S. 14–19, zum international zu beobachtenden «Pop-Islam» mit Musikern wie Sami Yusuf; Ronald Lukens-Bull, Alethia Callbeck, «Youth Culture and the Negotiation of Religious Identity», in: Michael Pye u. a. (Hg.), Religious Harmony. Problems, Practice and Education. Proceedings of the Regional Conference of the International Association for the History of Religions, Yogyakarta and Semarang 2004 (Religion and Reason 45), Berlin/New York 2006, S. 303–312 zum Medium islamischer Aufkleber.

74 Navid Kermani, Gott ist schön. Das ästhetische Erleben des Koran, München 2007[3].

75 Vgl. Dominique Clévenot, Gérard Degeorge, Das Ornament in der Baukunst des Islam, München 2000, S. 203–208.

76 Muslime waren in einer offenen Frage aufgefordert, Visualisierungen wie Digitalfotos oder Zeichnungen von Moscheen zu produzieren und anhand dessen zu erläutern, was sie damit verbinden. Die Auswertungen waren von leitfadengestützten Interviews begleitet. Aufgrund der Situierung in der Universität meldeten sich überwiegend muslimische Studierende, weitere

Personen aus anderen Milieus wurden ergänzend explizit befragt. Bisher wurden Aussagen von 12 Personen erfasst, die Studie soll jedoch noch ausgebaut werden.

77 Shahid N. Sadiq, «Wie schlägt sich Multireligiosität im Stadtbild nieder», in: Religion und Migration, hg. v. Amt für multikulturelle Angelegenheiten der Stadt Frankfurt am Main, Frankfurt am Main 2007, S. 84–94, hier S. 94.

78 Vgl. Ibn Dschubair, Tagebuch eines Mekkapilgers (wie Anm. 41), S. 28 f.

79 Vgl. Manfred Josuttis, Der Weg ins Leben. Eine Einführung in den Gottesdienst auf verhaltenswissenschaftlicher Grundlage, München 1991.

80 Bärbel Beinhauer-Köhler, «Sacralizing Consumerism? Werbung im Islam», in: Hermann Jung, Michael Rappenglück (Hg.), Symbolon 16. Signaturen des Lebens. Bilder und Zeichen von Bios und Kosmos und Symbole des Alltags, Frankfurt am Main 2007, S. 199–212.

81 Vgl. Inken Mädler, Transfigurationen. Materielle Kultur in praktisch-theologischer Perspektive, Gütersloh 2006.

82 Vgl. Stina Hölzl (Hg.), The Room Project: Photoseries by Annette Merrild, Dortmund 2006.

83 Hans-Günter Schwarz, Orient – Okzident. Der orientalische Teppich in der westlichen Literatur, Ästhetik und Kunst, München 1990.

Warum es Moscheebaukonflikte gibt und wie man sie bearbeiten kann

* Das Kapitel beruht auf zahlreichen Experteninterviews, (Teilnehmenden) Beobachtungen und der Auswertung der lokalen und überregionalen Berichterstattung aus den Jahren 2000 bis 2008. Angela Joost und Stefan Krech danke ich für die zuverlässige Kooperation bei der Erstellung der ersten Fallbeispiele im Jahr 2002 (Der Weg zur Moschee. Eine Handreichung für die Praxis, Herbert-Quandt-Stiftung, Bad Homburg v. d. H. 2002), Wolfgang Assmann für die unermüdliche Unterstützung des Projekts, Arno Barth für sorgfältige Dokumentation und Recherche. Brun-Otto Bryde, Otto Kallscheuer und Navid Kermani standen für freundschaftliche Gespräche zum Thema Götter und die Welt zur Verfügung, die mir mehr Sicherheit und Weitblick gegeben haben. Darius Zifonun hat einen sehr guten, vorstrukturierenden Bericht über die Tagung «Sakralbauten und Moscheekonflikte» am KWI in Essen verfasst; gedankt sei auch den vielen Mitarbeitern, die diese zu einem Erfolg gemacht haben und die im Schwerpunkt Interkultur des KWI tätig sind. Sabine Höllmann, Anne-Katrin Lang, Roland Löffler, Ulrich Nolte und Reinhold Zemke haben das Manuskript kritisch gelesen und viele wichtige Anregungen gegeben. Den Redaktionen der *Frankfurter Rundschau* und des *Spiegel*, die erste

Entwürfe dieses Textes zur Diskussion gestellt haben, gebührt ebenso Dank wie den Veranstaltern von Tagungen am Center for German and European Studies in Berkeley, an den Universitäten Duisburg-Essen, Münster und Koblenz sowie im Heinrich-Pesch-Haus Ludwigshafen, die mir Gelegenheit boten, an den Thesen zu feilen.

1 Einen Überblick über die internationale Szenerie gibt Jocelyne Cesari, «Mosque Conflicts in European Cities: Introduction», in: Journal of Ethnic and Migration Studies, vol. 31, no. 6 (Nov. 2005), S.1015 ff., und weitere Beiträge in diesem Heft; ferner Marcel Maussen, «Policy Discourses on Mosques in the Netherlands 1980–2002: Contested Constructions», in: Ethical Theory and Moral Practice, vol. 7, no. 2 (April 2004), S. 147 ff. Vgl. allgemein auch Matthias König, Jean-Paul Willaime (Hg.), Religionskontroversen in Frankreich und Deutschland, Hamburg 2008. In der Schweiz hat die rechtskonservative Schweizerische Volkspartei (SVP) im Mai 2007 ein generelles Bauverbot für Minarette gefordert und darüber eine Volksabstimmung vorbereitet. In Ost-London mobilisierte eine Internet-Petition knapp 300 000 Menschen zur Stellungnahme gegen eine «Mega-Moschee» der pakistanischen Moslem-Bewegung Tablighi Jamaat. Proteste gab es auch in Österreich, Südfrankreich, Spanien, Italien, Griechenland. Selbst in den USA ist der Bau von Moscheen schwieriger geworden, vgl. USA Today, 3. 9. 2004.

2 Der *Spiegel*-Titel «Mekka Deutschland» (13/2007) machte die vermeintliche «Islamisierung» Deutschlands zum Thema.

3 Dass in Deutschland nach dem großen Vorbild in Istanbul rund fünfzig Moscheen Fatih-Moschee heißen, bezeichnet Ursula Spuler-Stegemann, Muslime in Deutschland – Informationen und Klärung, Freiburg u. a. 2002, S. 154, als «religionspolitische Instinktlosigkeit, wenn nicht sogar als bewusste Provokation».

4 Economist, 30. 8. 2007.

5 Dazu Michael C. Thomsett, NIMBYism: Navigating the politics of local opposition, Arlington 2004.

6 Diese konflikttheoretische Prämisse geht auf soziologische Klassiker wie Georg Simmel, Lewis A. Coser, Ralf Dahrendorf und Albert O. Hirschman zurück, vgl. als Überblick Thorsten Bonacker, Konflikttheorien. Eine sozialwissenschaftliche Einführung mit Quellen, Opladen 2005, und zur Ausführung Helmut Dubiel, «Integration durch Konflikt?», in: Jürgen Friedrichs, Wolfgang Jagodzinski (Hg.), Soziale Integration. Sonderheft 39 der Kölner Zeitschrift für Soziologie und Sozialpsychologie. Opladen/Wiesbaden, S. 132–143; Axel Honneth, Der Kampf um Anerkennung. Zur moralischen Grammatik sozialer Konflikte, Frankfurt am Main 1998, sowie Klaus Eder, «Zur Logik sozialer Kämpfe», in: Mitteilungen des Instituts für Sozialforschung 13 (2002), S. 51 ff.

7 Ähnlich umstritten wie das Moscheebauprojekt in München (s. S. 160 ff.) waren der Bau des dortigen jüdischen Gemeindezentrums und der katholischen Herz-Jesu-Kirche. Konflikte um Sakralbauten sind zunächst religionsunabhängig, wie die Architekten Rena Wandel-Höfer und Markus Allmann auf der Essener Konferenz «Sakralbauten und Moscheekonflikte» im Mai 2008 dargelegt haben, vgl. den Bericht von Darius Zifonun in: H-Soz-u-Kult, 20. 5. 2008, http://hsozkult.geschichte.hu-berlin.de tagungsberichte/id=2119. Zum Thema Sakralbauten Till Wöhler, Neue Architektur – Sakralbauten, Berlin 2005, und Phyllis Richardson, Neue sakrale Architektur: Kirchen und Synagogen, Tempel und Moscheen, Stuttgart 2004.

8 tageszeitung, 16. 7. 2003.

9 Gritt Klinkhammer, Ayla Satilmis (Hg.), Interreligiöser Dialog auf dem Prüfstand. Kriterien und Standards für die interkulturelle und interreligiöse Kommunikation, Münster 2008.

10 Konkrete Vorschläge macht der in Paris lebende Anthropologe Malek Chebel, Manifeste pour un islam des Lumières. 27 propositions pour réformer l'islam, Paris 2004.

11 DITIB ist die Abkürzung für Diyanet İşleri Türk İslam Birliği, die deutsche Bezeichnung lautet: Türkisch-Islamische Union der Anstalt für Religion. Dieser 1984 ins deutsche Vereinsregister eingetragene Dachverband umfasste damals rund 230, heute 880 Vereine, deren Aufgabe die religiöse Betreuung, Aufklärung und Unterweisung der in Deutschland lebenden türkischen Muslime, die Einrichtung und der Unterhalt von Gebets- und Unterrichtsstätten sowie die Ausbildung von Laienpredigern ist. Die Besonderheit (und Problematik) besteht darin, dass DITIB unter der Leitung und Aufsicht des Präsidiums für Religiöse Angelegenheiten der türkischen Republik in Ankara steht und damit indirekt dem türkischen Ministerpräsidenten untersteht. DITIB vermittelt hauptamtliche Hodschas aus der Türkei, die als Staatsbedienstete für rund fünf Jahre nach Deutschland kommen und vom jeweiligen Konsulat besoldet und beaufsichtigt werden. Zu Recht wird bemängelt, dass die Hodschas die Lebensumstände der Türken in Deutschland kaum kennen und der deutschen Sprache oft nicht mächtig sind. DITIB hat seinen Sitz in Köln-Ehrenfeld und ist eine der größten Migrantenverbände in Deutschland und Europa; der Verband war 2007 Gründungsmitglied des Koordinierungsrates der Muslime in Deutschland. Neuerdings unterhält DITIB in Köln ein eigenes Forschungszentrum für Religion und Gesellschaft.

12 Das Minarett als erhöhter Turm für den Gebetsrufer (Muezzin) bei oder an einer Moschee ist der umstrittenste Aspekt beim Moscheebau, der freilich ähnlich vielschichtig und mehrdeutig ist wie das andere Reizsymbol, das Kopftuch; dazu Jörg Hüttermann, Das Minarett. Zur politischen Kultur des Konflikts um islamische Symbole, Weinheim 2006.

13 «Single issue movements/parties» werden in der angloamerikanischen Welt Strömungen und Parteien genannt, die sich bei ihrer Mobilisierung und Programmatik auf ein Anliegen begrenzen und dafür oft auch nur eine Lösung anbieten. «Pro NRW» ist eine aus der Kölner Ratspartei «Pro Köln» (S. 146 ff.) hervorgegangene rechtspopulistische Gruppierung, die wegen rechtsextremistischer Bestrebungen seit 2004 im Verfassungsschutzbericht des Landes aufgeführt wird.

14 Christine Gantzel, Wolfgang Kimmeskamp, Ralf Ventur (Hg.), Religiöse Gemeinschaften in Essen. Die religiöse Landschaft neben den großen Kirchen, Marburg 1994, und Markus Hero, Volkhard Krech, Helmut Zander (Hg.), Religiöse Vielfalt in Nordrhein-Westfalen. Empirische Befunde und Perspektiven der Globalisierung vor Ort, Paderborn 2007.

15 Diese standen im Mittelpunkt der Analyse von Claus Leggewie, Angela Joost, Stefan Rech, Der Weg zur Moschee. Eine Handreichung für die Praxis, Bad Homburg v. d. H. 2002.

16 Den dortigen Weg zu dieser heutigen «Vorzeige-Moschee» beschreibt Sabine Kraft, Islamische Sakralarchitektur in Deutschland. Eine Untersuchung ausgewählter Moschee-Neubauten, Diss. Marburg 2000, Münster 2002, S. 131ff. Vgl. http://www.DITIB-ma.de/moschee/index.html.

17 Der Tag der Offenen Tür wurde 2008 zum zwölften Mal veranstaltet und von circa 50000 Besuchern wahrgenommen. Bemerkenswert ist jedoch die Interpretation, die DITIB-Sprecherin Ayse Aydin diesem Ereignis gab: «Wir haben bewusst den Tag der Deutschen Einheit gewählt, weil er symbolisiert, dass zwei Länder zusammengekommen sind. Wir möchten, dass auch die Menschen religionsübergreifend besser zusammenfinden.» (WAZ_Online, 3. 10. 2008)

18 Der Name des Ortes wurde verändert.

19 Einen Meilenstein stellte hier wohl die nationale Berichterstattung über die Eröffnung der Moschee in Duisburg-Marxloh dar, vgl. die Berichte in den elektronischen Medien, aber auch auf youtube.

20 Die Webseite der Stadt Frankfurt am Main verzeichnet 20 sunnitische, zwei schiitische und zwei Ahmadiyya-Gemeinden sowie ein alevitisches Kulturzentrum. Vgl. auch Amt für multikulturelle Angelegenheiten (Hg.), Religionen der Welt. Gemeinden und Aktivitäten in der Stadt Frankfurt am Main, Frankfurt am Main 2003.

21 Rechtsanwalt Kaymakçi hat ebenso wie die Moscheegegner die von der Herbert Quandt-Stiftung herausgegebene Handreichung (s. Anm. 15) konsultiert – ein Beispiel von «Gesellschaftsberatung», die sich ihre Adressaten in offenen Gesellschaften nicht aussuchen kann.

22 Im VIKZ (gegründet 1973; türkisch: İslam Kültür Merkezleri Birliği, IKMB) sind rund 300 Moscheevereine zusammengeschlossen, der Verband gehörte zu den Gründern des Zentralrats der Muslime in Deutschland (Austritt im Jahr 2000) und zu den Initiatoren des Koordinierungsrates

der Muslime, über den er in der Deutschen Islam Konferenz vertreten ist. Vgl. Näheres bei Gerdien Jonker, Eine Wellenlänge zu Gott: Der Verband der Islamischen Kulturzentren in Europa, Bielefeld 2002. In der Tradition der islamischen Laienbewegung der Föderation der Vereine zur Förderung der Schüler und Studenten in der Türkei, die auf den Prediger und Naqshbandi-Scheich Professor Süleyman Hilmi Tunahan zurückgeht, setzt sich der VIKZ für die sunnitische Schulbildung in der Diaspora ein und strebt dazu die Anerkennung als Körperschaft des öffentlichen Rechts an. Die häufige Charakterisierung als «Süleymancılar» oder die Zuordnung zu Derwisch- bzw. Sufiorden wird vom VIKZ zurückgewiesen, vgl. die Webseite http://www.VIKZ.de/.

23 So eine Initiatorin des Rats der Religionen, E. Gebhardt vom Evangelischen Regionalverband, Frankfurter Rundschau, 22.8.2008.

24 Milli Görüş (nationale Weltsicht) ist die Kurzform für Islamische Gemeinschaft Milli Görüş (IGMG), die ihren Sitz in Kerpen bei Köln hat. Der Verband ist Teil einer transnationalen islamischen Bewegung in der gesamten europäischen Diaspora. Diese geht auf den türkischen Islamisten Necmettin Erbakan zurück, dessen Parteien in der Türkei verboten waren. Nach eigenen Angaben betreut Milli Görüş europaweit 87000 Mitglieder in 514 Moscheen (Stand: 2005), vor allem in Deutschland üben IGMG und nahestehende Verbände wie die Islamische Föderation in Berlin großen Einfluss auf bis zu 230000 Muslime aus. Immobilien werden durch die Europäische Moscheenbau- und Unterstützungsorganisation (EMUG) verwaltet. Milli Görüş ist größtes Mitglied im Islamrat für die Bundesrepublik Deutschland und darüber im Koordinierungsrat der Muslime in Deutschland vertreten. Die Organisation gilt Kritikern als antidemokratisch und antisemitisch, sie wird deshalb vom Verfassungsschutz überwacht; andere Autoren sehen IGMG differenzierter, vgl. Werner Schiffauer, Die «Kaplan»-Gemeinde und die «Islamische Gemeinschaft Milli Görüs» – Zur inneren Dynamik des Islam in Deutschland, in: Senatsverwaltung für Inneres, Abteilung Verfassungsschutz (Hg.), Islamismus: Diskussion eines vielschichtigen Phänomens, Berlin 2005, S.79–97, S.83(http://www.berlin.de/imperia/md/content/seninn/verfassungsschutz/stand2005/im_fokus_islamismus.pdf), der angesichts der Öffnung und Modernisierung von IGMG zusammenfassend meint, «dass der Schaden des Entlassens aus der Observanz niedriger ist als der Schaden, der durch die Beobachtung ausgeübt wird. Eine absehbare Gefahr für die Bundesrepublik geht von der IGMG nicht aus. Den Reformern würde darüber hinaus eine reale Chance gegeben, den Integrationsprozess in die Gesellschaft voranzutreiben und den Islamismus von innen zu überwinden.»

25 Die Architekten-Debatte und der gesamte Kölner Fall sind dokumentiert in Franz Sommerfeld (Hg.), Der Moscheestreit. Eine exemplarische Debatte

über Einwanderung und Integration, Köln 2008, vgl. besonders die Beiträge von Paul Stelkens, Paul Böhm, Dörte Gatermann und Sabine Kraft.

26 Bekir Alboga, «Der Moscheebau in Mannheim. Eine analytische Betrachtung seiner Entstehung», in: Udo Marquardt (Hg.), Miteinander leben – Christen und Muslime in der Bundesrepublik Deutschland, Bonn 1999, S. 49 ff.

27 Vgl. Necla Kelek «Freiheit, die ich meine», in: Frankfurter Allgemeine Zeitung (Bilder und Zeiten), 15. 12. 2007. Es handelt sich dabei um die gekürzte Version eines am Kulturwissenschaftlichen Institut in Essen gehaltenen Vortrags.

28 Vgl. auch Navid Kermani, «Die Kölner Botschaft», in: Sommerfeld (wie Anm. 25), S. 92 ff.

29 Henryk M. Broder, der seinen Kampf gegen den Islam mit sarkastischer Schärfe führt, sei im Blick auf die Größenverhältnisse von Demonstranten und Gegendemonstranten zitiert: «Wie immer, wenn die Antifa aufmarschiert, war keine Fa da, weswegen sich die alternative SA ersatzweise mit der Polizei anlegen musste. So ist das mit dem Antifaschismus heute: Er blüht und gedeiht mangels an Faschisten, jeder Sesselpupser ein Widerstandskämpfer. Diesmal machte die ganze Stadt mit. Denn in Kölle machen immer alle mit, egal worum es geht, und hinterher war keiner dabei. 1935 widersetzte sich der kölsche Jeck der ‹Gleichschaltung› durch die Nazis, wobei er vergessen hatte, dass er nur ein Jahr zuvor schon ‹Heil Hitler› gerufen und den Abgang der Juden nach Palästina gefeiert hatte. Aber das ist schon ein paar Bierchen her. Und deswegen darf bald wieder geschunkelt und gejubelt werden. Im Namen der köllschen Tolleranz.»

30 Auf einer Podiumsdiskussion des Kölner Stadt-Anzeigers am 18. September 2008.

31 http://www.pro-koeln-online.de/artikel08/171108_nitzsche.htm.

32 Zit. nach Frankenpost, 1. 7. 2008.

33 Immer die Türme... 1926 wurde diskutiert, ob man die Kirche ohne Türme fertigstellen müsste – damals aus Geldmangel. Das fehlende Geld brachten Gemeindemitglieder und Domkapitel auf.

34 Am Wettbewerb nahmen auch die Büros Wimmer, Nagler und Yilbert teil; Alen Jasarevic legte den formal innovativsten Entwurf vor; vgl. http://www. ris-muenchen.de/RII/RII/DOK/SITZUNGSVORLAGE/891272.pdf.

35 «In Munich, Provocation in a Symbol of Foreign Faith», 8. Dezember 2006.

36 Der Verein Inssan, 2002 als Zusammenschluss deutschsprachiger, meist akademisch gebildeter Muslime gegründet, beschreibt sich selbst als Verfechter eines liberalen Islams (http://www.inssan-ev.de/index.php?id=38), Kritikern gilt der Verein als Brückenkopf fundamentalistischer Kreise.

37 Eine gründliche Analyse der Konfliktaufstellung bieten Ulrich Bahr, Timm Köhler, Esther Lehnert, Akteurs- und Diskursanalyse zum Moscheebaukonflikt in Pankow-Heinersdorf. Handreichung für das Bezirksamt

Pankow von Berlin im Rahmen der Tätigkeit der Arbeitsgemeinschaft Aktionsplan Pankow, Berlin 2007.

38 Ahmadiyya nennt sich eine 1889 von dem Inder Mirza Ghulam Ahmad gegründete Religionsgemeinschaft, die ein intensives Missions- und Moscheebauprogramm in aller Welt betreibt. Die von vielen Muslimen als häretisch geschmähte und verfolgte «Sekte» hat bundesweit 50 000 Mitglieder in zwanzig Moscheen. Getragen werden diese oft von pakistanischen Exilanten und deutschen Konvertiten. In Berlin-Wilmersdorf hat die Abspaltung «Lahore Ahmadiyya Movement» bereits in den 1920er Jahren eine prächtige Moschee gebaut. Vorsitzender der AMJ Deutschland ist der zum Islam übergetretene Abdullah Uwe Wagishauser. Dieser hat den Bau von fünf neuen Moscheen pro Jahr in Deutschland angekündigt, vgl. Der Spiegel 41/2008, S. 177. Vgl. auch Antonio R. Gualtieri, The Ahmadis. Community, gender and politics in a Muslim Society, Montreal 2004.

39 http://bdb-handreichungen.blogspot.com/.

40 Vgl. das taz-Interview mit ihm, tageszeitung, 7. 8. 2006.

41 Vgl. die grundsätzlich befürwortende Erklärung der Deutschen Bischofskonferenz vom September 2008 zum Moscheebau, http://www.dbk.de/ aktuell/meldungen/01761/index.html.

42 Islamophob nennt man Personen und Gruppen, die eine generell ablehnende Einstellung gegenüber muslimischen Personen und allen Glaubensrichtungen, Symbolen und religiösen Praktiken des Islams an den Tag legen. Analog zum Antisemitismus werden Muslime stereotyp dafür herabgesetzt, wie sie angeblich sind, ungeachtet dessen, wie sie tatsächlich handeln. Zu unterscheiden davon ist grundsätzlich die Islamkritik, die von Interessenvertretern oft fälschlicherweise als Ausdruck von Islamophobie verstanden wird, um sich gegen berechtigte und legitime Religionskritik zu immunisieren.

43 Johanna Schoppengrad, Moscheebauten in Deutschland. Rahmenbedingungen, Fallbeispielanalyse, Empfehlungen für die kommunale Ebene, Dortmund 2008, beschreibt diese Konstellation für den Fall Duisburg-Marxloh.

44 In diesem Sinne hat sich der Architekt und Vizepräsident des Zentralrats der Juden, Salomon Korn, geäußert (Frankfurter Allgemeine Zeitung, 27. 10. 2008).

45 Zur internationalen Architekturdebatte vgl. Martin Frishman, Hasan-Uddin Khan (Hg.), Die Moscheen der Welt, Köln 2002, und Christian Welzbacher, Euroislam-Architektur. Die neuen Moscheen des Abendlandes, Amsterdam 2008. Interessant ist in diesem Zusammenhang das Moschee-Großprojekt des Frankfurter Architekturbüros Engel und Partner in Algier, das dort die drittgrößte Moschee der Welt mit einem über 200 Meter hohen Minarett bauen soll.

46 Dazu allgemein Sabine Kraft, Räume der Stille, Marburg 2007, mit Beispielen aus vielen Religionsgemeinschaften.

47 Sabine Kraft, Islamische Sakralarchitektur in Deutschland (wie Anm. 16), über sechs ältere Moscheebauten in Aachen, Hamburg, Lauingen, Mannheim, München und Pforzheim; vgl. auch dies., Thomas M. Schmitt, «Islamische Sakralbauten und Moscheekonflikte in Deutschland», in: Die alte Stadt 3 (2008), S. 265–280.

48 Vgl. Brydes Vortrag «Religionsfreiheit im Kontext» auf der Tagung des Kulturwissenschaftlichen Instituts (KWI) in Essen zum Thema «Sakralbauten und Moscheekonflikte» am 5. Mai 2008.

49 Vgl. jetzt Reinhold Zemke, Die Moschee als Aufgabe der Stadtplanung. Städtebauliche, baurechtliche und soziale Aspekte zur Integration des islamischen Gotteshauses in die Stadt und ihre Gesellschaft. Ein Handlungsleitfaden für Planer, Architekten und Bauherren, Berlin 2008.

50 Vgl. Stefan Muckel, «Streit um den muslimischen Gebetsruf», in: Nordrhein-Westfälische Verwaltungsblätter 1 (1998), S. 1 ff.; Edin Šarčević, «Religionsfreiheit und der Streit um den Ruf des Muezzins», in: Deutsches Verwaltungsblatt, April 2000, S. 519 ff.

51 Ein drastisches Beispiel gibt Andrew Miller, Cathedrals vs. Mosques: Tremors of a Coming Conflict, thetrumpet.com, October 15, 2007 (http://www.thetrumpet.com/print.php?q=4311.2555.0.0).

52 Zum Thema Mediation sei zum Verfahren nur hingewiesen auf Leo Montada, Elisabeth Kals (Hg.), Mediation. Lehrbuch für Psychologen und Juristen, Weinheim 2001, und Christoph Besemer, Mediation. Vermittlung in Konflikten, Baden 1993, sowie Stefan Kracht, «Rolle und Aufgabe des Mediators – Prinzipien der Mediation», in: Fritjof Haft, Katharina von Schlieffen (Hg.), Handbuch Mediation, München 2002, S. 363 ff. Zur interkulturellen Mediation s. Günter Bierbrauer, «Interkulturelles Verhandeln», in: ebd., S. 264 ff., sowie zur politischen Dimension Horst Zillessen, «Demokratietheoretische Aspekte der Mediation», in: Gerhard Falk u. a. (Hg.), Handbuch Mediation und Konfliktmanagement, Wiesbaden 2005, S. 83 ff., und Klaus Rückert (Hg.), Mediation und Demokratie. Neue Wege des Konfliktmanagements in größeren Systemen, Heidelberg 2003.

53 Roland Schüler, Sakralbauten und Moscheekonflikte – Konflikt und Konfliktschlichtung. http://www.mediation-planen-bauen.de/fileadmin/mediation-planen-bauen/downloads/schueler_2008_moscheekonflikte.pdf.

Literaturhinweise

Von Claus Leggewie

Katajun Amirpur, Ludwig Ammann, Der Islam am Wendepunkt. Liberale und konservative Reformer einer Weltreligion, Freiburg 2006.

Jonathan Bloom, Minaret. Symbol of Islam, Oxford 1989.

Hartmut Bobzin, Der Koran: Eine Einführung, München (7. Aufl.) 2007.

Katrin Brettfeld, Peter Wetzels, Muslime in Deutschland: Integration, Integrationsbarrieren, Religion sowie Einstellungen zu Demokratie, Rechtsstaat und politisch-religiös motivierter Gewalt, Berlin (2. Aufl.) 2008.

Rauf Ceylan, Islamische Religionspädagogik in Moscheen und Schulen, Hamburg 2008.

Malek Chebel, Manifeste pour un islam des lumières. 27 propositions pour réformer l'islam, Paris 2004.

Dan Diner, Versiegelte Zeit. Über den Stillstand in der islamischen Welt, Berlin 2005.

Ralf Elger (Hg.), Kleines Islam-Lexikon. Geschichte, Alltag, Kultur, München (5. Aufl.) 2008.

John L. Esposito, Dalia Mogahed, Who Speaks for Islam? What a Billion Muslims Really Think, Washington D.C. 2008.

Martin Frishman, Hasan-Uddin Khan (Hg.), Die Moscheen der Welt, Köln 2002.

Julia Gerlach, Zwischen Pop und Dschihad. Muslimische Jugendliche in Deutschland, Bonn 2006.

Alexander Häusler (Hg.), Rechtspopulismus als «Bürgerbewegung». Kampagnen gegen Islam und Moscheebau und kommunale Gegenstrategien, Wiesbaden 2008.

Renata Holod, Hasan-Uddin Khan, The mosque and the modern world. Architects, patrons and designs since the 1950s, London 1997.

Lamya Kaddor, Rabeya Müller: Der Koran für Kinder und Erwachsene, München (2. Aufl.) 2008.

Otto Kallscheuer, Die Wissenschaft vom lieben Gott, Frankfurt am Main 2006.

Gilles Kepel, Les banlieues de l'islam. Naissance d'une religion en France, Paris 1987.

Navid Kermani, Gott ist schön. Das ästhetische Erleben des Koran, München (3. Aufl.) 2007.

Navid Kermani, Wer ist Wir? Deutschland und seine Muslime, München 2009.

Jytte Klausen, The Islamic Challenge. Politics and Religion in Western Europe, Oxford 2005.

Sabine Kraft, Islamische Sakralarchitektur in Deutschland. Eine Untersuchung ausgewählter Moschee-Neubauten, Münster 2002.

Sabine Kraft, Räume der Stille, Marburg 2007.

Claus Leggewie, Alhambra. Der Islam im Westen, Reinbek 1993.

Barbara Metcalf, Making Muslim Space in North America and Europe, Berkeley 1996.

Stefan Muckel (Hg.), Der Islam im öffentlichen Recht des säkularen Verfassungsstaates, Berlin 2008.

Phyllis Richardson, New Sacred Architecture, London 2004.

Malise Ruthven, Der Islam. Eine kurze Einführung, Stuttgart 2000.

Schimmel, Annemarie, Die Zeichen Gottes. Die religiöse Welt des Islam, München (3. Aufl.) 2003.

Franz Sommerfeld (Hg.), Der Moscheestreit. Eine exemplarische Debatte über Einwanderung und Integration, Köln 2008.

Stefan Weidner, Mohammedanische Versuchungen, Frankfurt am Main 2008.

Christian Welzbacher, Euroislam-Architektur. Die neuen Moscheen des Abendlandes, Amsterdam 2008.

Hans-Jürgen von Wensierski, Claudia Lübcke (Hg.), Junge Muslime in Deutschland: Lebenslagen, Aufwachsprozesse und Jugendkulturen, Opladen 2007.

Ina Wunn, Muslimische Gruppierungen in Deutschland. Ein Handbuch, Stuttgart 2007.

Reinhold Zemke, Die Moschee als Aufgabe der Stadtplanung. Städtebauliche, baurechtliche und soziale Aspekte zur Integration des islamischen Gotteshauses in die Stadt und ihre Gesellschaft. Ein Handlungsleitfaden für Planer, Architekten und Bauherren, Berlin/Münster 2008.

Webseiten:

www.deutsche-islam-konferenz.de: offizielle Webseite der Deutschen Islam Konferenz mit Teilnehmerforum.

www.ex-muslime.de: religions- und islamkritische Webseite des Vereins, dem Menschen angehören, die «entweder den muslimischen Glauben aufgegeben haben oder die niemals Muslime waren, wenngleich sie aufgrund ihrer Herkunft aus einem sog. ‹muslimischen Land› gemeinhin der ‹Gruppe der Muslime› zugerechnet werden».

www.islam.de: Webseite des Zentralrats der Muslime in Deutschland e.V.

www.pi-news.net: militante Seite der islamkritischen bis islamophoben Netz-Gemeinschaft Politically incorrect, die gegen die Islamisierung Europas eintritt und in dessen Kommentarspalten sich der rechtsradikale Mob austobt.

www.qantara.de: mehrsprachige Plattform der Bundeszentrale für politische Bildung, der Deutschen Welle, des Goethe-Instituts und des Instituts für Auslandsbeziehungen zum Dialog mit der islamischen Welt.

Nützliche Adressen
Von Claus Leggewie

Bundesverband Mediation e. V.
Fachverband zur Förderung der Verständigung in Konflikten
Geschäftsstelle
Kirchweg 80
34119 Kassel
Tel.: 0561/7396–413; Fax: 0561/7396–412
E-Mail: info@bmev.de

Arbeitsstelle Islam und Migration der Ev.-Luth. Landeskirche Hannover
Archivstraße 3
30169 Hannover
Ansprechpartnerin: Barbara Janocha
Tel.: 0511/1241–127; Fax: 0511/1241–941
E-Mail: Janocha@kirchliche-dienste.de

Deutscher Städtetag
Straße des 17. Juni 112
10623 Berlin

Tel. 030/37711–0; Fax: 030/37711–999
E-Mail: post@staedtetag.de
Internet: www.staedtetag.de
Ansprechpartnerin: Frau Bastians-Osthaus (Tel.: 030/37711–420)

Hauptgeschäftsstelle Köln
Lindenallee 13–17
50968 Köln
Tel.: 0221/3771–0; Fax: 0221/3771–128
E-Mail: post@staedtetag.de
Internet: www.staedtetag.de
Ansprechpartnerin: Frau Dreefs (Tel.: 0221/3771–214)

Christlich-Islamische Gesellschaft e. V.
Dr. Thomas Lemmen
Postfach 41 06 08
50866 Köln
Tel. und Fax: 0221/3 55 30 65
E-Mail: info@chrislages.de

Institut für deutsch-türkische Integrationsstudien und interreligiöse Arbeit e. V.
Talat Kamran und Ulrich Schäfer (Leitung)
Jungbuschstraße 18
68159 Mannheim
Tel.: 0621/10 59 90, 0621/1 22 28 58 oder Mobil: 0173/3 02 49 27
Fax: 0621/10 59 90
E-Mail: talatkamran@yahoo.de
Internet: www.institut-mannheim.de

Interkultureller Rat in Deutschland e. V.
Clearingprojekt Zusammenleben mit Muslimen
Torsten Jäger
Goebelstraße 21
64293 Darmstadt
Tel.: 06151/33 99 71; Fax: 06151/3 91 97 40
E-Mail: clearingprojekt@interkultureller-rat.de
www.interkultureller-rat.de

Dezentral
Die Integrationsbeauftragten/-büros von Ländern und Gemeinden, die Begegnungsstätten und Dialogforen der Moscheevereine und Kirchen, Planungs- und Stadtentwicklungsbüros von Städten und Gemeinden

Bildnachweis

Register